Mythos der Geschichte
Johann Caspar Boßhardt (1823–1887)
Historienmaler aus Pfäffikon in München

Mythos der Geschichte

Johann Caspar Boßhardt

1823–1887
Historienmaler aus
Pfäffikon in München

Herausgegeben
von Peter Jezler, Christine Jenny und Elke Jezler

Mit Beiträgen von Franz Zelger,
Hans Martin Gubler und Markus Landert

Eine Publikation
der Antiquarischen Gesellschaft Pfäffikon

Dank

Diese Publikation ist im Zusammenhang mit der Ausstellung entstanden, welche die Antiquarische Gesellschaft Pfäffikon vom 4. September bis 18. Oktober 1987 im Heimatmuseum Pfäffikon ZH zum hundertsten Todesjahr von Johann Caspar Boßhardt organisiert hat. Ausstellung und Buch sind von zahlreichen Personen, Firmen und Institutionen in großzügiger Weise unterstützt worden. Ihnen allen gebührt unser bester Dank.
Die verschiedenen Aufgaben des Projektes haben folgende Institutionen und Firmen durch ihre Zuschüsse ermöglicht:

1. Recherche:
Politische Gemeinde Pfäffikon

2. Ausstellung:
Gemeinnütziger Fonds des Kantons Zürich
Gemeinnützige Gesellschaft des Bezirks Pfäffikon
Gemeinnützige Gesellschaft Pfäffikon
Huber & Suhner AG, Kabel-, Kautschuk- und Kunststoffwerke, Pfäffikon
Migros-Genossenschaft Winterthur/Schaffhausen
Spar- und Leihkasse des Bezirks Pfäffikon

3. Publikation:
Bräcker AG, Maschinen- und Metallwarenfabrik, Pfäffikon
Cassinelli-Vogel-Stiftung, Zürich
Pro Helvetia, Schweizerische Kulturstiftung
Volkart-Stiftung, Winterthur

Folgende Museen, Archive und Sammlungen haben in großzügiger Weise Leihgaben zur Ausstellung zur Verfügung gestellt:
Amt für Bundesbauten, Bern
Gottfried-Keller-Stiftung, Bern
Graphische Sammlung der ETH, Zürich
Krankenhaus Thalwil
Kunsthaus Zürich
Kunstmuseum Olten
Kunstmuseum St. Gallen
Kunstmuseum Winterthur
Museum zu Allerheiligen, Schaffhausen
Oberstufenschulgemeinde Pfäffikon
Öffentliche Kunstsammlung Basel
Politische Gemeinde Pfäffikon
Sammlung Georg Schäfer, Schloß Obbach, Euerbach (BRD)
Schweizerisches Bundesarchiv, Bern
Schweizerisches Landesmuseum, Zürich
Staatsarchiv des Kantons Zürich
Zentralbibliothek Solothurn
Zentralbibliothek Zürich
sowie Privatsammlungen in: Benglen, Feldmeilen, Pfäffikon ZH, Pfaffhausen, Rapperswil, Rüschlikon, Schönenwerd, Uster, Waldburg (BRD), Zumikon und Zürich.

4. Abbildungsvorlagen haben zur Verfügung gestellt:
Kunstdenkmälerinventarisation des Kantons Zürich
Kunstmuseum Düsseldorf
Schweizerisches Institut für Kunstwissenschaft, Zürich
sowie die einzelnen Leihgeber.

Soweit nicht im Geleitwort speziell erwähnt, gebührt besonderer Dank: Frau Anna Regula Bodmer, Herrn Hans Bodmer, Frau Dr. Trudi Bosch-Gwalter, Frau Jutta Braungart, Herrn Wolfgang Braungart, Herrn Dr. Jürg Davatz, Frau Charlotte von Deuster, Herrn Martin Diethelm, Herrn Dr. Alfred Ernst, Herrn Willy Frick, Frau Christine Göttler, Herrn Kuno Gygax, Frau Liselotte Haldimann, Herrn Stefan Hausherr, Herrn C. Heilmann, Frau Bettina Jaques, Herrn H. Jossi, Herrn Otto Meier, Frau Alice von Muralt, Herrn Paul Müller, Herrn Dr. Jürg Muraro, E. Felix Freiherr v. Nostiz, Herrn Eugen Ott, Herrn Toni von Planta, Frau Martha Ritter, Frau Erika Rübel, Frau Agnes Rutz, Herrn Jacques Stäubli, Herrn Dr. Hugo Wagner, Herrn Roland Wäspe, Herrn Hugo Weye, Herrn Dr. Jörg Wille, Herrn Dr. Ulrich Zwingli.

Die Antiquarische Gesellschaft und die Herausgeber

ISBN 3-85981-144-4   Copyright © 1987
Antiquarische Gesellschaft Pfäffikon, CH-8330 Pfäffikon ZH
Herstellung: Druckerei Wetzikon AG, CH-8620 Wetzikon
Gestaltung: Peter Jezler und Walter Abry
Auslieferung: Buchverlag der Druckerei Wetzikon AG,
CH-8620 Wetzikon

CIP-Kurztitelaufnahme der Deutschen Bibliothek:
Mythos der Geschichte. Johann Caspar Boßhardt (1823–1887), Historienmaler aus Pfäffikon in München/Peter Jezler; Christine Jenny; Elke Jezler (Herausgeber). – Wetzikon: Buchverlag der Druckerei Wetzikon AG
NE: Jezler, Peter (Hg.).

Inhaltsverzeichnis

Dr. Bernhard A. Gubler
Zum Geleit — 6

Franz Zelger
Vorwort: «Dieser ‹Imaginäre Salon› ist nicht ironisch gemeint» — 8

Peter und Elke Jezler
Ein Künstler aus künstlerischem Niemandsland — 11
«Die mühevolle Laufbahn des Historienmalers» — 15
Karton oder Kolorit – Ausbildung an der Königlichen Akademie in Düsseldorf — 24
Das richtige Bild zur richtigen Zeit: Boßhardts erstes Historiengemälde ein Erfolg — 32
Mit der Geschichte für den Fortschritt – Themen des Liberalismus verschaffen Boßhardt Zugang zur Zürcher Gesellschaft — 47

Christine Jenny
‹Schultheiß Wengi› – Höhepunkt von Boßhardts Ruhm — 66

Hans Martin Gubler
«…zur Ehre der Kunst und des Vaterlandes» Boßhardt und die künstlerische Ausstattung des Bundesrathauses in Bern 1861–1866 — 83

Peter und Elke Jezler
‹Hans von Hallwyl› – finanziell ein Erfolg, künstlerisch ein Debakel — 93
Rückzug in die Genremalerei — 99

Markus Landert
Auf Motivsuche im Tirol — 104

Peter und Elke Jezler
Kulturkampf und Klosterpolitik – Boßhardt findet seine Thematik wieder — 111
Früchte der Reife – Boßhardts letzte Werke — 117
Boßhardt porträtiert:
Die «höheren Kreise» und seine Familie — 130
Mythos der Geschichte — 141

Christine Jenny
Biographische Zeittafel — 144

Anhang

Christine Jenny
Werkkatalog — 152
Ausstellungsverzeichnis — 170
Boßhardt-Bibliographie — 172

Bernhard A. Gubler
Stammbaum von Johann Caspar Boßhardt — 174

Verzeichnis der im Text edierten Dokumente — 175
Abkürzungen — 176
Literatur — 178

Zum Geleit

Als wir im Jahre 1975 – aus Anlaß des Europäischen Denkmalschutzjahres – Veranstaltungen planten, fragte uns der von der kantonalen Denkmalpflege zugeteilte Experte Dr. Hans Martin Gubler eher beiläufig, ob wir uns bewußt wären, daß der berühmteste Zürcher Oberländer Maler des 19. Jahrhunderts aus Pfäffikon stamme? Damals verneinten wir, und erst seither lernten wir Person und Schaffen von Johann Caspar Boßhardt kennen.

Während meiner Zeit als Gemeindepräsident interessierte ich mich zunehmend für die Zürcher Geschichte des 19. Jahrhunderts, entstanden doch in dieser Zeit Philosophie und Instrumente unseres politischen Alltags, welche ich zu handhaben hatte. Ich lernte, daß die Französische Revolution nicht einfach die Volksrechte von einem Tag auf den andern pfannenfertig herbeigeführt hatte, sondern daß diese erst in zähem Ringen, in stürmischen Vorwärtsphasen, abgelöst von abrupten Rückschritten, erreicht worden sind. Fanale aus Stäfa und Uster lösten 1830 den liberalen Aufbruch aus. Johann Caspar Boßhardt ist in jeder Beziehung ein typisches Kind dieses Aufbruchs, das von dieser euphorischen Stimmung geprägt wurde: er verlebte seine Schulzeit in der Phase der neuen Volksschule, und als Maler bediente er sich der Bildsprache und der Bildbotschaft des Liberalismus.

Umfassende Schulung für alle sowie Handels- und Gewerbefreiheit brachte dieser Aufbruch vor allem für die Landschaft. Vieles wurde als überstürzt empfunden, und die Gegenreaktion blieb nicht aus: der sogenannte Züriputsch, ausgehend von Pfäffikon. Ein Marschhalt von einigen Jahren wurde erzwungen, welchem dann der wirtschaftliche Aufschwung unter der prägenden Führung Alfred Eschers folgte. In den sechziger Jahren löste die demokratische Bewegung die liberale Ära ab. Dieser liberale Aufbruch manifestierte sich auch im kulturellen Bereich: das Nationalbewußtsein wurde gestärkt und äußerte sich in Sänger- und Schützenfesten, in historischen Festspielen und dann eben – in der Historienmalerei, der möglichst geschichtstreuen Darstellung von wichtigen Ereignissen der Schweizer Geschichte.

Unsere Antiquarische Gesellschaft – sie hieß ursprünglich Naturhistorischer Verein – wurde 1877 gegründet und ist eigentlich ein Kind der demokratischen Bewegung. Es ist sicherlich eine ureigenste Aufgabe unserer Antiquarischen Gesellschaft, auf vergangene Epochen (auch auf liberale) hinzuweisen, sie bekanntzumachen und darzustellen. Ein Maler, welcher eine markante Epoche gleichsam verkörpert, ist für ein Museum ein ideales Medium: seine Bilder widerspiegeln Gedanken, Ideale, Ziele und wirken auf den Beschauer unmittelbar. Mit dieser Publikation möchten wir die Gemälde Boßhardts nicht einfach zusammentragen und abbilden, sondern versuchen, sie in den geschichtlichen Rahmen zu stellen.

Boßhardt war zu Lebzeiten sehr bekannt, ja berühmt, und seine Bilder erzielten sehr hohe Preise. Im Todesjahr 1887 veranstaltete der Winterthurer Kunstverein eine Gedenkausstellung im Andenken an sein Ehrenmitglied. Die Künstlergesellschaft Zürich widmete ihr Neujahrsblatt 1888 vollumfänglich J. C. Boßhardt (es wurde von Altregierungspräsident Dr. Eduard Suter verfaßt). Dann wurde es still – die Historienmalerei kam aus der Mode.

Als wir uns an die Aufgabe einer Gedenkausstellung aus Anlaß des 100. Todesjahres heranmachten, wies uns unser Berater, Herr Privatdozent Dr. Hans Martin Gubler (Kunstdenkmälerinventarisator des Kantons Zürich), darauf hin, daß über Boßhardt in den letzten Jahrzehnten nie recherchiert worden war und daß zuerst eine Recherche durchzuführen sei, welche wir einem Fachmann anvertrauen müßten. Er überzeugte uns auch, daß die daraus resultierenden Kenntnisse und die wieder aufgefundenen Gemälde nicht nur in einer Ausstellung präsentiert, sondern auch in ansprechender Weise publiziert werden sollten. Gemälde sollten farbig wiedergegeben werden, was mit Kosten verbunden sein werde.

Eigentlich hatte die Gemeinde beabsichtigt, eine Gedenkausstellung durchzuführen. Die Gemeindeversammlung lehnte jedoch einen entsprechenden Kredit ab – es war nicht gelungen, die Bevölkerung für die ungewohnte Aufgabe zu begeistern. Die Antiquarische Gesellschaft kannte die Grundzüge der bereits vom Gemeinderat in Auftrag gegebenen Recherche und hätte es sehr bedauert, wenn man die Ergebnisse und das 100. Todesjahr unbemerkt hätte vorbeiziehen lassen. Wir faßten uns ein Herz und beschlossen, Ausstellung und Publikation selbst zu wagen, begannen mit der Planung und suchten Mittel zu beschaffen, da ein solches Vorhaben unsere finanziellen Möglichkeiten sprengen würde. Wir durften viel Ermunterung, ideelle und materielle Unterstützung von Anfang an erfahren, was uns zum Weitermachen anspornte. Wir glauben, mit der Gedenkausstellung, welche wir in den Monaten September und Oktober 1987 im Pfäffiker Heimatmuseum zeigen, und mit der vorliegenden Publikation die uns vorgenommene Aufgabe ansprechend gelöst zu haben.

Bei unseren Anstrengungen erfuhren wir mannigfache Unterstützung, für welche wir herzlich danken möchten: Unser Dank gilt all den Institutionen und Firmen, welche uns finanziell unterstützten und auf welche wir auf der Impressumseite hinweisen. Dank dem Initiator, Privatdozent Dr. H. M. Gubler, welcher uns stets ermunterte, begeisterte, aber auch immer wieder auf den Boden der Realitäten zurückführte. Dank vor allem dem kunsthistorischen Seminar der Universität Zürich (Professor Dr. F. Zelger), welches uns die Recherche in Form einer Lizentiatsarbeit ermöglichte und uns bei der Ausstellung unterstützte. Dank an Christine Jenny, welche mit Elan und Ausdauer die Recherche über J. C. Boßhardt durchzog und zu Ende führte. Einen speziellen Dank den Verfassern und Gestaltern der Ausstellung: unseren Einheimischen Peter Jezler (Assistent am kunsthistorischen Seminar) und seiner Ehefrau Elke Jezler-Hübner (Kunsthistorikerin).

Danken möchten wir dem Vorstand der Antiquarischen Gesellschaft für den Mut, diese Aufgabe anzupacken: die Gedenkausstellung durchzuführen und das Wagnis der Publikation auf sich zu nehmen. Der letzte und herzlichste Dank den Mitgliedern des organisierenden Ausschusses: Ruth Hurter (†), Heinz Kaspar, Rolf Kläui, Werner Scagnetti, Charles Thommen und Max Würmli. Möge die ungewohnte Zusammenarbeit zwischen «Provinz» und «Wissenschaft» ein anregendes Beispiel für zukünftige kulturelle Projekte sein.

Für die Antiquarische Gesellschaft Pfäffikon
Dr. Bernhard A. Gubler, Präsident

Vorwort
Franz Zelger

«Dieser ‹Imaginäre Salon› ist nicht ironisch gemeint»

Seit den sechziger Jahren – wohl nicht zuletzt angeregt durch Werner Hofmanns ‹Irdisches Paradies› – brachen die Konservatoren zu ‹Entdeckungsreisen› in die Depots der Museen auf. Sie suchten dort nach Bildern, die noch rund fünf Dezennien zuvor zu den festen Beständen der Sammlungssäle gehört hatten als die eigentlichen Lieblinge des Publikums. In der Folge der Berliner Jahrhundertausstellung von 1906, dieser Revision der deutschen Kunstgeschichte des 19. Jahrhunderts, gerieten die Galeriebilder, zwar mit etwas Verspätung, auch in der Schweiz in Mißkredit. Sie verschwanden in Magazinen oder öffentlichen Gebäuden, in Altersheimen, Kasernen und Schulhäusern. Es wurde kaum unterschieden, ob es sich dabei um merkantile Massenproduktionen in akademisch festgefahrenen Formen handelte, oder ob die Bilder – wenn auch hin und wieder in beinahe überrealistischer Inszenierung – von heroischer Noblesse, Menschlichkeit und leidenschaftlicher Dynamik zeugten, deren die Historienmalerei auch fähig war. So stellte 1959 Georg Schmidt pragmatisch nüchtern fest: *«Der offizielle Kitsch der Historienmalerei des 19. Jahrhunderts füllt die Depots sämtlicher Museen Europas»*[1].

Der Griff in die Magazine vor gut zwei Dezennien war nicht mit der Absicht verbunden, den Besucher in ein Raritätenkabinett zu führen, sondern er zielte vielmehr darauf ab, ihm die Begegnung mit einem vernachlässigten Kapitel der Kunstgeschichte zu ermöglichen und so den *«Blick auf das Insgesamt des Jahrhunderts»*[2] zu lenken. Die Ernsthaftigkeit solcher Unternehmen bestätigt etwa der Hinweis von Matthias Winner im Katalog der Ausstellung ‹Le Salon imaginaire› von 1968 in Berlin – in der übrigens auch Johann Caspar Boßhardt vertreten war: *«Dieser ‹Imaginäre Salon› ist nicht ironisch gemeint»*[3] – keine überflüssige Bemerkung, wenn man bedenkt, daß immer wieder Akademiestücke auch unter dem Aspekt des Amusements dem Publikum vorgeführt werden. Allerdings ist diese Form der Auseinandersetzung nicht grundsätzlich verschieden von der jahrzehntelangen Nichtbeachtung, *«weil sie eher zudeckt als erhellt und durch die humorvolle Negativetikettierung die an tradierter Kunstgeschichte orientierten Werturteile bestärkt»*[4].

Im Anschluß an den Berliner ‹Salon imaginaire› häuften sich Ausstellungen über die offizielle Kunst des 19. Jahrhunderts, von ‹Ein Geschmack wird untersucht› in Hamburg (1969) über ‹Verschollener Ruhm› in Hannover (1975) bis zu ‹Ich male für fromme Gemüter› in Luzern (1985). Eine eigentliche Pionierleistung war 1964 die Ausstellung im Kunstmuseum Winterthur mit dem Titel ‹Winterthurer Historien- und Genremalerei des 19. Jahrhunderts› – ein Verdienst des zu Unrecht in Vergessenheit geratenen Konservators Heinz Keller, der fern aller Originalitätshascherei einen erstaunlichen Spürsinn hatte für die Themen und Stilrichtungen, die ‹reif› waren, vorgestellt oder aufgearbeitet zu werden. Keller erkannte denn auch die politische Funktion des Historienbildes, die etwa Hermann Beenken und Peter Brieger noch nicht in dem Maße bewußt gewesen war[5]. Er wies darauf hin, daß die großen Augenblicke der Geschichte – und zwar die menschlich bedeutsamen wie die kriegerischen – den Zeitgenossen als exemplarische Taten vorgeführt wurden. Die Rezeption der Stoffe in der Historienmalerei erfolgte denn auch stets unter dem Blickwinkel der aktuellen Interessen. Dies manifestiert sich auch in Richard Häslis Ausstellungsbesprechung, die unter ein Zitat des Historienmalers Eduard Steiner gestellt ist: *«Zur Verherrlichung der Vergangenheit und Gegenwart.»*[6] Wie Hans-Werner Schmidt richtig bemerkte, steht meine Untersuchung ‹Heldenstreit und Heldentod› von 1973 in der Tradition der Winterthurer Ausstellung[7]. In dieser Veröffentlichung ging es um eine erste Zusammenstellung und Sichtbarmachung des gemalten, gezeichneten und schriftlichen Materials zur schweizerischen Historienmalerei, stets im Hinblick auf deren kulturgeschichtliche Komplexität. Vieles konnte nur angedeutet werden, für anderes fehlten die Vorarbeiten. Inzwischen sind zahlreiche, zum Teil wegweisende Publikationen erschienen, in denen die grundlegende Frage nach der Funktion eines Geschichtsbildes und seines politischen Stellenwertes zu Recht einen zentralen Platz einnimmt. Marksteine in der Erforschung der Historienmalerei bilden unter anderen die teils monographisch, teils motiv- und gattungsgeschichtlich orientierten Arbeiten von Gabriele Sprigath, Ingrid Jenderko-Sichelschmidt, Eckart Vancsa, John Sunderland, Hanna Gagel und Jan Bialostocki[8]. Einen größeren Rahmen steckten sich Donat de Chapeaurouge mit dem Aufsatz ‹Die deutsche Geschichtsmalerei von 1800 bis 1850 und ihre politische Signifikanz› sowie Hans-Werner Schmidt mit seiner Marburger Dissertation ‹Die Förderung des vaterländischen Geschichtsbildes durch die «Verbindung für historische Kunst»[9]›.

Die Auseinandersetzung mit der Gattung Historienmalerei erreicht in diesem Jahr zweifellos einen Höhepunkt, nicht nur durch die wachsende Zahl von Publikationen, sondern auch durch die für den Herbst in Köln geplante Ausstellung ‹Triumph und Tod des Helden›.

Was nun die schweizerische Historienmalerei betrifft, so schließt die Boßhardt-Ausstellung mit dem vorliegenden Katalog zweifellos eine Lücke. Ein schon lange gehegtes Projekt, die Überarbeitung des ‹Heldenstreits›, die ich bisher nicht in Angriff nehmen konnte, ist damit zumindest an einer Fallstudie von Zürcher Studenten partiell realisiert worden – und zwar ganz in meinem Sinn. Die Autoren haben mit ihrer Fragestellung den Anschluß an den jetzigen Forschungsstand hergestellt.

Anmerkungen

[1] Georg Schmidt: Naturalismus und Realismus. Ein Beitrag zur kunstgeschichtlichen Begriffsbildung. In: Festschrift zu Martin Heideggers 70. Geburtstag. Pfullingen 1959, S. 273. Wiederabgedruckt in: Umgang mit Kunst. Olten und Freiburg im Breisgau 1966, S. 34.
[2] Werner Hofmann: Das Irdische Paradies. München 1974², S. 7.
[3] Le Salon imaginaire. Bilder aus den großen Kunstausstellungen der zweiten Hälfte des XIX. Jahrhunderts. Ausstellungskatalog Berlin 1968, S. 7.
[4] Hans-Werner Schmidt: Die Förderung des vaterländischen Geschichtsbildes durch die ‹Verbindung Für Historische Kunst› 1854–1933. Marburg 1985, S. 12.
[5] Hermann Beenken: Das neunzehnte Jahrhundert in der deutschen Kunst. München 1944, S. 279ff. – Peter Brieger: Die deutsche Geschichtsmalerei des 19. Jahrhunderts. Berlin 1930.
[6] R. Hs. (Richard Häsli): «*Zur Verherrlichung der Vergangenheit und Gegenwart...*». Eine Ausstellung im Kunstmuseum Winterthur. In: ‹Neue Zürcher Zeitung› Nr. 2518, Mittwoch, 10. Juni 1964, Morgenausgabe.
[7] Franz Zelger: Heldenstreit und Heldentod. Schweizerische Historienmalerei im 19. Jahrhundert. Zürich und Freiburg im Breisgau 1973. – Hans-Werner Schmidt (wie Anm. 4), S. 181 (Anm. 16).
[8] Gabriele Sprigath: Themen aus der Geschichte der römischen Republik in der französischen Malerei des 18. Jahrhunderts. Diss. phil. München 1968. – Ingrid Jenderko-Sichelschmidt: Die Historienbilder Carl Friedrich Lessings. Diss. phil. Köln 1973. – Eckart Vancsa: Aspekte der Historienmalerei des 19. Jahrhunderts in Wien. Diss. phil. (masch.) Wien 1973. – Derselbe: Zu den ‹Vaterländischen Historien› Peter Kraffts. In: Wiener Jahrbuch für Kunstgeschichte, Bd. 27 (1974), S. 158ff. – Derselbe: Überlegungen zur politischen Rolle der Historienmalerei des 19. Jahrhunderts. In: Wiener Jahrbuch für Kunstgeschichte, Bd. 28 (1975), S. 145ff. – John Sunderland: Mortimer, Pine and some political aspects of English history painting. In: The Burlington Magazine 116 (1974), S. 317ff. – Hanna Gagel: Die Düsseldorfer Malerschule in der politischen Situation des Vormärz und 1848. In: Die Düsseldorfer Malerschule. Ausstellungskatalog Düsseldorf/Darmstadt 1979, S. 68ff. – Jan Bialostocki: The Image of the Defeated Leader in Romantic Art. In: Romantic Nationalism in Europe (Hrsg. J.C. Eade). Humanities Research Centre, Australian National University 1983, S. 63ff.
[9] Donat de Chapeaurouge: Die deutsche Geschichtsmalerei von 1800 bis 1850 und ihre politische Signifikanz. In: Zeitschrift des deutschen Vereins für Kunstwissenschaft, Bd. 31 (1977), S. 115ff. – Hans-Werner Schmidt (wie Anm. 4).

Abb. 1 (Kat. Nr. 1)
Johann Caspar Boßhardt, Selbstbildnis mit Barett, um 1839/40, Öl/Papier/Karton, 36 × 28,8 cm, Privatbesitz Zürich. Der 16–17jährige Boßhardt malte sein erstes Selbstbildnis während seiner Ausbildung in Zürich, bevor er in die Düsseldorfer Kunstakademie eintrat. Das Werk zeigt in seiner linearen Anlage den Einfluß Ludwig Vogels.

Ein Künstler aus künstlerischem Niemandsland

Als Johann Caspar Boßhardt 1823 in Pfäffikon als Küferssohn zur Welt kam, war es keineswegs vorhersehbar, daß er einmal eine Laufbahn als Künstler einschlagen sollte und daß es ihm sogar gelingen würde, sich über den Kreis seiner Herkunft hinaus einen Namen zu machen.

Die Zentren kulturellen Lebens waren Zürich und Winterthur; hier gab es Maler, Literaten und ein interessiertes Publikum, das in der Lage und auch bereit war, mit seinen finanziellen Mitteln einen bescheidenen Kunstbetrieb überhaupt zu ermöglichen. Beide Städte hatten im 18. Jh. eine beachtliche künstlerische Entfaltung erlebt – allerdings kamen die beiden bekanntesten Maler, Heinrich Füssli aus Zürich (1741–1825) und Anton Graff aus Winterthur (1736–1813), erst im Ausland zu ihrer eigentlichen Bedeutung, der erstere in London, der andere in Dresden. Neben diesen herausragenden Leistungen schuf vor allem das ansässige Kunstgewerbe, Kupferstecher und Druckanstalten, die Porzellanmanufaktur in Zürich und die Winterthurer Ofenbaukunst, die Voraussetzung zur Ausbildung künstlerischen Nachwuchses. In ihren Werkstätten gab es Mustermappen, Vorlagen zum Kopieren und anregenden Austausch.

Betätigungsmöglichkeiten dieser Art bestanden für die Landbevölkerung nicht. Da die Landschaft Untertanengebiet ohne Gewerbefreiheit war, blieben als Erwerbszweige im Zürcher Oberland einzig die kärgliche Landwirtschaft, eine von der Stadt abhängige Heimindustrie und bescheidenes Gewerbe. Sucht man neben Boßhardt nach anderen bedeutenden Künstlern des Zürcher Oberlandes im letzten Jahrhundert, ist nur einer zu nennen: der Dichter Jakob Stutz (1801–1877). Und gerade ein vergleichender Blick auf den Weg und das Schaffen dieser

Abb. 3 Jakob Stutz, 1830, Bleistiftzeichnung nach einer Vorlage von Steffen (Graph. Slg. ZBZ).

Abb. 2 Pfäffikon in der ersten Hälfte des 19. Jahrhunderts, Aquarell, Heimatmuseum Pfäffikon.

Abb. 4 Geburtshaus von Jakob Stutz in Isikon ZH, Holzstich (Graph. Slg. ZBZ).

Abb. 6 Primarschulhaus Pfäffikon von 1832–1895, Fotografie, Heimatmuseum Pfäffikon.

Abb. 5 «Die Volksversammlung in Uster Canton Zürich, den 22. Wintermonat 1830», Radierung, 13,5 × 14,8 cm (Graph. Slg. ZBZ). Die Befreiung der Zürcher Landschaft aus städtischer Untertanenschaft begann mit dem Ustertag, einer Volksversammlung am 22. November 1830 in Uster. Trotz schlechter Verkehrswege waren über 10 000 Landschäftler erschienen. Sie forderten die rechtliche Gleichstellung der Landschaft mit der Stadt, Handels- und Gewerbefreiheit und demokratische Rechte. Erst der liberale Aufschwung ermöglichte einem Zürcher Oberländer eine künstlerische Ausbildung, wie sie Boßhardt verfolgen sollte.

beiden läßt deutlich werden, welchen Weg auch ihre engere Heimat, das Zürcher Oberland, dieses ‹künstlerische Niemandsland›, zu ihrer Zeit zurücklegte.

Jakob Stutz (Abb. 3) war 1801, gut zwei Jahrzehnte vor Boßhardt und kaum 5 km von Pfäffikon entfernt, in Isikon (Abb. 4) geboren. Trotz ihrer zeitlichen und geographischen Nähe könnte die Distanz in der künstlerischen Haltung nicht größer sein. Jakob Stutz blieb zeit seines Lebens den Umständen seiner Herkunft verbunden. Er erscheint als einfühlsamer und scharfer Beobachter jener Volkskultur, der er selbst entstammt. Mit ethnographischem Blick schuf er ein eindringliches Bild vom düsterbefangenen Alltagsleben in der Zürcher Landschaft, das wie ein Relikt längst versunkener Zeiten in die beginnende Moderne des 19. Jahrhunderts hereinragt. Die Lebensbeschreibung von Jakob Stutz[1] trägt den Untertitel ‹Ein Beitrag zu näherer Kenntnis des Volkes›. Dieses Volk sind die handarbeitenden, ungebildeten Bewohner des Zürcher Oberlandes. Zu ihnen hatte Stutz in seiner Jugend gehört, wenn auch als Ferggerssohn[2] ein wenig besser gestellt als diese. Die Heimarbeiter vertraten zum größten Teil nicht den Bauernstand, der inzwischen das «*nostalgische Wohlwollen der bessern Kreise*» errungen hatte. Sie waren «*Weber und Spinner, die, statt ihr Brot der Mutter Erde abzuringen, ihren Lohn in feuchten Webkellern erstrampelten*». Für das lesende Zürcher Publikum, dem Stutz dieses Volk zu näherer Kenntnis bringen wollte, waren sie gewissermaßen ein anderer Stamm, dessen Leben und Denken fast den Reiz des Exotischen annahm. Neben erschütternder Armut tritt die ländliche Rückständigkeit vor allem in einem ausgeprägten Bildungsgefälle zutage. Wenn Stutz immer wieder Beispiele grotesker Unwissenheit und krassen Aberglaubens schildert, so nicht, um sein ‹Volk› dem Gespött preiszugeben. Er legt damit vielmehr eine wichtige Quelle des Elends frei, um der weltlichen und geistlichen Obrigkeit die Notwendigkeit einer gezielten Volksaufklärung dringlich vor Augen zu führen. Daß ihm zynische Überheblichkeit fernliegt, zeigt sich darin, daß er häufig sich selbst als Opfer von Irrmeinungen und Aberglaube zeichnet.

In Johann Caspar Boßhardt (Abb. 85) begegnet uns ein ganz anderer Mensch. Er gibt sich weltmännisch, lebt in München und versorgt von dort seine Schweizer Kundschaft mit Gemälden. Seine Aufmerksamkeit gilt nicht der Gegenwart, sondern der Geschichte, nicht der Alltagswelt, sondern den ‹hohen› Momenten. Die Menschen, die er zeichnet, entstammen nicht den niedrigen Webkellern und Spinnstuben. Im Gegensatz zu den Modellen von Jakob Stutz malt Boßhardt Großbürger mit Rang und Namen, Unternehmer und Politiker: Leute mit klarem Kopf und eigenen Zielen. Sie finden ihr Gesicht nicht zufälligerweise in der Schilderung eines teilnehmenden Poeten wieder, sondern bestellen ihr Porträt und bezahlen dafür.

Die Unterschiede zwischen Stutz und Boßhardt sind nicht nur solche des persönlichen Charakters. Es liegen auch zwei Jahrzehnte zwischen ihrer Geburt, Jahrzehnte, die darüber entschieden haben, ob einer in ländlicher Untertanenschaft, geprägt von ruralen und heimindustriellen Lebensformen, aufwachsen sollte, oder ob einen anderen das Klima des liberalen Aufbruchs begünstigen würde. Jakob Stutz beschreibt seine Schule noch als *«alte, niedrige Stube, in welcher zwei alte Töchter wohnten und gleichzeitig, während der Schule, Baumwolle spannen, karteten und haspelten»*[3]. Der Unterricht hatte in erster Linie religiöse Ziele und sollte Kathechismus-Kenntnisse vermitteln und die Voraussetzung zur Bibellektüre schaffen[4].

Mit der Erhebung der Landschaft gegen das restaurative Stadtregime 1830 (Abb. 5) eröffneten sich nie gekannte Möglichkeiten. Seit 1831 war Pfäffikon Bezirkshauptort. Die Änderung der Staatsverfassung brachte der Landschaft die politische Gleichstellung mit der Stadt, die Gewerbefreiheit und eine völlige Reorganisation des Bildungswesens (Abb. 6). Rückblickend schwärmt Boßhardts Jugendfreund und Biograph Eduard Suter[5]: *«Von den Änderungen, die aus der bereits erwähnten neuen Staatsverfassung und dem Ausbaue der Gesetzgebung folgten, kam dem aufwachsenden Geschlechte voraus der verbesserte Jugendunterricht der allgemeinen (Primar-) und der höheren Volksschulen, Secundarschulen, sowie der umgebildeten oberen wissenschaftlichen Unterrichtsanstalten zu statten. […] Es regte sich ein bisher ungeahntes geistiges Frühlingsleben. Ein frischer, freudiger Sinn für eine höhere Auffassung des Lebens brach hervor, zugleich mit der zu Tage tretenden Empfänglichkeit für eine richtigere Werthung der Bildungsmittel. […] Was bis dahin zwar nicht unerreichbar, aber doch nur einer weit enger begrenzten Zahl von Glücklichen unverschlossen gewesen war, that sich da auf einmal dem ganzen Lande auf. Wer jeweilen dergleiche Strömungen nicht selber miterlebte, macht sich davon kaum die vollkommene Vorstellung.»* Und sicher zu Recht stellt er einen direkten Zusammenhang mit Boßhardts Werdegang her: *«…man muß sich diese Stimmung, von welcher die Angehörigen Boßhardts nicht unberührt blieben, vergegenwärtigen, in Verbindung mit der vorteilhaften Beschaffenheit der neu entstandenen Secundarschule zu Pfäffikon, um es zu erklären und zu verstehen, wie unser Freund zur Wahl des von ihm ergriffenen Berufes gekommen ist.»*

Boßhardt wurde Schüler des ersten Jahrgangs in der 1836 neu eröffneten Sekundarschule von Pfäffikon. Sein Lehrer Karl Kramer (Abb. 7), ein deutscher Liberaler und

Abb. 7 Karl Kramer, Boßhardts Sekundarlehrer und Entdecker (Foto, Graph. Slg. ZBZ).

politischer Flüchtling, übte auf seine Zöglinge bewußtseinsbildenden Einfluß aus. Er erkannte Boßhardts Neigung zum Zeichnen und sein gestalterisches Talent und wußte seine Ausbildung in die Wege zu leiten. Dabei dachte man zunächst an eine kunsthandwerkliche Tätigkeit, von der man sichere Einkünfte erwarten durfte. Mit dem Ziel, das Lithographenhandwerk zu lernen, übersiedelte Boßhardt 1838 nach Zürich. Er besuchte privaten Zeichenunterricht bei Georg Christoph Oberkogler (1774–1856)[6], der – ohne selber Herausragendes zu leisten – als Lehrer verschiedener Zürcher Künstler bekannt ist. Boßhardt erwies sich bald als dieser eher bescheidenen Unterweisung entwachsen. Ein Selbstporträt aus dieser Zeit (Abb. 1) zeugt von der Fähigkeit zum sicheren Erfassen der Formen. «*An Wegleitern hätten manche Städte mit ansehnlichen Kunstschätzen, Vorbereitungsanstalten, zahlreichen ausübenden Künstlern mehr Hülfsmittel gewährt, als Zürich damals zu bieten im Stande war*», schreibt sein Biograph Suter[7]. Man wurde in Zürich auf Boßhardt aufmerksam. Kleinere Porträtaufträge gaben ihm Gelegenheit, sein Talent unter Beweis zu stellen, und seine Förderung schien den maßgebenden Leuten sinnvoll. Insbesondere der Kontakt zum Historienmaler Ludwig Vogel stützte Boßhardt in der Überzeugung, seine Ausbildung an einer der führenden Akademien des Auslandes vervollkommnen zu müssen. Während Jakob Stutz schon im 19. Altersjahr stand, bis er nur zum erstenmal in das 30 km entfernte Zürich kam[8], trat Boßhardt im gleichen Alter, unterstützt von Eltern und Gönnern, in die Kunstakademie von Düsseldorf ein. Wäre Boßhardt zwanzig Jahre früher geboren, hätte er wohl das väterliche Küferhandwerk oder eine in der Gegend heimische Tätigkeit ausgeübt. Seine eigene Zeit dagegen war reif für das Experiment, einem begabten jungen Landschäftler eine Akademie-Ausbildung in Düsseldorf und München zu ermöglichen. Dieses Klima des liberalen Aufbruchs ist grundlegend für Boßhardts Kunst geworden. Dieselben Kreise, die diesen Bildungsaufschwung mittrugen, bildeten auch Boßhardts Auftraggeberschaft: liberal denkende Unternehmer, die ihren Führungsanspruch aus der Geschichte zu legitimieren suchten. Zwar bleibt die Überlieferung politischer Äußerungen Boßhardts auf Randbemerkungen beschränkt, doch die Inhalte seiner Historienbilder lassen ein Bildprogramm erkennen, das sich mit dem politischen Programm seiner Gönner und Förderer deckt.

Anmerkungen:

[1] Jakob Stutz, Sieben mal sieben Jahre. – Das Folgende ist in den Grundzügen dem Nachwort von Walter Haas (S. 447–457) entnommen.
[2] Der Fergger besorgte im textilindustriellen Verlagswesen der Ostschweiz den Transport und die Abrechnung zwischen Verleger und Heimarbeiter.
[3] Stutz, Sieben mal sieben Jahre, S. 31.
[4] Zur Schulbildung in Pfäffikon vgl. Heimatbuch der Gemeinde Pfäffikon Bd. 1, S. 375–395.
[5] Suter, Lebensbeschreibung, S. 5f.
[6] Zu Oberkogler vgl. Thieme/Becker Bd. 25, S. 548.
[7] Suter, Lebensgeschichte, S. 8.
[8] Stutz, Sieben mal sieben Jahre, S. 302ff.

«Die mühevolle Laufbahn des Historienmalers»[1]

Abb. 8 Johann Friedrich Dietler, Ludwig Vogel mit seinem ‹Winkelried› auf der Staffelei und Johann von Müllers ‹Geschichten der schweizerischen Eidgenossenschaft› in der Hand, 1846 (Foto, Graph. Slg. ZBZ).

lungspersonen, nach den Räumlichkeiten, der Ausstattung, nach den Kostümen und der Bewaffnung. Die Anforderungen an die Geschichtstreue stiegen mit der Zeit merklich an. Welche Konsequenzen dies für den Künstler haben konnte, zeigt eindrücklich ein Passus aus dem Vertrag, den 1863 der St. Galler Maler Severin Benz in München unterzeichnen mußte:

«Bei der Ausführung der Malerei ist auf zeitgemäßes Costume genaue Rücksicht zu nehmen und ist der Künstler verpflichtet, wesentliche Verstöße dagegen ohne Anspruch auf Entschädigung umzuändern.»[2]

Als sich Boßhardt entschied, Historienmaler zu werden, wählte er nach damaliger Auffassung das schwierigste und anspruchsvollste Fach der Malerei. Es ist daher angebracht, zunächst einige grundsätzliche Gedanken zur Historienmalerei im 19. Jahrhundert vorauszuschicken.

Von einem Historienmaler erwartete man mehr als von einem Porträtisten, Landschafter oder Genremaler. Es ging nicht nur darum, einen vorgegebenen Gegenstand mit handwerklicher Fertigkeit und formaler Gestaltungskraft zu einem ästhetisch befriedigenden Gemälde zu verarbeiten. Ein Historienmaler mußte darüber hinaus besondere Kenntnisse der Baukunst und Anatomie besitzen und – hier liegt das Entscheidende – einen fast wissenschaftlichen Umgang mit der Geschichte pflegen.

Zunächst lag es an ihm, den Stoff aus der Vergangenheit so zu bearbeiten, daß er auch in der Gegenwart bedeutungsvoll erschien. Stand das darzustellende Ereignis fest, so stellte sich die Frage nach den nötigen Hand-

Abb. 9 Ludwig Vogel, Kopie aus der Schweizer Bilderchronik des Luzerners Diebold Schilling von 1513 (fol. 126 v), um 1820, kolorierte Bleistiftzeichnung, 17,2 × 20,5 cm, SLM. Auf seiner Suche nach alteidgenössischen Bildvorlagen kopierte Vogel mehrere Miniaturen aus der Schilling-Chronik.

Viel Detailstudium war nötig, bis nur die Requisiten eines Bildes festgelegt waren. Dann folgte die Charakterisierung und Komposition der Handlungspersonen. Die Kunstkritik zeigte sich unerbittlich, was die Glaubwürdigkeit von Charakter, Ausdruck und Handlung der dargestellten Personen betraf. So mußte sich Boßhardt 1863 vom führenden Münchner Kunstkritiker Friedrich Pecht vorwerfen lassen, daß man angesichts seines ‹Niklaus von Flüh auf der Tagsatzung zu Stans› (Abb. 63) vollkommen im Zweifel darüber bliebe, «*ob der gute Bruder irgend et-*

Abb. 11 Ludwig Vogel, Bannerträger des Kantons Glarus in Vollrüstung, Kopie nach einem Glasgemälde des 16. Jhs., kolorierte Bleistiftzeichnung, 20,3 × 11 cm, SLM.

Abb. 10 Ludwig Vogel, Kopie des Porträts von Cleophea Holzhab-Krieg von Hans Asper 1538, um 1820, kolorierte Bleistiftzeichnung, 17 × 12,5 cm, SLM. Die reiche Tracht der Landvogtsgattin bot sich zu kostümgeschichtlichen Studien an.

was bei diesen harten Köpfen ausrichten werde, während doch gerade Das, das […] Bedeutende an der ganzen Geschichte» sei[3]. Zugleich wurde dem Historienmaler größere Achtung entgegengebracht als sonst einem bildenden Künstler. Sein Rang war dem eines Dichters ähnlich, der sich mit den großen Fragen der Menschheit befaßte. ‹Historienmaler› war mehr als nur eine Berufsbezeichnung – ‹Historienmaler› besaß den Klang eines Titels. Als sich Boßhardt 1864 anerbot, das Bundesrathaus in Bern auszumalen, unterzeichnete er sein Schreiben mit «*C. Boßhardt. Historienmaler*»[4] – als darauf die Enttäuschung folgte, lautete die Signatur desillusioniert: «*C. Boßhardt, ehemaliger Historienmaler, nun heruntergekommener Romantiker.*»[5]

Der Küferssohn aus Pfäffikon hatte sich ein in seiner Zeit gewaltiges Berufsziel vorgenommen. Die Anregung dazu verdankte er in erster Linie Ludwig Vogel (Abb. 8)[6], der ihn auch an die Düsseldorfer Kunstakademie empfehlen sollte. – Von Ludwig Vogel (1788–1879) ist eine größere Zahl von Skizzen und Studien überliefert[7], anhand derer wir eine Vorstellung davon gewinnen können, was den jungen Boßhardt in seinem Beruf erwartete.

Ungleich der heutigen Zeit, in der eine Vielfalt von Bildbänden und Katalogen zur mittelalterlichen Geschichte und Sachkultur zur Verfügung steht, mußte sich Vogel seine Kenntnisse in der ersten Hälfte des 19. Jahrhunderts noch in Feldarbeit vor originalen Bildquellen und Gegenständen erarbeiten, deren genaues Entstehungsdatum oft nicht einmal bekannt war. Er kopierte und pauste Illustrationen aus der Schweizer Chronik des Luzerners Diebold Schilling (Abb. 9), die auch heute noch als eine der reichsten Bildquellen für das Leben im Spätmittelalter gilt[8]. Hier fand sich eine Fülle von Vorlagen für Interieurs und ihre Möblierung, für Trachten, Waffen usw.

Zu genaueren Kostümstudien boten sich die Tafelgemälde der alten Meister an. Hans Aspers Porträt von Cleophea Holzhab-Krieg von 1538 zeigt bis in alle Details getreu die Tracht einer vornehmen Zürcher Landvogtsgattin[9]. Vogel hat das Gemälde in einem kleinen Aquarell kopiert (Abb. 10). Wie sehr ihn hier nur kostümkundliche Details interessiert haben, zeigt sich daran, daß er Hund und Katze auf dem Schoß der Frau nur mit Bleistiftstrichen umreißt und ihnen im Gegensatz zu den Gewandteilen keine Farbe gibt[10].

Wenn sich die Historienmalerei zum Ziel setzte, die Waffentaten der alten Eidgenossen zu verherrlichen (was dem Zeitgeist des Nationalismus entsprach), dann war die Kenntnis mittelalterlicher Kriegsausrüstung von besonderer Bedeutung. Vorlagen boten sich in den Bannerträgern der prächtigen Schweizerscheiben (Abb. 11) oder in den plastischen Steinskulpturen von Rittergrabmälern an. Auf der Bleistiftskizze einer Grabplatte, die Vogel in der «alten Kapelle deß Frauenklosters in Feldbach» aufnahm (Abb. 12), notierte er neben Standort und Größe mit dem Eifer eines Inventarisators:

«…ein Ritter von Klingen. Da die Inschrift eingemauert ist, weiß man nicht welcher? Das Costüm ist von Anfang 1400.»

Heute wissen wir, daß es sich um das Grabbild Walters von Hohenklingen handelt, der als habsburgischer Lehensmann in der Schlacht von Sempach 1386 umkam, und die Entstehung der Platte wird um 1390 angesetzt[11]. Hier zeigt sich, daß Vogel trotz seiner beschränkten Hilfsmittel ein recht genaues Bild über den Stilwandel von Kostüm und Rüstung besaß.

Vogels großes Interesse an typischen Gegenständen der mittelalterlichen Sachkultur zeigt sich in der Zeichnung des ‹Lands-Hälmi zu Sarnen› (Abb. 13). Es handelt sich um die Nachbildung eines Harsthorns, dessen

Abb. 12 Ludwig Vogel, Grabmal des Walter von Hohenklingen, lavierte Bleistiftzeichnung nach der Grabplatte von ca. 1390 (damals im Frauenkloster Feldbach, heute SLM), 29 × 22 cm, SLM. Daß es Vogel auch bei dieser Kopie um detailgetreue Wiedergabe und präzise zeitliche Einordnung der Rüstung ging, zeigt die Notiz auf dem Blatt: «Das Costüm ist von Anfang 1400».

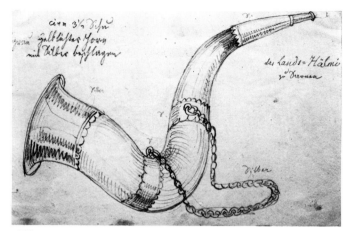

Abb. 13 Ludwig Vogel, «Das Lands-Hälmi zu Sarnen», Bleistift, 12,5 × 19,5 cm, SLM. Vogel versah seine Zeichnung vom Harsthorn der Obwaldner Landsgemeinde mit Material-, Farb- und Größenangaben und verwendete es in seinem Gemälde ‹Die Eidgenossen bei der Leiche Winkelrieds› (Abb. 20).

schauerlichen Klang die Urner, Unterwaldner und Luzerner im Mittelalter zum Schlachtauftakt und zur Sammlung im Felde erklingen ließen[12]. Dieses Horn skizzierte Vogel, um es 1841 in sein Gemälde ‹Die Eidgenossen bei der Leiche Winkelrieds› an kompositorisch wichtiger Stelle einzubauen (Abb. 20)[13]. Einen extremen Grad nimmt die Suche nach historischer Echtheit in Vogels Studien zu Bruder Klaus an[14]. Er skizzierte unter anderem in Sachseln die 1504 geschaffene Schnitzfigur des Niklaus von Flüh (Abb. 14)[15]; in der Kirche «*ob der Sakristei*» pauste er auf Ölpapier den Kopf des Heiligen von einem Leinwandgemälde ab (Abb. 15), und in einer bescheidenen Federskizze von 1816 hielt er sogar den Totenschädel des Nationalheiligen fest (Abb. 16)[16].

Das Sammeln historischer Vorlagen und ihre getreue Aufzeichnung hatte für Vogel noch wenig mit künstlerischem Ausdruck zu tun. Das bildliche Rohmaterial mußte den ästhetischen Vorstellungen des frühen 19. Jahrhunderts gemäß geformt werden; das durch naturgetreue Studien erarbeitete Bildgut wollte in eine überzeitlich gültige Komposition eingebunden sein. Ludwig Vogel vertrat in seinen Gemälden einen klassisch geprägten Idealismus, der danach strebt, die Naturvorlage im Bild zu veredeln. Vorbild waren die Großen der italienischen Renaissance: Leonardo und Raffael. Am Beispiel von Vogels

Abb. 14 Ludwig Vogel, Teilansicht der Statue von Niklaus von der Flüh, 1816, lavierte Federzeichnung, 33,5 × 23,5 cm, SLM. Die Zeichnung gibt die kantigen Gesichtszüge der 1504 entstandenen Holzskulptur sorgfältig ausgearbeitet im Profil wieder. Auf der Rückseite des Blattes ist die ganze Figur von vorne zu sehen, zusammen mit Vogels Notiz «nach einem sehr alten Bild in Holz [...]».

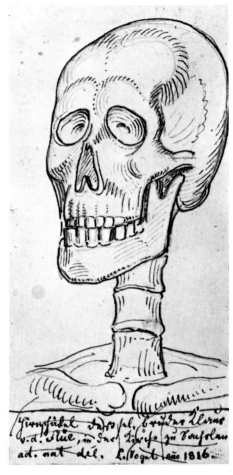

Abb. 16 Ludwig Vogel, «Hirnschädel des sel. Bruder Klaus v. d. Flüe», 1816, Federzeichnung, 13 × 7 cm, SLM, gemäß Vogels Unterschrift «in der Kirche zu Sachseln nach der Natur gezeichnet».

Abb. 15 Ludwig Vogel, Bruder Niklaus von der Flüh, Feder und Schwarzstift gehöht auf Ölpapier (wohl Pause), 43 × 30 cm, SLM. Das Porträt ist eine Kopie nach einem Leinwandbild in der Kirche Sachseln, welches die ganze Figur zeigt. Wie schon bei der Zeichnung nach der Holzskulptur (Abb. 14) kommt es Vogel wieder in erster Linie auf die überlieferten Gesichtszüge von Bruder Klaus an. Von der historischen Glaubwürdigkeit seiner Vorlage offenbar überzeugt, paust er sie sogar auf transparentes Ölpapier durch.

Winkelried (Abb. 20) lassen sich die Prinzipien dieser Malerei einprägsam erläutern.

Der Held Winkelried liegt ermattet am Boden. Noch im Tod umfängt er vor seiner Brust jene Speere, die dem eidgenössischen Heer eine tödliche Bedrohung waren. Er ist umgeben von einer Schar trauernder Mitstreiter, von denen jeder seine stille Ergriffenheit in eigener Haltung und Gestik zeigt. Jede Gestalt ist sorgfältig gestellt und im Hinblick auf die Gesamtwirkung arrangiert. Am linken Bildrand führt uns der trauernde Hellebardier in die Szene hinein. Während sein Kopf nach vorn auf die stützende Hand fällt, hängt sein Helm als Gegengewicht

Abb. 17 Francesco Rainaldi, Kupferstich nach: Leonardo da Vinci, Letztes Abendmahl, 19. Jh., 47,5 × 78 cm (Blatt), 37,5 × 71,4 cm (Bild), ETHZ Graph. Slg. 50. Die Hauptwerke der Hochrenaissance waren als Reproduktionsstiche in großer Zahl verbreitet. Leonardos Abendmahl von 1498 in Mailand gilt als großes Vorbild für die Darstellung einer Personengruppe, die in einer Vielfalt von Gebärden ein zentrales Geschehen kommentiert.

Abb. 18 Joannes Volpato, Kupferstich nach: Raffael, Die Schule von Athen, 18. Jh., 57,6 × 75,8 cm (Blatt), 51,2 × 73,7 cm (Bild), ETHZ Graph. Slg. 44. Raffaels Fresko in der Stanza della Segnatura des Vatikan, entstanden 1509, ist als ein Hauptwerk der Hochrenaissance wie Leonardos Abendmahl durch Reproduktionsstiche überall bekannt geworden und diente wie dieses als nachahmenswürdiges Vorbild.

Abb. 19 Ludwig Vogel, Die Eidgenossen bei der Leiche Winkelrieds, Erster Karton, 1827, Feder, Sepia, laviert und gehöht, 61,5 × 77 cm, Kunsthaus Zürich. Bereits im ersten Karton ist die Komposition des 14 Jahre später vollendeten Gemäldes (Abb. 20) in den wesentlichen Zügen angelegt. Allerdings wird die Haltung der meisten Figuren noch verändert. So erscheint der Krieger, der im Entwurf Winkelried umfängt, im Gemälde mit gefalteten Händen über dem Haupt des Toten. Der Uristier gibt seine stehende, den Betrachter ins Bild weisende Haltung zugunsten einer Kniestellung auf. Der Karton wirkt im Vergleich zum Gemälde noch unruhiger und weniger harmonisiert.

Abb. 20 Ludwig Vogel, Die Eidgenossen bei der Leiche Winkelrieds, 1841, Öl/Lw., 134 × 158 cm, Basel, Öffentliche Kunstsammlung.

rückwärts über die Schultern hinab. Unser Blick wird über seinen hell erleuchteten Nacken auf den Kreis der Krieger geführt, die in zwei Rängen hinter Winkelried stehen. Am anderen Ende der sichelartigen Aufstellung kniet, das eine Bein aufgestellt, der ‹Uristier›. Seine ganze Gestalt ist von S-Schwüngen durchzogen, angefangen von der aufgestützten rechten Fußspitze über das Harsthorn auf dem Rücken bis hin zu den Hörnern der Stierenkappe. Behutsam nähert er sich dem Boden und legt – Winkelrieds Fall gleichsam nachvollziehend – neben dem toten Helden ein erbeutetes Banner nieder.

Zwischen Uristier und Hellebardier liegt Winkelried in stiller Größe wie ein sorgsam präsentiertes Opfertier. Es finden sich keine Spuren des leidenschaftlichen Kampfes. Eher als eine blutige Verletzung des Körpers scheint die bloße Bereitschaft zur Großmut den Tod verursacht zu haben. Winkelrieds weißes Kampfkleid sammelt alles Licht, und um ihn drehen sich Gestik und Gebärden der Kampfgefährten wie eine Spirale.

Eine solche Anordnung der Figuren war nur über eingehende Studien und Entwurfszeichnungen zu erarbeiten (Abb. 19). Wenig ist neu an dieser Komposition. Das Winkelried-Bild erweist sich geradezu als Katalog von Versatzstücken aus großen Meisterwerken, welche Vogel während seines Italienaufenthaltes studiert hat. Franz Zelger hat auf Anleihen bei Leonardos Abendmahl (Abb. 17) aufmerksam gemacht[17]: Nicht nur, daß beide Werke die verschiedenen Reaktionsweisen einer um eine Hauptperson versammelten Menschengruppe zeigen – sogar einzelne Figuren von Leonardo sind in Haltung und Gebärde bei Vogel wiederzuerkennen. Andere Vorbilder wären zu nennen, allen voran Raffael und seine ‹Schule von Athen› (Abb. 18): Die Schüler, die sich in der rechten unteren Ecke um Euklid scharen, gelten als Ideallösung einer kreisförmig um eine Zentrumsfigur angeordneten Beobachtergruppe. Ebenso erweist sich jener Eidgenosse, der hinter Winkelried kniend aufblickt, als Verarbeitung des Torso vom Belvedere.

Anmerkungen:

[1] Das Zitat ist Gottfried Kellers Bildbesprechung von Boßhardts Waldmann entnommen (vgl. Dok. 4).
[2] Es handelt sich um den Vertrag zum Wandgemälde ‹Kurfürst Max Emanuel belagert die Festung Carmagnola› im neuerbauten Maximilianeum in München (Davatz, Severin Benz, S. 26).
[3] s. Dok. 12.
[4] s. Dok. 13.
[5] s. Dok. 14.
[6] Zu Ludwig Vogel vgl. Thommen, Gedanken (mit Literaturübersicht); Zelger, Ludwig Vogel; Zelger, Heldenstreit, S. 31–36; Reinle, Die Kunst des 19. Jahrhunderts, S. 174–176; Voegelin, Das Leben Ludwig Vogels.
[7] Allein das Schweizerische Landesmuseum verfügt über einen Bestand von über 2000 Nummern.
[8] Zur Bedeutung des Luzerner Schilling in der gegenwärtigen Sachkulturforschung vgl. Carl Pfaff, Umwelt und Lebensform, in: Luzerner Schilling, Kommentar, S. 603–678.
[9] Zürich, Kunsthaus, Inv. Nr. 158; Vgl. Zürcher Kunst nach der Reformation, Kat. Nr. 13.
[10] Die Tiere verbildlichen in ihrer Gegnerschaft sehr wahrscheinlich den Mädchennamen der Dargestellten: ‹Krieg von Bellikon› (vgl. ebda).
[11] Alltag zur Sempacherzeit, Kat. Nr. 20.
[12] Die Harsthörner, in Unterwalden ‹Helmi› genannt, waren eine eidgenössische Besonderheit der spätmittelalterlichen Feldmusik, denen die Chroniken spezielle Aufmerksamkeit widmen. In der Obwaldner Landsgemeinde ist das Harsthorn stets in Funktion geblieben. Nachdem das alte Landeshelmi während der französischen Besatzungszeit untergegangen war, wurde 1805 ein Ersatzstück geschaffen (Geßler, Die Harschhörner, S. 33).
[13] Zelger weist darauf hin, daß hier erstmals das Harsthorn in der Historienmalerei des 19. Jahrhunderts Einzug hält (Zelger, Heldenstreit, S. 33).
[14] Vgl. ebda., S. 34.
[15] Die Angabe des damaligen Standortes beruht auf Vogels Bezeichnung auf dem Blatt; zur Figur vgl. Hilber/Schmid, Niklaus von Flüe, S. 4.
[16] Weitere Skizzen nach alten Bildvorlagen befinden sich in der Graphischen Sammlung des Schweizerischen Landesmuseums.
[17] Zelger, Heldenstreit, S. 34.

Karton oder Kolorit
Ausbildung an der Königlichen Akademie in Düsseldorf

Ludwig Vogel hat seinen ‹Winkelried› (Abb. 20) 1841 vollendet – im Herbst desselben Jahres trat Boßhardt mit einer Empfehlung Vogels in die Akademie in Düsseldorf ein[1]. Die Wahl fiel nicht zufällig auf Düsseldorf, denn dort pflegte man eine andere künstlerische Auffassung als an den übrigen deutschen Akademien. Entscheidend war, ob man der Linie oder der Farbe den Vorzug geben wollte. – Vogels ‹Winkelried› bietet sich dazu an, die Frage exemplarisch zu erläutern:

Bei der Sorgfalt, welche Vogel auf die Komposition seines ‹Winkelried› verwendet hatte, mußte die Farbe und das Malerische fast notgedrungen zu kurz kommen. Der Entwurf (Abb. 19) wirkt in sich geschlossener als dessen farbliche Umsetzung (Abb. 20). Im Gegensatz zum Pathos der Zeichnung wirkt das Kolorit des Gemäldes bilderbuchartig und kleinmeisterlich. Jeder Gegenstand ist farblich vom benachbarten abgesetzt. Dadurch vermittelt das Gemälde den Eindruck einer aquarellierten Bleistiftzeichnung und verleugnet geradezu den eigentümlichen Charakter der Ölmalerei. David Heß charakterisiert 1835 Vogels Arbeitsweise mit den Worten: «*Componieren ist eher seine Sache als das Malen, und mit diesem will es nie werden.* [...] *Lugardon, der ihn ganz nach Verdienst zu würdigen weiß, hat ihn einst beinahe kniefällig angefleht, sich einer freiern und leichtern Pinselführung zu befleißigen, die einzelnen Details der Ferne dem Mittel- und Vordergrund aufzuopfern und überhaupt flüchtiger zu malen*[2].» Der Karton (die Entwurfszeichnung) ist im gemalten Bild noch derart dominant, daß man von den Künstlern dieser Richtung als von ‹Kartonisten› zu sprechen pflegte[3].

Im Gegensatz dazu stand die Schule der Koloristen (vgl. Abb. 21). Sie vernachlässigten die ideale Komposition und verzichteten darauf, jede Form zwischen zwei schöne Linien zu pressen. Stattdessen suchten sie Farbstimmung und Stofflichkeit des dargestellten Materials zur Wirkung zu bringen. Ein schwerer Wollstoff mußte sich in der Darstellung von brüchig glänzender Seide unterscheiden. Der Ausdruckskraft der Farbe in Licht und Schatten wurde selbständiger Wert zugemessen. Anstatt zuerst den monochromen Karton zu zeichnen und die Farbe erst als sekundäres Mittel beizufügen, wurde von den Koloristen die Farbgebung von Anfang an in die Bildschöpfung miteinbezogen. Die Koloristen suchten den Naturalismus des Augenblicks. Theodor Hildebrandts ‹Ermordung der Söhne Eduards IV.› (Abb. 21) ist ein Schlüsselwerk der koloristischen Düsseldorfer Schule[4]. Das Bild zeigt einen unverwechselbar einmaligen Moment, den Augenblick wenige Sekunden vor der Mordtat. Alle Einzelheiten des Bildes scheinen in ihrer Zufälligkeit dokumentarisch festgehalten, als sei der Maler persönlich Zeuge des Vorgangs gewesen. – Vogels ‹Winkelried› stattdessen zeigt den Tod des Helden in überzeitlicher Auffassung. Eidgenössisch wirken nur die Requisiten. Das Bild als Ganzes aber könnte in seinem verklärenden Pathos ebenso gut eine Heldentat der alten Griechen illustrieren.

Als sich Boßhardt für eine akademische Ausbildung entschied, hatte er die Wahl zwischen der idealistisch-kompositorischen Richtung, die gängigerweise an den deutschen Akademien gelehrt wurde, und der modernen koloristischen Schule in Düsseldorf. Ludwig Vogel, der sich seiner malerischen Mängel durchaus bewußt war, unterstützte Boßhardt in der Entscheidung für Düsseldorf.

Der Eintritt in die Düsseldorfer Kunstakademie gelang Boßhardt im November 1841 trotz einer großen Zahl von Mitbewerbern. Das Empfehlungsschreiben von Ludwig Vogel an den dortigen Leiter des Elementarunterrichts Joseph Wintergerst (1783–1867)[5] hatte seine Wirkung getan. In seinem Dankesschreiben an Ludwig Vogel kommt Boßhardt auch auf den akademischen Lehrgang zu sprechen (Dok. 1). Zum besseren Verständnis seien einige Bemerkungen über die Akademie vorausgeschickt.

Die Ausbildung, die Boßhardt erwartete, war anspruchsvoll und arbeitsreich. Zur künstlerischen Begabung, die ein Schüler mitbrachte, trat an der Akademie die systematische Vermittlung von technischen Kenntnissen. Der Lehrplan umfaßte drei Klassen (Boßhardt spricht von deren vier, weil er zwei Abteilungen der zweiten Klasse einzeln zählt).

Die ‹Elementarklasse› von Wintergerst konnte Boßhardt überspringen[6] und stattdessen sogleich in die zweite oder ‹Vorbereitungsklasse› eintreten. Die Grundausbildung dieser Stufe entsprach den gängigen akademischen Leitsätzen. Das Akademiereglement sah folgende ‹Unterrichts-Gegenstände› vor[7]:

a. Das Zeichnen nach dem Runden, sowohl nach der Antike (welches von einzelnen Theilen des menschlichen Körpers bis zu aufgeführten Zeichnungen ganzer Figuren in der Größe des Vorbildes hinaufsteigt), als auch nach dem lebenden Modelle.[...] Bei den Übungen im Aktzeichnen wird besonders darauf hingewirkt, daß der an der Antike aufgefaßte Typus auch an dem lebenden Modelle studiert und somit die Abstraction von dem Zufälligen und Mangelhaften in der Erscheinung der Natur zur Fertigkeit erhoben und der Sinn für die ideale Form zugleich mit der unmittelbaren Anschauung der Natur geübt werde.

b. Die Grundsätze der Gewandung, Einübung derselben nach Gewändern von verschiedenen Stoffen, Anfangs über dem Gliedermann und später nach der Drapierung des lebenden Modells.

c. Die Lehre von den Proportionen des menschlichen Körpers.

d. Anatomie, bei deren Vortrag darauf gesehen wird, daß das dem Künstler vorzugsweise Wichtige hervorgehoben und durch Nachzeichnen eingeübt werde.

e. Die Lehre von der Perspective.

f. Architektonisches Zeichnen.

g. Geschichte der bildenden Kunst in Verbindung mit Demonstrationen an Gypsen, Handzeichnungen, Kupferstichen [...].»

Die Leitung dieser allgemeinen Unterweisung oblag Professor Carl Ferdinand Sohn (1805–1867).

Gleichzeitig erfolgte der Unterricht in der Malerschule unter Professor Ferdinand Theodor Hildebrandt (1804–1874). Hier wurde beim Schüler «*das angeborene Talent für die Farbe*» entwickelt und ihm «*eine richtige Methode in der Mischung und Behandlung der Farbe*» beigebracht[8]. Hildebrandt war selbst ein bedeutender Historien- und Genremaler (vgl. Abb. 21), und was Boßhardt ihm verdankt, ist seinem Werk zeitlebens abzulesen.

An die Vorbereitungsklasse schloß als dritte Stufe die ‹Klasse der ausübenden Eleven› unter Friedrich Wilhelm von Schadow (1788–1862), dem Akademiedirektor, an. Sie stand für Boßhardt noch in ehrfurchtheischender Ferne, als er den folgenden Brief verfaßte:

Dok. 1 1841 Dezember 12

Aufnahme in die Düsseldorfer Akademie – Boßhardt bedankt sich bei Ludwig Vogel für dessen Hilfe.

(Der Brief ist zusammengefaßt und auszugweise ediert in: Suter, Lebensgeschichte, S. 10.)

«*In der Elementarclasse wird nach dem Flachen und nach Gypsformen gezeichnet. Die zweite Classe unter Professor Sohn behandelt das Zeichnen grosser Figuren nach Gypsabgüssen. In der dritten Malclasse wird unter Leitung von Professor Hildebrand das Malen nach der Natur geübt, im Winter von Köpfen in allen Stellungen, im Sommer abwechselnd von Acten (lebenden Modellen) oder Köpfen. Die vierte oder historische Classe unter Director Schadow bringt den höhern Abschluss. Es werden da nur Compositionen gemalt. Der Schüler hat in der Malclasse drei Jahre Zeit zur Vorbereitung für jene oberste Classe, deren Gewinnung von der Leistung eines tüchtig gemalten Acts und einer guten Composition bedingt ist.[...] Die Forderungen sind unendlich gross und wurden diesmal nur von zwei Bewerbern erfüllt. Von denselben habe ich aber Köpfe gesehn, in einem Mal gemalt, die schönsten, welche ich in meinem Leben schon gesehen habe in Bezug auf Farbe und Wahrheit.*»

Über seine gegenwärtige Ausbildung schreibt Boßhardt:

Abb. 21 Ferdinand Theodor Hildebrandt, Die Ermordung der Söhne Eduards IV., 1835, Öl/Lw., 150 × 175 cm, Kunstmuseum Düsseldorf. Der Düsseldorfer Akademie-Professor Hildebrandt hat mit seiner koloristischen Malweise auf Boßhardt nachhaltigen Einfluß ausgeübt.

Abb. 22 (Kat. Nr. 2) Johann Caspar Boßhardt, Selbstbildnis als Akademieschüler, 1842/43, Öl/Lw., 51,8 × 43 cm, Heimatmuseum Pfäffikon ZH. Dieses in Düsseldorf entstandene Selbstporträt zeigt deutlich die Früchte des Düsseldorfer Kolorismus: In seiner viel malerischeren Auffassung unterscheidet es sich deutlich von Boßhardts erstem Selbstbildnis (Abb. 1).

«Sie kennen das Leben eines jungen Künstlers und können sich das Glück und die Freude denken, die ein solcher fühlt, wenn er auf einmal an einen Ort kommt, wo er sieht, dass hier das Wahre errungen werden kann. Ich bin in den Malersaal unter Leitung von Hildebrands aufgenommen worden, male jetzt immer Köpfe nach der Natur und zeichne Abends Modelle, die im Sommer auch gemalt werden. Man ist hier ganz erstaunenswürdig weit, besonders im Malen. Es gibt junge Leute von zwanzig Jahren, die Köpfe malen, welche den besten Niederländern an die Seite gesetzt werden können. Ich danke dem Himmel tausendmal, dass ich hieher gekommen, und sehe jetzt ein, wie schwach ich noch bin, aber ich arbeite mit Muth und Ausdauer; es ist ja viel zu erstreben: mag der grosse Geist mir beistehen und zu meinem Schaffen Gelingen geben. Malen kann man hier lernen wie nirgends sonst. Sie haben die Lorbeeren der Kunst errungen. Sie kennen die Stürme, die den Schüler treffen und ihm das wahre Ziel so unendlich entfernen.»

Boßhardts Neigung liegt eher im Kolorismus als in der Zeichnung:

«Ich besuchte Schadow ... Ich bin mit Einem aus Genf, welcher in der gleichen Classe ist, der einzige Schüler aus der Schweiz. Man ist im Allgemeinen sehr fleissig und eifrig, besonders in den Malclassen, denn, wie Sie gewiss auch wissen, ist da ein schwerer Punkt. Ich zeichne jetzt immer in der Zwischenzeit nach der Natur, wo ein paar Maler zusammentreten und sich Modelle sitzen lassen. Die Farbe macht mir immer weniger Mühe als das Zeichnen. Hildebrand sagte zu mir: ‹Sie scheinen Anlagen für das Colorit zu haben›.»

Im übrigen erwähnt Boßhardt, daß er mit mehreren großen und talentvollen Künstlern bekannt geworden sei und freien Zutritt zu ihren Ateliers habe.

Das künstlerische Klima in Düsseldorf wurde nicht nur durch die Akademieprofessoren bestimmt, sondern auch durch deren Schüler in der sogenannten ‹Meisterklasse›, welche an die ‹Klasse der ausübenden Eleven› unter Schadow anschloß[9]: Carl Ferdinand Lessing (1808–1880) war zu Boßhardts Zeit die Leuchte Düsseldorfs und sorgte mit seinem Hussitenzyklus (Abb. 23) für

Abb. 23 Carl Ferdinand Lessing, Die Hussitenpredigt, 1836, Lithographie von Herrmann Eichens, 60,4 × 71,8 cm (Blatt), 37,1 × 47,4 cm (Bild), ETHZ Graph. Slg. 137. Gemälde wie dieses machten Lessing als wichtigsten Vertreter der Düsseldorfer Historienmalerei berühmt und setzten neue Maßstäbe für die protestantisch-bürgerlich geprägte Historienmalerei. Boßhardt hat noch in seiner Reifezeit auf Lessings Komposition zurückgegriffen (vgl. Abb. 70).

großes Aufsehen[10]. Gleichermaßen bedeutend war Alfred Rethel (1818–1859), der in den Jahren 1842 bis 1844 die Entwürfe zu ‹Hannibals Zug über die Alpen› schuf. In einem Brief an einen ungenannten Freund[11] schildert Boßhardt das fruchtbare Klima, das er in der Rheinstadt vorgefunden hat:

Dok. 2 1842 April 1

Boßhardt macht Fortschritte in Düsseldorf – Brief an einen Freund

(Der Brief ist zusammengefaßt und auszugsweise ediert von Suter, Lebensgeschichte, S. 11.)

«Mir geht es hier ganz gut, aber es war hohe Zeit, dass ich fort kam von Zürich. Dieses halbe Jahr habe ich sehr viele Fortschritte gemacht, besonders im Malen, in Bezug auf Farbe. Ich wäre jetzt im Stande, ein tüchtiges Porträt zu malen. Die Schule ist ausgezeichnet gut. Ich hoffe, in zwei Jahren die historische Classe unter Schadow zu gewinnen.

Ich bin in schöner, gebildeter Umgebung, mit vielen tüchtigen Künstlern bekannt und befreundet, was mir sehr nützlich ist. Über die erstaunenswürdigen Kunstschöpfungen und immer statthabenden Ausstellungen kann ich unmöglich etwas Specielles schreiben. Vor Allem ragt bei Weitem im Geschichtlichen Lessing hervor. Als Componist und an Fruchtbarkeit ist Rethel besonders zu bemerken, und an Wahrheit und Natur in der Farbe Hildebrand und C. Sohn, die beiden Professoren der Malerclassen. Es mögen im Ganzen etwa 300 Maler in Düsseldorf sein. Meistens Alle an der Akademie. In den Classen herrscht ein gewisser Rang. Im letzten Monat bin ich um fünf Nummern gestiegen und nun der vierte im Malen. Ich bin jetzt schrecklich überladen mit Arbeiten und Schreiben. Die theoretischen Vorlesungen geben viel zu thun, ebenso Anatomie, Architectur, Perspective und Kunstgeschichte. Ich componiere tüchtig, aber gesunder und vernünftiger als aus der sentimentalen Minnesängerzeit, die mir in Zürich im Kopfe steckte.»

Am Weihnachtsabend 1842 schrieb Boßhardt seinen Eltern einen Brief, der sich wie ein künstlerisches Programm liest. Das Berufsziel, das noch während des ersten Ausbildungsjahres offenstand, ist nun beschlossen: Boßhardt will Historienmaler werden und Gemälde eidgenössischen Inhalts schaffen. Seiner Begabung für das Kolorit ist sich Boßhardt bewußt. Dennoch ist seine erste Begeisterung für die Düsseldorfer Schule gewichen. Es mangelt ihm an Führung «geistiger Richtung». Boßhardt schwebt nun die Überbrückung des Gegensatzes ‹Farbe – Komposition› vor. Weil er die Grundzüge beider Schulen beherrschen will, zieht es ihn nach München, wo Wilhelm von Kaulbach (1805–1874) die idealistische Malerei in höchster Form pflegt (Abb. 24).

Abb. 24 Wilhelm von Kaulbach, Die Hunnenschlacht, 1834–37, Kupferstich auf getöntem Grund von Julius Theater, 1837, 48,8 × 60,9 cm (Blatt), 35,3 × 43 cm (Bild), ETHZ Graph. Slg. 149. Kaulbachs Gemälde mißt im Original 5,48 auf 6,58 m und traf in seinem Pathos genau den Geschmack des Publikums. Das Thema aus der Zeit der Völkerwanderung wird zu einer Verherrlichung der nationalen Erhebung idealisiert. In die Lüfte erhoben, wird das Schlachtgetümmel zur Götterdämmerung. Die Komposition besticht durch eine Fülle von formvollendeten Bewegungsmotiven und steht mit ihrer vorherrschenden Linearität im Gegensatz zur Düsseldorfer Schule (vgl. Abb. 21 und 23).

Dok. 3 1842 Dezember 24

Große Pläne –
Weihnachtsbrief Boßhardts an seine Eltern

(Der Brief ist zusammengefaßt und auszugsweise ediert von Suter, Lebensgeschichte, S. 11.)

«*Ich habe mit der lieben Mutter das vorherrschende melancholische Temperament gemein: oft befällt mich unwillkürlich eine Unruhe, ein Drang, eine Unzufriedenheit mit meiner Lage, die vielleicht manchem Andern beneidenswerth wäre ... Werde ich je etwas Tüchtiges leisten, so hat das Temperament seinen Theil daran ... Sind die unruhigen Stunden vorüber, haben sie immer gute Folgen gehabt. Glaubt aber nicht etwa, dass ich immer schwermüthig sei; Heiterkeit und Fröhlichkeit begleiten mich immer, je deutlicher ich mich zur Kunst berufen fühle.*»

Eduard Suter überliefert ohne genauere Angaben, daß verschiedene Verweise im Brief auf «*emsige Lecture*» hindeuteten. Daran schließen Überlegungen zum geistigen Gehalt und zur technischen Fertigkeit des Malens an:

«Erst seit kurzer Zeit zeigt sich mir die Kunst in ihrem höchsten wahren Licht; geistig muss man sie recht erfassen, um technisch Gutes schaffen zu können. Je weiter ich komme, um so deutlicher glaube ich wahrhaften Beruf zum wahren Künstler zu fühlen.»

Es folgt das Bekenntnis zur vaterländischen Historienmalerei:

«Mein Streben ist, ein Künstler zu werden, zu schaffen für die Gegenwart und Nachwelt, mein Feld die Geschichte meines Vaterlandes; die muss ich fühlen, studieren und selbst mit allem Feuer Schweizer sein, fern mich halten von allen Wirren unserer Tage und nur das classische Alterthum unserer Ahnen mir zum Vorbilde nehmen, einen Winkelried oder Tell mir als Ideale aufstellen und diese Zeit der glänzenden Nationalität der Gegenwart wahr und grossartig vor die Seele führen. Ist dies mir möglich, fehlt auch das Anerkennen nicht, der beseligendste Lohn des Künstlers. Es kostet aber Mühe und manches Jahr sauren Mühens, aber Gott hat den Trieb und Talent mir gegeben, und wird dasselbe ausbilden helfen. Bis jetzt hat er mich wunderbar geführt: wer hätte geglaubt, als ich zum alten Oberkogler[12] in die sogenannte Lehre kam, dass ich in dieser Zeit an einer der ersten Akademien studieren werde? Vom Lithographen zum historischen Künstler ist mein Ziel hinaufgerückt, und ein altes, oft wahres Sprüchwort sagt: Wer kräftig will, gelangt zum Ziel. In Düsseldorf muss ich ein Colorist werden, d. h. die technische Kunst des Malens mir tüchtig zu eigen machen, natürlich mit aller möglichen geistigen Ausbildung. Im Malen, setze ich voraus, werde ich Tüchtiges leisten, wenn ich gesund bin und studieren kann. Schon jetzt habe ich hier wie damals in Zürich einen kleinen Ruf unter meinen Mitschülern als Colorist.»

Der Farbensinn sei ihm von Natur gegeben, ihn müsse man von der Natur besitzen und könne ihn durch Studium nur fördern, nicht aber erlernen. Die geistige und kompositorische Vollendung seiner Ausbildung will Boßhardt nicht mehr in Düsseldorf, sondern in München erlangen:

«Für die zuträgliche geistige Richtung finde ich hier keinen Meister, an den ich mich anschliessen könnte, aber in München hat mich unwiderstehlich Kaulbach durch seine grossartigen Kunstschöpfungen gefesselt.[...] Für diesen Mann, der auch der erste jetzt lebende Componist ist, bin ich begeistert. Unter seinen Augen hoffe, wünsche und strebe ich, gross zu werden, aber erst wenn ich hier als Maler oder Colorist mich festgestellt habe. Ihr wundert Euch vielleicht, wie ich bei meinen ökonomischen Verhältnissen so weite Gedanken haben könne. Dieses Alles hindert mich nicht, spornt mich vielmehr an dazu. Ich hoffe, hier nur so lange zu bleiben, bis ich als ein junges und kräftiges Talent anerkannt bin; dann kann zur weitern Ausbildung mir schon geholfen werden. Thut Euer Möglichstes an mir, helft mir, wo Ihr nur könnt. Ich werde Alles aufs Beste anzuwenden suchen. Verlangt zu frühe nichts von mir, ich hätte mein Porträt Euch schon lange geschickt, aber was ich in die Schweiz schicke, soll nicht nur gut sein, sondern es soll mein Talent beweisen.»

Das Selbstbildnis von 1842/43 (Abb. 22), dessen Vollendung Boßhardt seinen Eltern angekündigt hatte, erweist sich in der Tat als beachtliche Leistung des Zwanzigjährigen. Der Bruch mit dem linearen Stil, den Boßhardt noch in seinem idealistischen ‹Selbstporträt mit Barett› (Abb. 1) drei bis vier Jahre früher gepflegt hatte, ist vollzogen. Die scharf gezeichneten Konturen sind einer malerisch freien Pinselführung gewichen. Anstelle der wenig entschiedenen Farbigkeit steht nun ein spannungsvoller Hell/Dunkel-Kontrast, mit leuchtendem Inkarnat und überlegen eingesetztem Purpur auf dem Mantelfutter. Wo es im ersten Selbstporträt noch an stofflicher Differenzierung fehlt, werden nun die Unterschiede stofflicher Reize meisterlich präsentiert: Das wollene Mantelfutter faßt sich – obschon nur gemalt – gänzlich anders an als der Persianerkragen, das Haupthaar oder die glatte Haut.

Boßhardt schloß seine Ausbildung in Düsseldorf nicht ab. Ein Nervenfieber erzwang im Herbst 1843 einen Unterbruch, und 1844 kehrte Boßhardt nach Hause zurück. Hier gelang es ihm, vom Zürcher Regierungsrat ein Stipendium von 350 Gulden für die weitere Ausbildung in München zu erlangen, das erste Stipendium seit sechzig Jahren, das einem Künstler von der Zürcher Regierung ausbezahlt worden war[13].

Anmerkungen:

[1] s. Dok. 1.
[2] zit. in: Reinle, Die Kunst des 19. Jahrhunderts, S. 176.
[3] Zum Streit zwischen Kartonisten und Koloristen an den deutschen Akademien in den 1840er Jahren vgl. Schoch, Die belgischen Bilder.
[4] Vgl. Die Düsseldorfer Malerschule, Nr. 103.
[5] Die Bekanntschaft zwischen Vogel und Wintergerst ging zurück auf den nazarenischen ‹St. Lukasbund›, dessen Gründergeneration sie beide angehört hatten. Boßhardt malte 1845 für Wintergerst ein Bildnis Vogels (Kat. Nr. 6).
[6] Die Folgerung beruht auf Boßhardts Brief an Vogel (Dok. 1), wo er von seiner Aufnahme in den Malersaal Hildebrandts spricht. Der Malersaal gehörte zur zweiten Klasse (Vorbereitungsklasse).
[7] ‹Zweck, Einrichtung und Lehrplan der Akademie› aus: Rudolf Wiegmann, Die königliche Kunst-Akademie zu Düsseldorf, Ihre Geschichte, Einrichtung und Wirksamkeit, Düsseldorf 1856; nachgedruckt in: Die Düsseldorfer Malerschule, S. 209–214, der zitierte Passus auf S. 210.
[8] Ebda., S. 211.
[9] Ebda., S. 213.
[10] Einen kurzen informativen Überblick zu Lessing bietet Vera Leuschner in: Die Düsseldorfer Malerschule, S. 86–97.
[11] Suter gibt den Empfänger nicht an. Möglicherweise war er selbst der Adressat, wollte aber als Biograph seinen eigenen Kontakt mit Boßhardt nicht hervorheben.
[12] Georg Friedrich Oberkogler (1774–1856), Kupferstecher in Zürich und Zeichenlehrer zahlreicher Zürcher Künstler.
[13] Suter, Lebensgeschichte, S. 13.

Das richtige Bild zur richtigen Zeit
Boßhardts erstes Historiengemälde ein Erfolg

Mit ‹Waldmanns Abschied› (Abb. 25) schuf Boßhardt sein erstes Historiengemälde. Das Werk erntete großen Beifall und begründete Boßhardts Karriere. Exemplarisch zeigt es, welche Fertigkeiten ein begabter Akademieschüler in kurzer Zeit erwerben und zu welcher Leistung ein 24jähriger imstande sein konnte. Darüber hinaus wird ersichtlich, welche besonderen Begleitumstände zum Erfolg eines Historiengemäldes beitrugen. Wir wollen daher das Bild und seine Wirkung eingehend erläutern und versuchen, die Grundlage zum Verständnis von Boßhardts Schaffen zu legen.

Boßhardt begann die Arbeit am Entwurf zu ‹Waldmanns Abschied› noch während seiner Ausbildung an der Düsseldorfer Akademie (1842–1844). Nach der Übersiedlung nach München im Januar 1845 wurde der Karton überarbeitet[1] – die Vollendung des Gemäldes erfolgte 1847, wie aus der Signatur hervorgeht.

Schon bald muß das fertiggestellte Bild von München nach Zürich transportiert worden sein, denn bereits vor dem 11. Februar 1848 stand fest, daß Boßhardts ‹Waldmann› demnächst im neuen Kunstgebäude öffentlich ausgestellt werden sollte[2].

Auf die Bitte *«sehr achtungswerter Freunde»* hin, würdigte der damals 28jährige Dichter Gottfried Keller das Werk in einer Bildbesprechung. Keller fand viel Lob für den jungen Boßhardt und deutete an, daß das Gemälde im neuen Museum der Künstlergesellschaft *«am besten aufgehoben wäre»*.

Dok. 4 1848 Februar 11/12

Gottfried Keller: Bildbesprechung von Boßhardts ‹Waldmann›

(Die Bildbesprechung erschien in zwei Teilen in der ‹Neuen Zürcher Zeitung› vom 11. und 12. Februar 1848, S. 178f. und 182f. Ediert in: Gottfried Keller, Sämtliche Werke, Bd. 22, Bern 1948, S. 255–260.)

«Zürich. Kunstbericht. Waldmanns Abschied von seinen Freunden, ehe er zur Richtstätte geführt wird, gemalt von C. Boßhard von Pfäffikon.

[Anlaß zur Bildbesprechung]
Wie sehr wir auch fühlen, daß die gegenwärtige Zeit zur öffentlichen Besprechung von Kunstgegenständen wenig geeignet ist, so haben wir uns doch einiger Mittheilungen über die erste größere Arbeit eines talentvollen jungen Mannes, der die mühevolle Laufbahn des Historienmalers betreten hat, nicht entschlagen können. Einmal wurden wir von sehr achtungswerthen Freunden des Herrn Boßhard darum angegangen und sodann wird das erwähnte Gemälde nächstens im neuen Kunstgebäude öffentlich aufgestellt werden, daher dann auch einige einleitende Worte manchem Leser dieses Blattes nicht unwillkommen sein dürften.

[Boßhardts Ausbildung]
Hr. Boßhard, den vorzüglich der bei Vielen in ehrenvollem Andenken stehende Zimmermann von Bussenhausen zuerst in seinem Streben nach der Kunst ermunterte und förderte, machte seine ernstern [!]Studien in den Jahren 1841 bis 1844 auf der Akademie zu Düsseldorf, wo überdieß die Empfehlungen L. Vogels und des verstorbenen W. Füssli[3] persönliche Verwendung ihn in nähere Beziehung zu Lessing, Schadow u.a. ausgezeichneten Männern der Düsseldorfer Schule brachten. Seit 1845 lebte Hr. Boßhard in München seiner weitern Ausbildung, wozu ihm theils Unterstützungen der hiesigen Regierung, theils eigene Arbeit die Mittel darboten und gegenwärtig legt er mit obiger, in München bereits gut aufgenommener Arbeit auch der Heimat eine Probe seiner bisherigen Errungenschaft vor.

[Historischer Hintergrund und Bildthema]
Bekanntlich hatte Waldmann in der Gefangenschaft wiederholt seine Mitgefangenen, von denen mehrere nach sei-

nem Fall enthauptet oder lebendig eingemauert wurden, zu sehen und zu sprechen verlangt. Erst im Augenblicke, ehe er selbst zum Tode geführt wurde, erhielt er die Erlaubniß dazu. Er ermahnte sie zur Standhaftigkeit und segnete sie scheidend. Diesen Moment hat Hr. Boßhard darzustellen gesucht. Hätte er Fresken zu malen gehabt, so würde er wahrscheinlich andere Szenen aus dem bewegten Leben Waldmanns gewählt haben: vielleicht seinen glorreichen Einzug in Zürich nach der Schlacht bei Murten und dann als Gegenstück, wie er von den treulosen Boten der Eidgenossen, einem Landammann Reding und Schultheiß Seiler aus dem Rathhause durch die empörten Haufen geführt wird, ein Opfer schändlicher Kabale und allerdings auch des eigenen Übermuthes und der Herrschsucht, die ein freies Volk selbst von dem größten Verdienste in die Länge nicht erträgt. Für ein Ölgemälde aber von mäßigem Umfange und mit einer kleineren Zahl von Figuren ausgestattet, stellte sich der Moment des Abschiedes als der bedeutungsvollste und eindruckreichste dar.

[Beschreibung des Bildinhalts]
Hr. Boßhard führt uns mit seiner Darstellung um vier Jahrhunderte zurück und in den untern Raum des Wellenbergs. In der Mitte des Bildes erkennen wir sogleich die hohe Gestalt Waldmanns, der mit zwei Zunftmeistern und einem Mönch vom Bettelorden die Hauptgruppe ausmacht. In reicher, ritterlicher Kleidung steht er da, noch der grosse Waldmann, der ausgezeichnete Feldherr und Staatsmann, wenn schon dem Schicksal verfallen. Aus den edlen Zügen scheint schon jeder irdische Jammer verschwunden zu sein, wenn auch die Spuren einer grausamen Haft und der erlittenen Folter darin ausgedrückt sind. Ruhig, ernst, mit würdiger Haltung blickt er auf einen jungen Zunftmeister hinunter, der vom Schmerze der Trennung überwältigt zu seinen Füßen kniet; segnend hebt Waldmann die Hand über seinem Haupte empor. Ein zweiter Zunftmeister, im Greisenalter und daniedergedrückt von den Ereignissen, lehnt sich an Waldmanns Schulter. Er trägt, wie der erste, schwere Fesseln. Auf der linken Seite Waldmanns steht ein Mönch, der von seinen Feinden ihm beigeordnete Beichtvater, der ihm in der Beichte das Versprechen abgedrungen hatte, nicht mehr zum Volke zu sprechen. Im Gesichte des Mönchs liegt etwas Lauerndes und die Besorgniß, Waldmann möchte sich zu lange hier aufhalten, daher er ihn auch bei der Hand faßt und ihn mit sich die Stufen hinunterziehen will. Rechts von dieser Hauptgruppe erblicken wir aus einem Gange kommend eine andere Gruppe: es sind die Feinde Waldmanns, an ihrer Spitze Lazarus Göldli, der neugewählte Stadthauptmann in Krebs [ein Brustharnisch in Plattenform] und Kragen mit der Streitaxt, wie er damals durch die Straßen rannte. Haß und befriedigtes Rachegefühl sprechen aus seinen rohen und gemeinen Zügen. Ein anderer Patrizier, mehr diplomatischer Leiter der Verschwörung, deren Werkzeug Göldli war, scheint, voll Besorgniß über die Waldmann bereits wieder günstiger werdende Volksstimmung, den Göldli zur Besonnenheit zu ermahnen. Hinter diesen Figuren, in passendem Zwielicht, erscheint ein Vertreter der Klerisei, ein Predigermönch, mit dem Ausdrucke der Betrachtung, die ihm sagen mochte: ‹Dahin führt der Kampf mit der Kirche und ihren Dienern.› Der Theil des Volkes, der, wie die Chronik sagt, in diesem Handel des Unrathes viel zu merken anfing, ist durch eine jugendliche Figur in Waffenrüstung mit dem Zürcherschilde auf der Brust angedeutet, die an ein Treppengeländer sich lehnend mit Theilnahme die Hauptgruppe betrachtet. Hinter dieser Gruppe ragen aus dem dunkeln Gange die Hellbarden und Pickelhauben der dem Zuge folgenden Bewaffneten hervor. – Links von der Hauptgruppe tritt uns ganz im Hintergrunde, in einer Durchsicht auf die Stadt mit den Münsterthürmen und auf den See, unter der Thüre eine dritte Gruppe entgegen. Es ist in einem Schiffe, in seinen rothen Mantel gehüllt und das Schwert unter dem Arme, der Scharfrichter, der Waldmann erwartet; neben ihm Bewaffnete, die voll Spannung in den Kerker blicken.

[Würdigung der gestalterischen Mittel]
Nach dieser Darstellung müssen wir nun vor allem des ruhigen Ernstes erwähnen, der im ganzen Bilde waltet; von den Theatereffekten der Genremalerei, zu dem der Moment so guten Anlaß bot, finden wir keine Spur, ein Verdienst, das auch in München hervorgehoben worden ist. – Was sodann die Anordnung betrifft, so war es unbezweifelt ein glücklicher Gedanke, trotz der Ökonomie von Figuren, welche die ganze Anlage gebot, alle bei dem Waldmann'schen Drama thätigen Elemente darzustellen. Die Gruppirung ist dabei einfach und klar und zeigt uns in der Mitte die eigentliche, das Interesse konzentrirende Handlung, rechts die ihr vorhergegangene Verschwörung, links die ihr nachfolgende Katastrophe.
Besonderes Lob verdient, wie uns scheint, die Charakteristik.

Abb. 25 (Kat. Nr. 7) Johann Caspar Boßhardt, Bürgermeister Waldmanns Abschied von seinen Mitgefangenen, 1847, Öl/Lw., 116 × 143 cm, Muraltengut Zürich, Kunsthaus Zürich.

Überhaupt konnte nicht die Handlung an sich dem Bilde Bedeutung geben, sondern die Stimmung und die Charakteristik mußte dies tun. Wie sehr dieß gelungen, fühlt man bei längerer Betrachtung des Bildes mehr und mehr. Für die beste Figur, diejenige, die am meisten individuelle Wahrheit hat, halten wir den Mönch, dessen Kopf besonders gelungen ist; sodann ist in Göldli, dem personifizirten Ausdrucke des hörnenen Rathes rohe Parteileidenschaft durch persönlichen Haß gesteigert, trefflich ausgedrückt. Wenn dann die verschiedenen Physiognomien Gegensätze ausdrücken, die jedem sogleich verständlich werden, ohne daß irgendwo Übertreibung oder Fratzenhaftes hervorträte, so liegt hierin gewiß die Überwindung einer Schwierigkeit, die nicht allen Historienmalern gelingt.

In technischer Beziehung möchten wir hervorheben, wie sehr bei einer bestimmten, plastisch abgehenden und, so viel wir urtheilen können, im Allgemeinen auch korrekten Zeichnung, die Färbung, bei großer Tiefe und Klarheit, dem Ernste der Komposition entspricht. In Beziehung auf das Kostüm sind die Figuren, welche nicht völlig halbe Lebensgrösse haben mögen, mit großem Fleisse im Charakter der Zeit durchgeführt, aber ohne jene ängstliche Präzision im Einzelnen, welche kaum Aufgabe des Geschichtsmalers ist. Auch dieser Theil ist fleißig ausgeführt, so daß der näher tretende Beschauer nirgends gestört wird; wohl aber hat der Künstler jenes Streben vermieden, welches, wie sehr es die Bewunderung des größeren Publikums erregt, doch nur dazu führt, die Aufmerksamkeit vom geistigen Gehalte ab und materiellen Dingen, wie der Umgebung, den Stoffen u.s.w. zuzulenken. Überhaupt waltet im ganzen Bilde eine gewisse Harmonie der technischen Mittel und des ausgesprochenen Gedankens, die wohlthätig auf den Beschauer wirkt. Was wir hier unmaßgeblich, aber mit Ueberzeugung zu Gunsten dieser, für die vaterländische Geschichte bedeutenden Komposition gesagt haben, mag wenigstens vom Künstlerberufe des Hrn. Boßhard zeugen, und beweisen, daß er den rechten Weg gefunden hat. Das noch Unvollkommene, z.B. größere Sicherheit und Freiheit der Behandlung im Allgemeinen, Vermeidung gewisser Härten in den Konturen, mitunter größere Durchsichtigkeit in den Schattentönen u.s.w. fühlt der junge Künstler gewiß selbst zu sehr, als daß wir hier näher darauf einzutreten für nöthig hielten; wir sind auch überzeugt, daß sich Vieles von selbst geben und schon sein nächstes Bild wieder wesentliche Fortschritte darbieten wird. Möchte er zu einem solchen und zu den Studien,

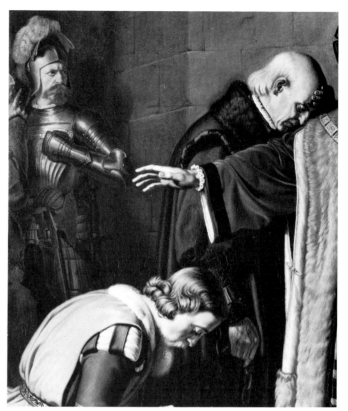

Abb. 26 (Kat. Nr. 7) Johann Caspar Boßhardt, Bürgermeister Waldmanns Abschied, Detail v. Abb. 25.

die es erheischt, sei es durch Veräußerung dieses ersten Gemäldes, das dann im neuen Museum der Künstlergesellschaft am besten aufgehoben wäre, sei es durch Fortsetzung einer Unterstützung, deren er sich in der Tat würdig gezeigt hat, recht bald Zeit und Mittel finden!»

Kellers Aufruf, Boßhardt möge durch Ankauf des Waldmann-Bildes weiterhin unterstützt werden, blieb nicht ohne Folgen: Bereits zwölf Tage später reagierte der Regierungsrat und beschloß, das Gemälde zum beachtlichen Preis von 1600 Franken (alter Währung) zu kaufen. Die zeitliche Kürze und das folgerichtige Handeln der Regierung lassen vermuten, daß Kellers Artikel die Aufgabe hatte, die öffentliche Meinung auf den bereits geplanten Ankauf vorzubereiten.

Dok. 5   1848 Februar 24

Beschluß der Zürcher Kantonsregierung zum Ankauf von Boßhardts ‹Waldmann›

StAZ, U 124 c1 (1848)

«An / Herrn Regierungsrath / Ed. Sulzer[4] zu Handen des Finanzrathes Staatscassa / bewilligter Kredit für Ankauf eines Bildes des Malers C. Boßhard v. Pfäffikon. / 29. Februar 1848. / Akten des Finanzrathes des Kantons Zürich. No. 26.

Der Regierungsrath / hat / auf erfolgten Anzug betreffend das von Herrn C. Boßhard von Pfäffikon, Kunstmaler, gemalte und seit einiger Zeit in hier öffentlich ausgestellte Bürgermeister Waldmann's Abschied von seinen mitgefangenen Zunftmeistern vorstellende Bild in Erwägung:

1., daß Herr Boßhard durch das fragliche Bild beurkundet hat, daß er ein ungewöhnliches Talent für die Malerei und im besondern für Historienmalerei besitze und daß er von der ihm durch die Beschlüsse des Regierungsrathes vom 22. October 1844[5] und vom 27. November 1845[6] verabreichten Unterstützung einen würdigen Gebrauch gemacht habe,

2., daß Herr Boßhard zu seiner weitern künstlerischen Ausbildung, die er sich aus eigenen Mitteln in der erforderlichen Weise zu verschaffen nicht im Stande ist, anderweitiger Unterstützung bedarf,

3., daß für den Staat, der bisher zu der Ausbildung des Herrn Boßhard beigetragen, in dem erfreulichen Erfolge seiner dießfälligen Unterstützung ein Grund zu der Fortsetzung derselben liegt,

4., daß der Staat Herrn Boßhard seine weitere Unterstützung am besten durch Übernahme des eingangs erwähnten Bildes zu einem angemessenen Preise angedeihen lassen kann,

5., daß diese Art der Unterstützung des Herrn Boßhard um so geeigneter erscheint, da das Bild dann der hiesigen Künstlergesellschaft geschenkt und ihr dadurch jener thatsächliche Beweis für die Anerkennung ihrer Leistungen, der ihr durch Beschluß des Regierungsrathes vom 29. Januar d. Js in Aussicht gestellt worden ist, gegeben werden kann, somit durch den Ankauf des Bildes zugleich zwei Zwecke erfüllt werden beschlossen:

1. Es seien m[eine] l[ieben] Herren Amtsbürgermeister Dr. Zehnder[7] und Regierungsrath Eßlinger[8] bevollmächtigt, das Bild des Herrn Boßhard für die Summe von Frkn. 1600. anzukaufen.

2. Es sei der Commission diese Summe auf den freien Credit des Regierungsrathes angewiesen.

3. Es sei das Bild, nachdem es angekauft worden, der hiesigen Künstlergesellschaft als die ihr durch den Beschluß des Regierungsrathes vom 29. Januar d. Js in Aussicht gestellte thatsächliche Anerkennung ihrer Leistungen zu schenken.

4. Es sei hievon Herrn Bürgermeister Dr. Zehnder zu Handen der in Sachen niedergesetzten Commission und dem Finanzrathe Mittheilung zu machen.»

Boßhardt hatte das Glück, in ‹Waldmanns Abschied von seinen Mitgefangenen› ein Bildthema zu finden, das einerseits für seine Heimat große Bedeutung besaß und andererseits noch nicht durch unzählige Bildvorlagen abgegriffen war. Hans Waldmann galt im 19. Jahrhundert als bedeutendste Persönlichkeit der Zürcher Geschichte.

Boßhardt wählte aus Waldmanns Leben jenen Moment, in dem der gestürzte Bürgermeister sich im Wel-

Abb. 27 Johann Heinrich Füeßli, Joh. Waldmann, Ritter, Burgermeister der Stadt Zürich. Ein Versuch die Sitten der Alten aus den Quellen zu erforschen. Zürich: Orell, Geßner, Füßli und Comp. 1780, ZBZ Sp 415 a. Die Radierung von Salomon Geßner auf dem Titel zeigt Hans Waldmann wie einen antiken Heros im Profil in einem eichenbekränzten Medaillon.

Abb. 28 Die Hinrichtung Hans Waldmanns am 6. April 1489 in der Darstellung der Schweizerischen Bilderchronik des Luzerners Diebold Schilling von 1513 (Foto ZBZ).

Historisches über Waldmann

Hans Waldmann wurde um 1435 in Blickensdorf, Kanton Zug, geboren. Seine Mutter übersiedelte nach dem Tod ihres Gatten nach Zürich, wo ihr Vater einen einträglichen Salzhandel betrieb. Waldmann begann zunächst eine Schneider-, dann eine Kürschnerlehre. Trotz seiner liederlichen Lebensführung entwickelte er einen ausgezeichneten Erwerbssinn. Er heiratete die übel beleumdete Witwe des Einsiedler Amtmanns Ulrich Edlibach und trat damit Vermögen und Amtseinkünfte an. Nach einem Auf und Ab in politischen Ämtern wurde er 1473 Zunftmeister der Kämbel.

In verschiedenen Feldzügen zeichnete er sich aus und stand in den Burgunderkriegen im Rang eines zürcherischen Hauptmanns. Höchsten Ruhm erwarb er in der Schlacht bei Murten 1476, als er mit seinem Zürcher Kontingent in Gewaltmärschen gerade rechtzeitig auf dem Kampfplatz erschien und damit den überwältigenden Sieg der Eidgenossen mitbeeinflußte. Noch vor der Schlacht wurde er zum Ritter geschlagen; danach verstand er es wie kein anderer, finanziellen Nutzen aus dem Sieg zu ziehen. Von allen Seiten des Auslandes erhielt er Jahrgelder und Missionen angetragen. Am Ende seines Lebens verfügte er über ein größeres Vermögen als sonst ein Eidgenosse.

1483 Bürgermeister geworden, verstrickte er sich in einen rücksichtslosen Machtkampf mit dem Geschlecht der Göldli. Ebenso kam es wegen repressiver Sittengebote zum Konflikt mit der Landschaft, die sich in der Fastnachtszeit 1489 zu einem bewaffneten Aufstand erhob. Eine erste Vermittlung schlug fehl, als die Bauern merkten, daß Waldmann den Vergleich in demütigender Weise gefälscht hatte. Nach erneuter Belagerung Zürichs erhob sich die Opposition gegen Waldmann auch im Innern der Stadt. Waldmann wurde am 1. April 1489 gefangengesetzt und am 6. April enthauptet.

Nachdem das 19. Jahrhundert Waldmann zum Helden verklärt hatte, brachte Ernst Gagliardi mit seiner zweibändigen Ausgabe der «Dokumente zur Geschichte des Bürgermeisters Waldmann» (1911 und 1913) die historische Wirklichkeit an den Tag.

Waldmann erschien nun keineswegs mehr als der geniale Staatsmann, der kirchenfeindlich, antipatrizisch und verfassungsreformerisch die liberalen Ziele des 19. Jahrhunderts vorweggenommen hätte. Vielmehr entpuppte er sich als rücksichtsloser Egoist, der bis zu seinem vierzigsten Altersjahr in eine Unzahl von Raufhändeln und Beleidigungen verstrickt war, fast sämtliche Prozesse verlor und dabei ein kleines Vermögen für Bußen, Schmerzensgelder und Arztrechnungen verspielte.

Als Bürgermeister setzte sich Waldmann tyrannisch über alle Verfassung hinweg, nannte sich aristokratisch «Herr Hans Waldmann von Dübelstein, Ritter und Bürgermeister von Zürich» und versuchte seinen Besitz in Dübendorf zu einer geschlossenen Herrschaft abzurunden.

Sein angeblicher Antiklerikalismus erscheint gemildert durch seine reichen kirchlichen Stiftungen. Die gesetzgeberische Tätigkeit zeigt in Wahrheit wenig Originelles. Bei den meisten Verfügungen handelt es sich nur um die Erneuerung viel älterer Bestimmungen, und die Zusammenfassung der Zürcher Territorien unter einheitliche Gesetzesbestimmungen war nur der bescheidene Reflex viel weitergehender Bestrebungen andernorts.

Diente die Person Waldmanns in der älteren schweizerischen Geschichtsbeschreibung noch als Epochenschwelle, so wird sie in den neueren Werken nur noch miterwähnt.

Abb. 29 Schematische Darstellung der Kompositionsachsen zu Boßhardts ‹Waldmann›.

Abb. 30 Schematische Hervorhebung der Bewegungslinien in Boßhardts ‹Waldmann›.

lenberg[9] von seinen Mitgefangenen verabschiedet und seinen letzten Gang zur Richtstätte antritt. Unmittelbare Textvorlage für die Szene dürfte die 1780 erschienene Waldmann-Monographie von Johann Heinrich Füeßli gewesen sein (Abb. 27)[10]. Dort wird von Waldmann berichtet:

> «*Er beichtete drey Stunden lang. Als er aber die grosse Glocke hörte, und zwey bewaffnete Schiffe sah, die ihn abholen sollten, stuhnd er auf, legte seinen Schmuck wieder an, und gieng, nachdem er seine Mitgefangene gesegnet, und von allen Anwesenden Abschied genommen, mit merklicher Bewegung aus dem Thurm.*»

Boßhardts Gemälde führt den Blick in ein bühnenartiges Raumgefüge im Eingangsgeschoß des Wellenbergturmes. Nach links hin gewinnt der Raum hinter dem Handlauf einer Treppe an Tiefe. Auf der rechten Seite schließt nach zwei Treppenstufen der Eingangskorridor rechtwinklig an. Durch das offene Tor im Hintergrund werden einige Häuser am Limmatufer und die Großmünstertürme schwach erkennbar. Über dem Eingang zeigt ein Fenster ein bescheidenes Stück Himmel.

Der Ort besteht einzig aus Gemäuer und weist keine Ausstattung auf. Alles konzentriert sich auf die agierenden Personen, wie sie in Kellers Würdigung so einfühlend beschrieben sind. Es ist anzunehmen, daß Keller sich bei der Identifikation der Figuren auf Angaben von Boßhardt stützt.

Der Gestaltungswille Boßhardts durchdringt die Bildkomposition und Charakterisierung der Szene auf vielfältige Weise. Auf einem Netz von aufeinander bezogenen Geraden lassen sich die wichtigsten Bildpunkte und Fluchten ordnen (Abb. 29). Besonders sinnfällig ist die vertikale Dreiteilung durch die Schattenkanten auf der Hausteinmauer oder die Pyramidalkomposition, die sich zwischen Waldmanns Stirn und den beiden unteren Bildecken abzeichnet.

Sorgsame Studien müssen der Komposition von Waldmanns segnender Hand vorausgegangen sein (Abb. 26). Sie überschneidet in ausgewogenem Verhältnis die Rükkenkontur des greisen Zunftmeisters, kommt eben noch mit der Härte von Göldlis gepanzertem Ellbogen in Berührung und schwebt gleichzeitig in spannungsvoller Distanz über dem Haupt des jüngeren Mitgefangenen. Die Hand selbst ist in schwierig darzustellender Seitenansicht wiedergegeben. Hierin zeigt sich deutlich ein Niederschlag akademischer Detailstudien. Zusammen mit den

Händen der Zunftmeister und des Franziskaners ergibt sich nämlich eine regelrechte Mustersammlung verschiedener Handstellungen.

Boßhardt ordnet seinen Bildaufbau nicht nur nach abstrakten Kriterien, sondern unterstützt mit kompositorischen Elementen den Charakter der dargestellten Figuren. Die Mauerkante über der Schulter des Franziskaners hat eine Scheidung von Licht- und Schattenpartie zur Folge. Dem verschlagen dreinblickenden Gesicht des Bettelmönchs wird eine finstere Umgebung zugeordnet, während Waldmanns Kopf von heller Atmosphäre umstrahlt ist. Waldmanns Charakter erscheint um so edler und sanfter, als er mit der Figur Göldlis kontrastiert. Während Waldmann in weichen Stoffen gekleidet erscheint, verleihen die Rüstung, die stählerne Streitaxt und die gepanzerte Faust auf dem Herz dem Junker Göldli den Ausdruck rohster Gewalt.

Geschickt setzt Boßhardt die Richtung von Einzelformen zur Verdeutlichung des Handlungsablaufs ein (Abb. 30). Waldmann wendet sich noch in mächtiger Geste zurück zum knienden Zunftmeister, doch schon drängt alles nach rechts zum Ausgang und zur Todesfahrt hin. Göldlis angewinkelter Arm wirkt wie ein richtungweisender Pfeil. Das zweifache Vollprofil der Zunftmeister zeigt nach rechts. Die Fluchtlinien der Bodenplatten führen zum Henkersschiff. Selbst der Verlauf der Ärmelfalten von Waldmanns Gewand, seine Ritterkette und das Wehrgehänge zeigen an, wohin der Gang führt. Noch steht Waldmann auf der erhöhten Plattform, doch die Füße des leitenden Mönches schreiten schon die Stufen hinab.

Bildvorlagen

In vielem wirkt Boßhardts Gemälde wie ein andachterweckendes Heiligenbild. In der Tat entspricht der formale Aufbau der Hauptgruppe (kniende Gestalt im Profil/wegschreitende Gestalt mit Blick zurück) dem seit frühmittelalterlicher Zeit gängigen Bildtypus des ‹Noli me tangere› (Abb. 31). An der Stelle von Maria Magdalena, die ihren Herrn erkennt, kniet der jugendliche Zunftmeister mit seiner Kette in den Händen, anstelle des auferstandenen Christus erscheint der todgeweihte Hans Waldmann.

Bis zu Boßhardt wurde Waldmann gängigerweise als siegreicher Heerführer, als Verurteilter auf der Überfahrt vom Wellenberg zur Richtstätte oder auf der Gerichtsbühne gezeigt (Abb. 35)[11]. Das Motiv von Waldmann im Wellenberggefängnis hingegen ist uns zuvor nur in einer Darstellung bekannt geworden. Es handelt sich um das Frontispiz von Heinrich Kellers zweitem Band ‹Vaterländischer Schauspiele›, der 1814 in Zürich bei Orell Füßli erschienen ist (Abb. 32). Der Zürcher Heinrich Keller war als Bildhauer und Dichter in Rom tätig. Hier stand er in Kontakt mit vielen Größen der damaligen Kunst- und Geisteswelt. Die Illustration für sein ‹Vaterländisches Trauerspiel Hans Waldmann› entwarf Friedrich Overbeck (1789–1869)[12]. In Zürich wurde die Zeichnung von Johann Heinrich Lips (1758–1817) in Kupfer gestochen. Das Blatt illustriert die Schlußszene von Heinrich Kellers Waldmann-Trauerspiel:

Abb. 31 Hildesheim, Dom, Bernwardstüre, 1015. Detail vom rechten Türflügel: Maria Magdalena erkennt den auferstandenen Christus. Seine Gebärde drückt die biblischen Worte «Noli me tangere» (Halte mich nicht fest, denn ich bin noch nicht zu meinem Vater aufgefahren, Joh. 20, 17) aus. – Boßhardt verwendet dasselbe Motiv in seinem ‹Waldmann› (Abb. 25) als großmütig segnende Abschiedsgeste.

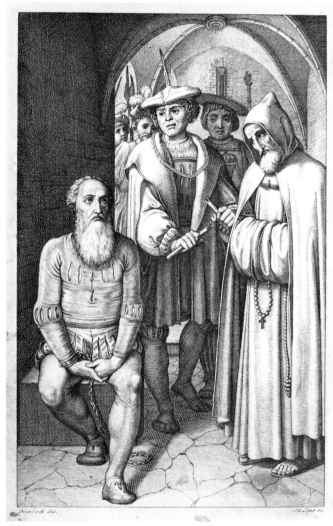 

Abb. 32 Johann Heinrich Lips nach Entwurf von Friedrich Overbeck, Bürgermeister Waldmann vernimmt sein Todesurteil, 1814, Kupferstich 14,3 × 9,2 cm.

Abb. 33 Amilcare Daverio, Bürgermeister Waldmann vernimmt sein Todesurteil, seitenverkehrte Kopie nach dem Frontispiz von J. H. Lips und Fr. Overbeck (Abb. 32), um 1820, Kupferstich 14,2 × 9,2 cm, Graph. Slg. ZBZ.

«(L. Göldli, Bewaffnete treten ein. L. Göldli bricht den Stab, und wirft ihn Waldmann vor die Füße.)
WALDMANN:
*Um dieses unverschuldten Todes willen,
Heiland der Welt! vertilge meine Schulden.
(Er legt sein Ritterkreuz um den Hals.)
Noch einmal kränze ritterlicher Schmuck,
Der du mich würdig in dem Leben ziertest,
Als Opfer mich; ich habe deiner nie
Unwürdig mich gemacht; noch jetzt dein werth.
(Nach dem Fenster die Arme ausbreitend.)
Gott gebe, daß kein Leid dir wiederfahre,
Geliebtes Zürich! Hier ist euer Opfer!
(Bewaffnete umringen ihn[13].)»*

Daß Boßhardt die Anregung zu seinem Bildthema aus Overbecks Bilderfindung aufgenommen hat, legt nicht nur die Verwandtschaft der Szene nahe, sondern auch die Gestalt des Beichtvaters Erhard, die in ziemlich getreuer Abbildung auf Boßhardts Gemälde am linken Bildrand erscheint. Im Gegensatz zu Overbeck, der den Beichtvater an prominenter Stelle als mitleidvollen Charakter einsetzt, hat ihn Boßhardt in den Hintergrund gerückt und dafür einen zweiten Mönch, den durchtrieben wirkenden Franziskaner, in das Geschehen eingefügt.

Die seitenverkehrte Wiedergabe von Overbecks Erhard erklärt sich durch den Nachstich des Italo-Zürchers Amilcare Daverio (Abb. 33). Daverio (1806–1874) erlernte in den Jahren vor 1824[14] in Zürich bei Georg Christoph Oberkogler die Kupferstecherkunst. In dieser Zeit dürfte Daverio das Waldmannblatt von Overbeck und Lips als Übungsaufgabe kopiert haben[15]. Dabei übertrug er die Vorlage direkt auf die Kupferplatte, was beim Druck die Seitenverkehrung zur Folge hatte. Beim selben Oberkogler hat auch Boßhardt seinen ersten Zeichenunterricht erhalten und mag dadurch mit Daverios Waldmann-Kopie in Kontakt gekommen sein[16].

Es waren nicht allein die Qualitäten des Bildes, die für den Erfolg ausschlaggebend waren. Hinzu traten äußere Gründe[17], von denen sich drei klar benennen lassen:

1. die Eröffnung des neuen Zürcher Kunstgebäudes,
2. der Malstil, den Boßhardt angewandt hat,
3. die aktuelle politische Situation, die Zürich für das Waldmann-Thema empfänglich machte.

Abb. 34 Franz Hegi, Das Kunstgebäude, Tuschzeichnung, laviert, Kunsthaus Zürich, Malerbuch. Das 1847 neueröffnete Zürcher Kunstgebäude besaß noch kein Historiengemälde, als Boßhardt seinen ‹Waldmann› im Februar 1848 hier ausstellte. Der Ankauf durch die Zürcher Regierung diente dem Aufbau der Sammlung.

Das neue Kunstgebäude von 1847

Nach langwieriger Finanzierungs- und Planungsphase konnte die Zürcher Künstlergesellschaft im Oktober 1847 endlich ihr eigenes Kunstgebäude beziehen (Abb. 34)[18]. Das Festprogramm für das Aufrichtemahl hatte Boßhardts ehemaliger Sekundarlehrer Carl Kramer entworfen[19]. Die Sammlung an Gemälden war damals noch äußerst bescheiden[20]. Zwar hatte die Eröffnungsausstellung dank vieler Leihgaben mehrere hundert Exponate umfaßt, doch die Historienmalerei war nur am Rande vertreten. Unter den deutschen Meistern *«am kargsten bedacht»*, heißt es, *«war das Fach der historischen Darstellung»*[21]. Einzig von Ludwig Vogels Schaffen konnte der Besucher einen Überblick gewinnen[22]. In dieser Situation konnte Boßhardt seinen ‹Waldmann› präsentieren – gerade rechtzeitig für die Komplettierung der Zürcher Sammlung.

Ein neuer Malstil

Laut Suter hat das Waldmann-Bild die Manier der Düsseldorfer Schule manchem Zürcher erst bekanntgemacht und darum auch als Neuheit seine Wirkung getan. *«Die darin hervorstechende Eleganz der Form*» habe «*gegen Vogels vollkräftige Gestaltungsart einen merklichen Unterschied*» vertreten[23]. – Boßhardts Waldmann verrät formal deutlich den Einfluß seines Lehrers Hildebrand (vgl. Abb. 21). Souverän vermochte Boßhardt auf den Gewändern Waldmanns und der Zunftmeister die Farben zu nuancieren, und wer sich dagegen Vogels unentwickelte Farbgebung vor Augen hält (vgl. Abb. 20), wird leicht verstehen, wie Boßhardt mit einem Mal ins Rampenlicht kam.

Waldmann – ein Tyrann als Leitbild der Liberalen

Boßhardts Waldmann ist in einer politisch äußerst brisanten Zeit nach Zürich transportiert worden. Gottfried Keller beginnt seine Bildbesprechung in der ‹Neuen Zürcher Zeitung› mit den Worten: «*Wie sehr wir auch fühlen, daß die gegenwärtige Zeit zur öffentlichen Besprechung von Kunstgegenständen wenig geeignet ist…*» – Wir brauchen bloß auf die Frontseite derselben Zeitung zu blicken, und wir werden jäh in die tagespolitische Realität geworfen. Eben hatte die siebzigste Sitzung der Eidgenössischen Tagsatzung in Bern beschlossen, die Okkupation der katholischen Sonderbundskantone[24] fortdauern zu lassen und dazu neue Besatzungstruppen zu stellen. Als Boßhardt seinen Waldmann der Öffentlichkeit präsentierte, hatte die Eidgenossenschaft gerade einen Bürgerkrieg ausgefochten und stand noch mitten in der Bewältigung seiner Folgen. Für die Liberalen war es ein Sieg über die Jesuiten und Aristokraten, welche dem Fortschritt und der staatlichen Zentralisierung im Wege gestanden hatten.

Auch wenn der Regierungsrat im Beschluß zum Ankauf von Boßhardts Bild nichts über das dargestellte Thema sagt, wird der Bildinhalt von entscheidender Bedeutung gewesen sein. Es ist daher wichtig zu wissen, wie man damals Waldmanns Persönlichkeit eingeschätzt hat.

Das 19. Jahrhundert pflegte ein völlig verklärtes Bild von Waldmann[25]. Sein despotisches Wesen, das nach dem Vorbild italienischer Renaissance-Tyrannen die Herrschaft an sich zu reißen suchte (siehe Kasten S. 38), wurde zwar erkannt, doch weit weniger gewichtet als jene Vorzüge, die dem Liberalismus als Leitbild dienen konnten. Man glättete die Widersprüche soweit als möglich, wollte in Waldmann eher den Kritiker des «sittenlosen Klerus» sehen als den ausschweifenden Charakter, der seinen Untertanen größte Sittenstrenge abverlangte, ohne den Geboten selbst nachzuleben.

Das populäre Waldmann-Bild liberaler Kreise um die Mitte des 19. Jahrhunderts läßt sich exemplarisch anhand eines Artikels im ‹Republikaner-Kalender auf das Jahr 1834› zeigen[26]. Dem Text ist eine ausdrucksstarke Illustration von Martin Disteli beigegeben (Abb. 35).

Gemäß ‹Republikaner-Kalender› kann Waldmann «*ohne Bedenken zu den bedeutendsten Erscheinungen gezählt werden* […], *die uns, nicht nur in unserer vaterländischen, sondern auch in der allgemeinen Geschichte, entgegentreten*». Sein sozialer Aufstieg müsse uns mit tiefer Bewunderung erfüllen, und Ergriffenheit stelle sich ein «*von dem Anblick der Vernichtung menschlicher Größe und Herrlichkeit*». – Aus Waldmann wird gleichsam das Ideal bürgerlicher Individualität, die gegen die Privilegien des Ancien Régime antritt: «*Schonungslos bekriegte er das Junkerthum.*» Dagegen habe er sich fest an den gemeinen Mann, d.h. an die Zünfte angeschlossen. Daß im 19. Jahrhundert die Säkularisierung kirchlicher Güter zum hochaktuellen Thema werden sollte, ist von Waldmann gleichsam vorausgeahnt worden: «*Auch das Pfaffenthum haßte Waldmann gründlich und lud sich dadurch die heimliche Verfolgung der Kleresei auf den Hals, die wohl zu seinem Untergange das Meiste beigetragen hat. Er schaffte Festtage ab, bestimmte den Loskauf geistlicher Zinsen, untersagte die Vermächtnisse an Klöster, die den Sterbenden in damaliger Zeit von habsüchtigen Pfaffen abgerungen wurden.*» Daß Waldmann noch nicht für die Rechtsgleichheit von Stadt und Land eingetreten war, müsse man ihm nachsehen: «*Waldmanns Streben ging vorzüglich auch dahin, seine Vaterstadt bedeutend zu machen, und wenn er die Landschaft darüber hintansetzte und sogar unterdrückte, so darf ihm dies gewiss nicht so hoch angerechnet werden, wie denen, die in unserer Zeit es thun oder zu thun wünschen.*» Waldmann habe zwar seiner Zeit gemäß an der Leibeigenschaft festgehalten, doch «*heut zu Tage würde er gewiß anders denken*». Waldmann wird auch das Opfer kirchlicher Zensur. Auf der Richtstätte habe er zum Volk sprechen wollen und hätte es mit seiner Überzeugungskraft bestimmt für sich gewonnen: «*Doch sein Beichtvater, welcher ihm vorher die Zusage abgerungen hatte, nicht öffentlich zu reden, fiel ihm ins Wort: ‹Herr, ihr habet mir versprochen, nicht zu reden; und ich hab' euch versprochen, daß Gott euer Stillschweigen für eure Sünde nehmen will.*» Daß sich bei solch

Abb. 35 Martin Disteli, Waldmann auf dem Blutgerüste, 1834, Lithographie 13,5 × 17,6 cm, Illustration im Republikaner-Kalender auf das Jahr 1834, Zürich: Geßner (Foto, ZBZ).

tragischer Größe am Ende ein legendenhaftes Wunder einstellen muß, kann selbst der aufgeklärte ‹Republikaner-Kalender› nicht verhindern: Mehr als hundert Jahre nach Waldmanns Tod habe man dessen Leichnam in der Gruft im Fraumünster wieder gefunden, «*nicht nur unverwesen, sondern gerade so* [...], *als ob man ihn eben versenkt hatte*»[27].

Oft macht sich eine Ideologie die Geschichte für ihre eigenen Ziele verfügbar. Die Vorgänge im spätmittelalterlichen Zürich werden vom ‹Republikaner-Kalender› mit derselben Terminologie abgehandelt wie die aktuellen Auseinandersetzungen zwischen den katholisch Konservativen und den Radikalen. Der tagespolitische Zusammenhang war folgender:

Nach 1830 wurde die römische Kirche zunehmend beunruhigt über den Vormarsch der Liberalen[28]. Papst Gregor XVI. richtete sich in seiner Enzyklika vom 15. August 1832 gegen die modernen politischen Lehren, gegen Gewissensfreiheit und die «*unverschämte Wissenschaft*». Die Liberalen empörten sich ob solcher Einmischung. Es erwuchs in der Eidgenossenschaft ein Kampf zwischen liberalen und konservativen Kantonen, der 1841 in der Klösteraufhebung im Kanton Aargau einen Höhepunkt erreichte. – Hier liegt der Grund, weshalb Waldmann für den ‹Republikaner-Kalender› interessant wird. Am Beispiel des überragenden Bürgermeisters ließ sich zeigen, von welchem Übel die Geistlichkeit seit jeher sei. Martin Disteli verstärkte die Textaussage mit karikierender Illustration (Abb. 35). Sein Beichtvater, Ausdruck aller Hinterhältigkeit, erscheint wie ein widerlicher Kuttengeier gekrümmt neben der reinen, alles überragenden Größe Waldmanns.

Die positive Wertung von Waldmanns Person tritt uns im 19. Jahrhundert in allen Literaturgattungen entgegen. Angefangen vom ‹Fünfer-Büchli› (Abb. 36)[29] über die zahlreichen Trauerspiele (Abb. 32)[30] bis hin zu Abhandlungen akademischen Anspruchs behält Waldmann seinen Vorbildcharakter, und sein tragischer Abgang wird eher beklagt, denn als warnendes Ende eines Tyrannen interpretiert.

Waldmann und die Bundesverfassung von 1848

Waldmann verkörperte im 19. Jahrhundert neben der individuellen Persönlichkeitsentfaltung und neben dem Antiklerikalismus noch eine dritte liberale Tugend: Er diente auch als Vorbild für die Verfassungsreform.

Am 17. Februar 1848, eine Woche bevor die Zürcher Regierung den Beschluß zum Kauf von Boßhardts Gemälde faßte, war zum erstenmal die Revisionskommission für die neue Bundesverfassung zusammengetreten[31]. Nach der Niederlage der konservativen Opposition im Sonderbundskrieg bot sich für die fortschrittlichen Kräfte endlich die Gelegenheit zur Schaffung eines modernen Staatswesens. Ihre Politik zielte bekanntlich daraufhin, den bisherigen Staatenbund der souveränen Kantone in einen Bundesstaat umzugestalten. Die Zentralisierung der Macht war nicht nur eine Aufgabe der politischen Kultur, sondern auch eine entscheidende Voraussetzung für die wirtschaftliche Entwicklung der Schweiz.

In diesem Zusammenhang ist es erhellend, das Waldmann-Verständnis des großen Zürcher Staatsrechtlers und Historikers Johann Caspar Bluntschli (1808–1881) kennenzulernen. Bluntschli war seit 1830 maßgeblich an der Neugestaltung des Zürcher Rechts beteiligt und wirkte am Rande auch für die neue Bundesverfassung.

Abb. 36 Titelblatt zum Fünfer-Büchli No. 1, Hans Waldmann, Eine Geschichte erzählt für die Jugend und das Volk, Holzstich 12,9 × 8,1 cm (Foto, ZBZ).

Seine Würdigung Waldmanns findet sich in der 1838 erschienenen ‹Staats- und Rechtsgeschichte der Stadt und Landschaft Zürich› (laut Heinrich Mitteis ein Werk «*von weit über das Lokale hinausgehender Bedeutung, das tiefe allgemein-rechtshistorische Einsichten*» enthält und «*in seiner Art unübertroffen*» ist)[32]. Bluntschli sah das besondere Verdienst Waldmanns in der gesetzgeberischen Tätigkeit. Die Neuordnung von Zürichs Wirtschaftsleben, Heerwesen und politischer Verfassung im ausgehenden 15. Jahrhundert interpretiert Bluntschli als das alleinige Werk Waldmanns. Selbst wenn die Erlasse erst nach Waldmanns Hinrichtung ergangen sind, schreibt Bluntschli Waldmann die Urheberschaft zu[33]: «*Das ganze Verfahren Waldmanns hatte einen so ausgeprägten Charakter, daß wenn auch viele dieser Verordnungen nicht gerade seinen Namen tragen, man doch seinen reformierenden Geist darin nicht verkennen kann. Sie passen alle zusammen und haben alle Einen Zweck*».[34] So interpretiert, wies Waldmann schon im ausgehenden 15. Jahrhundert auf die nötige Zentralisierung hin, welche die Bundesverfassung von 1848 vorzunehmen hatte.

Boßhardts Waldmann-Gemälde wurde während der öffentlichen Diskussion um die Verfassungsreform auf der Turnusausstellung von 1848 in den Städten Zürich, Basel, St. Gallen und Schaffhausen gezeigt. In seiner Thematik war es den Fortschrittlichen Anlaß, die Tagespolitik an einem Stoff der Vergangenheit abzuhandeln. Die sentimentale Färbung von Waldmanns scheinbar ungerechtfertigtem Todesgang bot vielfältige Identifikationsmöglichkeiten. Das Thema vereinte zwei Aussagen in einem: Es zeigte ebenso die Größe des fortschrittlichen Mannes wie auch die Schlechtigkeit seiner rückständigen Gegner. Mithin mag eine gewisse Warnung vor allzu großer Machtkonzentration mitgespielt haben. Waldmanns Ruf konnte aber bei Boßhardts Darstellungsweise keinen Schaden nehmen. Vielmehr mag sein Scheitern ein Appell gewesen sein, es künftig besser zu machen.

Boßhardt wurde mit dem Werk in einem Mal in Kreisen liberaler Politiker, Fabrikanten und Großhandelsleute berühmt. Sie sollten hinfort seine Förderer und Auftraggeber sein.

Anmerkungen:

[1] Suter, Lebensgeschichte, S. 14.
[2] Gottfried Keller macht in seiner Bildbesprechung (Dok. 4) auf die Ausstellung aufmerksam.
[3] Wilhelm Füßli (1803–1845), Zürcher Richter und Kunstschriftsteller.
[4] Eduard Sulzer (1789–1857), Zürcher Regierungsrat 1831–1849.
[5] Nachdem Boßhardt 1844 Düsseldorf verlassen hatte, gelangte er mit einem Stipendiengesuch an die Zürcher Erziehungsdirektion. Diese besaß nur für die Förderung wissenschaftlicher Tätigkeit eine gesetzliche Grundlage. Weil aber Nachforschungen für 1783 einen Präzendenzfall ans Licht brachten (Daniel Beyel erhielt 20 Louis d'or für sein Studium der Malerei), sicherte der Regierung Boßhardt ein Jahresstipendium von 350 Gulden mit Aussicht auf Wiederholung zu (Suter, Lebensgeschichte, S. 13).
[6] Es handelt sich um die Wiederholung des Jahresstipendiums von 1844 (Suter, Lebensgeschichte, S. 13).
[7] Dr. med. Ulrich Zehnder (1798–1877), liberaler Bürgermeister 1844–1866.
[8] Melchior Esslinger (1803–1855), Regierungsrat 1846–1848.
[9] Der Wellenberg, ein mittelalterlicher Kerkerturm mitten in der Limmat, wurde 1838 abgebrochen.
[10] Füeßli, Waldmann, S. 216. Die Arbeit von Füeßli ist die älteste und bis 1847 einzige Waldmann-Monographie mit geschichtswissenschaftlichem Anspruch. Auf ihr beruhte im 19. Jahrhundert eine vielfältige Waldmann-Literatur, die von trivialen Volksbüchlein über Dramen bis zur verfassungsgeschichtlichen Abhandlung reicht.
[11] Einen guten Überblick über die Waldmann-Ikonographie bieten die Bestände der Graphischen Sammlung der ZBZ.
[12] Als die Mitglieder des St. Lukasbundes, die späteren Nazarener, von Wien nach Rom übersiedelten, hatte Heinrich Keller ihnen ein erstes Quartier besorgt. Im Gegenzug schufen Overbeck, Cornelius und Vogel Frontispiz-Entwürfe für Kellers Dramen.
[13] Keller, Hans Waldmann, Trauerspiel, S. 160.
[14] 1824 trat Daverio in die Akademie der schönen Künste in Florenz ein (SKL Bd. 1, S. 344).
[15] Daß es sich um eine Schülerarbeit handeln könnte, folgern wir aus der inferioren Qualität des Blattes.
[16] Suter, Lebensgeschichte, S. 7.
[17] Boßhardt selbst gestand in reiferen Jahren ein, «*dass die große Wirkung seines Jugendwerkes nicht ausschließlich seinen innern Vorzügen, sondern ebenso sehr den begleitenden Umständen zuzuschreiben*» gewesen sei (Suter, Lebensgeschichte, S. 15).

[18] Suter, Lebensgeschichte, Anm. 6; zur Entstehungsgeschichte des Kunstgebäudes vgl.: Lebensskizze der Künstlergesellschaft von Zürich, in: Njbl. K.Z. NF. 37 (1877) 7–16.

[19] Ebda., S. 11. Das Programm der Aufrichte vom 8. Oktober 1846 bestand aus Zimmerspruch, Abendtrunk, Feuerwerk, «Schmaus der Künstlergesellschaft gewürzt mit Kunstgesang und einem Sing- und Lustspiel».

[20] Ebda., S. 15.

[21] Die Gemäldeausstellung zur Eröffnung des neuen Kunstgebäudes, in: Njbl. K.Z. Nf 8 (1848) 8–17, S. 16.

[22] Ebda., S. 13: «Bei den lebenden Künstlern angekommen, befreuen wir uns vor allem der zahlreichen Werke unsers Ludw. Vogel, besonders auch derjenigen seiner frühen Zeit, wie der rückkehrende Krieger, das hölzerne Bein, die Heimkehr aus der Schlacht am Morgarten. An diese, die vor dreißig Jahren schon die Gruppen der Beschauer um sich sammelten, reihen sich Arbeiten der letzten Jahre, mit gleichem Reichthum der Komposition und kräftiger Wirkung.»

[23] Suter, Lebensgeschichte, S. 15.

[24] Uri, Schwyz, Unterwalden, Luzern, Zug, Freiburg und Wallis.

[25] Als Gagliardi 1911 und 1913 seine bis heute maßgebende Quellensammlung zur Geschichte Waldmanns herausgegeben hatte, löste er einen Sturm der Entrüstung aus. Viele wollten die historischen Fakten, die Waldmann schwer belasteten, nicht akzeptieren. Man sprach von einer «erneuten Hinrichtung Waldmanns» und unterschob Gagliardi «die denkbar niedrigsten Motive für seine Beurteilung» (Gagliardi, Waldmann Bd. 2, Vorwort).

[26] Ritter und Bürgermeister Hans Waldmann von Zürich, in: Republikaner-Kalender auf das Jahr 1834, Zweite Auflage, Zürich: Geßner, (ZBZ, Kal 1920, 1834).

[27] Zum Bericht über die Auffindung von Waldmanns Leiche im Jahre 1627 vgl. Gagliardi, Waldmann Bd. 2, S. 319–323.

[28] In der Darstellung der politischen Geschichte vor der Annahme der Bundesverfassung von 1848 folgen wir: Jean-Charles Biaudet, Der modernen Schweiz entgegen, in: HSG 2, S. 918–970, Kapitel Regeneration, insbes. S. 935ff.

[29] Hans Waldmann (= Fünfer-Büchli No. 1), Bülach: F. Lohbauer, Hans, o.J. [Mitte 19. Jh.] (ZBZ, oJ 508). Die ‹Fünfer-Büchli› sollen laut Text auf der Rückseite den Schulentlassenen aller Vermögensschichten eine Lektüre ermöglichen, die bei 30 Seiten nur 5 Rappen kostet.

[30] Vgl. hierzu: Jakob Ragaz, die dramatischen Bearbeitungen der Geschichte Hans Waldmanns, Diss. Chur 1898. Bevor Boßhardt seinen ‹Waldmann› malte, waren vier Trauerspiele erschienen; bis zum Ende des 19. Jahrhunderts folgten mindestens elf weitere.

[31] Das Folgende nach Erwin Bucher, Die Bundesverfassung von 1848, in: Handbuch der Schweizer Geschichte, Bd. 2, S. 987–1018.

[32] Heinrich Mitteis in: NDB 2 (1955), S. 337f.

[33] Mit Verweis auf Füeßlis Waldmann-Monographie schreibt Bluntschli, «daß das bündigste Zeugniss für Waldmanns Streben darin lag, daß unmittelbar nach seinem Fall von seinen Feinden die Revision der Verfassung in demselben Sinne vorgenommen werden mußte, in welchem er sie vorbereitet hatte. Sie konnten sich dem Eindrucke der Zeit und seines Geistes nicht einmal da entziehen, als sie vor ihm sich nicht mehr fürchten mußten. Daß er aber eine naturgemässe Richtung verfolgt hatte, beweist die dreihundertjährige Dauer der Verfassung, die wir, ungeachtet sie von Waldmanns Gegnern angetragen wurde, dennoch die Waldmannische nennen müssen» (Ebda., S. 357f.).

[34] Ebda., S. 355.

Mit der Geschichte für den Fortschritt
Themen des Liberalismus verschaffen
Boßhardt Zugang zur Zürcher Gesellschaft

Abb. 37 Clementine Stockar-Escher, Bildnis des Malers Johann Caspar Boßhardt, um 1850, Aquarell, 20 × 15 cm (Bild), Zürich, Privatbesitz. Das zarte Bildnis, gemalt von einer Dame der Zürcher Gesellschaft, zeugt von der Anerkennung, die Boßhardt nach seinem Waldmann-Erfolg genoß.

Im Anschluß an das Waldmann-Bild hat Boßhardt zwischen 1849 und 1854 drei Historiengemälde geschaffen, die formal und thematisch eine Einheit bilden. Es sind dies die Werke

– ‹Ulrich von Hutten auf der Insel Ufenau› von 1849 (Abb. 38),
– ‹Christoph Kolumbus vor der Königin Isabella und ihren geistlichen Räten seine Pläne entwickelnd› von 1852 (Abb. 42) und
– ‹Tod des Franz von Sickingen› von 1854 (Abb. 45).

Alle drei Werke zeigen einen frühaufklärerischen Einzelkämpfer aus der beginnenden Neuzeit um 1500. Hutten und Sickingen sind in ihrem tragischen Ende zu sehen, Kolumbus im Moment seines weltbewegenden Auftritts vor der kastilischen Königin.

Ulrich von Hutten (Abb. 38)

Boßhardt zeigt Ulrich von Hutten (1488–1523), den Reichsritter und Humanisten, wie er nach seinem Leben als Publizist und Wegbereiter der Reformation auf der Insel Ufenau seine letzten Lebensstunden verbringt. An Syphilis erkrankt, um seinen Schutz bei Franz von Sickingen gebracht und von Erasmus von Rotterdam in Basel verstoßen, wandte sich Hutten 1523 in Zürich an Zwingli. Dieser verschaffte ihm bei einem heilkundigen Kaplan auf der Insel Ufenau im Zürichsee eine letzte Bleibe[1]. Boßhardt hat sich für die bildnerische Interpretation wohl der literarischen Vorlage Abraham Fröhlichs bedient[2]. Fröhlichs 1845 erschienene epische Hutten-Dichtung in Nibelungen-Strophen bietet eine einfühlsame, sentimentale Detailschilderung, wie sie ähnlich in Boßhardts Gemälde wiederkehrt. Die Beschreibung des Gemachs am See läßt Fröhlich auf die Ankunft Zwinglis und Huttens folgen, wenn der Kaplan die beiden in sein Haus führt:

Abb. 38 und 39 (Kat. Nr. 13) Johann Caspar Boßhardt, Ulrich von Hutten auf der Insel Ufenau, 1849, Öl/Lw., 97,5 × 86 cm, Pfaffhausen, Privatbesitz.

«Und räumt dem theuren Gaste sein bestes Zimmer ein,
Da schauen See und Ufer und Alp und Firn herein.
Und Hutten sagt: ‹Ich wohnte fürwahr noch nie so schön
Im Glanze der Paläste, wie hier umglänzt von Thal und Höhn!›»³
Und als Zwingli wieder sein Boot besteigt, folgt die Beschreibung der Abendstimmung:
«Und lange schaut ihm Hutten nach in die rothe Flut,
Und denkt: ‹O wär' entschwunden ich so in Kampfes Glut!
Sickingen, dich umglänzet nun stets dein Heldenthum;
Ich aber soll verwelken und ohne hoher Thaten Ruhm!›»⁴

Boßhardt führt unseren Blick diagonal in den Raum hinein. Auf der linken Bildseite öffnet sich das Fenster gegen den See hin; die Wappenscheibe mit den beiden Raben verweist auf Einsiedeln als Grundherrn der Insel. Im Bildzentrum sitzt Hutten auf gepolstertem Sessel, sinnend den Blick auf den See hinaus gewandt. Hinter ihm ist der gütige Kaplan im Begriff, mit einer leeren Kanne in der Hand das Zimmer zu verlassen. Vor sich hat Hutten auf dem mit einem Teppich bedeckten Tisch ein Stilleben von Schreibutensilien, Schriften und einem ablaufenden Stundenglas. Harnisch, Kette, Seitenwehr und

Abb. 40 Louis Gallait, Egmonts letzte Stunde, 1848 (Foto, Bildarchiv Marburg). Das Gemälde, das 1848 nach Berlin kam, regte Boßhardt zu seinem ‹sterbenden Hutten› an.

Barett hat Hutten abgelegt. Sie hängen nun oben in der Zimmerecke rechts vom Fenster. Ein drittes Arrangement, bestehend aus Büchern und einem Saiteninstrument, ist links unten aufgebaut.

Diese drei Stilleben liegen auf einer parabelförmigen Kurve. Das untere und obere verkörpern Huttens geistige Heimat: den Humanismus und die Reichsritterschaft. Dazwischen liegen auf dem Tisch die Zeugen seines publizistischen Wirkens. Alle Gegenstände stehen dem Todkranken als Symbole tätigen Lebens gegenüber, verweisen aber gleichzeitig auf die Vergänglichkeit alles Irdischen. Bücher, das Musikinstrument und das Stundenglas sind alte Vanitas-Symbole[5].

Franz von Sickingen (Abb. 45)

Thematisch direkt auf Hutten bezogen ist ‹Sickingens Tod›. Franz von Sickingen (1481–1523) gehörte wie Hutten dem Ritterstand an. Im Gegensatz zu Hutten war er kein Humanist, sondern ein Condottiere deutscher Prägung, dessen persönliche kriegerische Interessen sich um 1520 mit jenen der reformatorischen Bewegung deckten. Sickingen stand wie Hutten für den Reichsgedanken ein und war Gegner des Territorialfürstentums. Nachdem seine Fehde gegen den Erzbischof Richard von Trier fehlgeschlagen war, belagerte ihn dieser im Mai 1523 zusammen mit den Fürsten von Pfalz und Hessen in seiner Burg Landstuhl. Unter dem Beschuß wurde Sickingen von einem herunterstürzenden Balken tödlich getroffen. Weil die Burg vom Kanonenfeuer schwer beschädigt war, mußte der Verletzte in ein unterirdisches Gewölbe verbracht werden. Hier ergab er sich schließlich, um die Seinigen zu schonen. Boßhardt stellt den Moment der Ergebung dar, wobei er seiner Schilderung das 30. Kapitel der 1827 erschienenen zweibändigen Sickingen-Biographie von Ernst Münch zugrunde legt[6]:

«*Der Landgraf* [Philipp von Hessen] *trat zuerst in das Gewölb, worin der Schwerverwundete, Todessieche lag. Franz, dessen Auge bereits dunkel geworden und die Gegenstände um sich her nicht mehr recht unterscheiden konnte, fragte einen der Umstehenden: ‹Welches ist der Landgraf?› Man zeigte ihm denselben. Da richtete er sich, so viel er's vermochte, vom Bette auf, nahm sein Baret ab und sagte: ‹Gnädigster Herr Landgraf!› Nach diesem gelobte er in die Hände Renneburgs sein ritterlich Gefängniß. Philipp der Großmüthige aber näherte sich ihm und that die in diesem Augenblick eben nicht sehr großmüthige Frage: ‹Franz, was hast du dich gezeigen und mich in meinen unmündigen Jahren überzogen und unschuldig mich und mein Land' und Leut' beraubt, und merklich beschädigt, und vollends die Meinen an den Ohren zu verletzen unterstanden, und ich bin dir je mein Tage nichts schuldig worden?›*»[7] Sickingen gibt in wohlgesetzten, doch bestimmten Worten zu verstehen, daß solche Vorwürfe jetzt zu spät kämen, daß er aber, sollte er mit dem Leben davonkommen, wohl alte Schuld zu begleichen wüßte.

In ähnlicher Form gewährt Münch in seiner Biographie auch dem Pfalzgrafen Ludwig von der Pfalz und dem Erzbischof Richard von Trier einen Auftritt als «*Quäler in der Todesstunde*»[8]. Dann folgt Sickingens Ende:

«*Kurz darauf, und während die Fürsten noch zu Rathe saßen, that er seine Beicht. Aber ehe der Priester mit dem Sakrament gekommen, war er, mit guter Vernunft und ungebrochener Willensstärke, bereits hinüber geschieden.*»[9]

Boßhardt gestaltet die räumliche Anordnung des unterirdischen Gewölbes ähnlich wie sieben Jahre früher den Wellenberg des ‹Waldmann› (Abb. 25). Wieder ist die Hauptperson von einer beleuchteten Hausteinmauer hinterfangen, von der aus sich der Raum links und rechts in die Tiefe weitet; wieder führt ein Gang aus dem Hintergrund auf den bühnenartigen Ort des Geschehens. Im Vergleich zum ‹Waldmann› ist aber der Bezug zwischen Raumteilen und Personengruppen spannungsvoller geworden. Klare Kompositionsachsen führen von den beiden unteren Bildecken zum Kopf des Sickingen hin. Sikkingens forschender Blick verdeutlicht den Redekontakt mit der Dreiergruppe der beiden Grafen und des Erzbischofs. Zwischen den beiden Parteien liegt der Korridor, durch den die Belagerer hereingekommen sind. Noch drängt sich hier das Kriegsvolk und verdeutlicht die Übermacht von Sickingens Gegnern. Seine eigenen Gefolgsleute umgeben ihn im Rücken. Eindrücklich sind Gewalttätigkeit der Fürsten und edle Großmut des Sickingen und seiner Leute einander gegenübergestellt.

Christoph Kolumbus (Abb. 42)

Zwischen ‹Hutten› und ‹Sickingen› schuf Boßhardt seinen ‹Kolumbus›. In der Formung seiner Charaktere hielt sich Boßhardt an die vierbändige Standard-Biographie ‹The Life and Voyages of Christopher Columbus› des amerikanischen Schriftstellers Washington Irving. Das spannende und in seinem Detailreichtum überaus anschauliche Werk wurde sogleich nach seinem Erscheinen 1828 auch ins Deutsche übersetzt[10]. In Amerika und in Deutschland hat es die Historienmaler gleichermaßen gefesselt und eine ganze Reihe von Gemälden angeregt[11].

Boßhardt hat diesmal nicht ein genau datierbares Ereignis illustriert. Die Charakterisierung der Einzelpersonen läßt sich hingegen deutlich auf Irving zurückführen. Über Königin Isabella schreibt Irving:

«Sie ist einer der reinsten und schönsten Charaktere in den Blättern der Geschichte. Sie war von edlem Wuchse, von mittlerer Größe, ihre Erscheinung war voll Würde und Anmuth und ihr Benehmen aus Ernst und Freundlichkeit gemischt. Ihre Farbe war schön, ihr Haar dunkelbraun, ins Röthliche schimmernd, die Augen von hellem Blau mit einem liebreichen Ausdruck, und aus ihren Zügen sprach eine eigenthümliche Bescheidenheit, welche einer wunderbaren Willensstärke und Ernsthaftigkeit des Gemüthes zur Verschönerung diente [...].»[12]

Doch nicht allein Aufgeschlossenheit und edle Züge bestimmten den Willen der Königin, *«da die Gewalt der Kirche an dem Hofe von Castilien allmächtig war und Talavera in seiner Stellung als Beichtiger den unmittelbarsten und vertrautesten Zutritt bei der Königin hatte.»*[13]

Gegenüber der mißtrauischen Geistlichkeit nimmt die Unbeirrbarkeit des Kolumbus bei Irving gigantische Größe an, wenn der Autor die über achtzehn Jahre beschwört, während derer Kolumbus unter *«Mangel, Hintansetzung, Spott, Schmach und Versäumnis»*[14] versucht hatte, sein Projekt bei Hofe durchzubringen.

Als aber gegen die ablehnende Haltung der geistlichen Räte alles Mühen nichts fruchtet, gibt selbst Kolumbus auf und will sich von Spanien abwenden. In diesem Moment erwirken die beiden Freunde Luis de St. Angel und Alonzo de Quintanilla eine letzte Audienz[15]. Kolumbus, bereits abgereist, muß unverzüglich durch einen Boten eingeholt und zurückgebracht werden.

«Als Columbus in Santa Fé ankam, erhielt er sogleich eine unmittelbare Audienz bei der Königin, und die Gnade womit sie ihn aufnahm, söhnte ihn mit allen erlittenen Kränkungen wieder aus. Ihr gütiges Antliz verscheuchte jede Wolke des Zweifels und des Mißtrauens.»[16]

Während Irving Schritt um Schritt beschreibt, wie Kolumbus sich um Audienzen bemüht und einen zermürbenden Kampf gegen die ablehnende Hofgeistlichkeit führt, faßt Boßhardt alle Unterredungen in einem Auftritt zusammen. In der mißtrauischen Miene des Kardinals und des Mönchs macht er die Widerstände der Hofgeistlichkeit deutlich[17]. Im Hintergrund dagegen sind die beiden wohlgesinnten Bittsteller Luis und Alonzo zu erkennen. Die Königin schließlich folgt aufmerksam prüfend, aber in zustimmender Haltung, den Ausführungen von Kolumbus. Dieser steht ihr und den beiden Geistlichen gegenüber. Vor sich hat er einen Tisch mit Globus, einem aufgeschlagenen Buch und einer Schriftrolle. Eben hat Kolumbus eine handliche Seekarte entrollt, um mit entschiedener Geste auf ihren westlichen Rand zu weisen. Mit stechendem Blick fixiert er die Königin, als ob er sie mit äußerster Überzeugungskraft für sein Vorhaben gewinnen wollte.

Die Szene spielt in einem hohen Raum, dessen Decke sich im Dunkel verliert. Auf die im Vordergrund agierenden Personen fällt dagegen ein dramatisches, grelles Licht. Die beiden Kleriker formen zusammen mit der Königin eine Pyramide von leuchtendem Farbwechsel, der das nüchterne Schwarz von Kolumbus' Gewandung gegenübergestellt ist[18].

Boßhardts Modernismus im Bannkreis der belgischen Historienmalerei

Im Vergleich zum ‹Waldmann› ist die Komposition bei allen drei Gemälden spontaner und weniger akademisch. Vor allem im ‹Kolumbus› ist auf Schönlinigkeit verzichtet (man vergleiche nur den zum Segen ausgestreckten Arm des Waldmann mit der auf die Karte weisenden Linken des Kolumbus). Boßhardt hat nach dem ‹Waldmann› eine Neuorientierung vollzogen und ist erstmals mit ‹Hutten› den damals modernen Tendenzen gefolgt. Der Stilwandel um die Mitte des 19. Jahrhunderts geht zurück auf die folgenreiche Ausstellungstournee zweier belgischer Historienbilder, die 1842 und 1843 in einem beispiellosen Triumphzug in den wichtigsten Städten Deutschlands gezeigt wurden[19]. Die beiden Gemälde waren 1841 im Auftrag des belgischen Staates entstanden.

Abb. 41 Louis Gallait, Die Abdankung Kaiser Karls V. zugunsten seines Sohnes Philipp II., 1842, Fassung des Städelschen Kunstinstituts, Frankfurt a. M. (Foto, Bildarchiv Marburg). Das Gemälde zog 1842/43 zusammen mit einem Werk von Édouard de Biéfve in einer triumphalen Ausstellungstournee durch Deutschland und beeinflußte die Historienmalerei nachhaltig.

Abb. 42 (Kat. Nr. 14) Johann Caspar Boßhardt, Christoph Kolumbus vor der Königin Isabella und ihren geistlichen Räten seine Pläne entwickelnd, 1852, Öl/Lw., 106 × 142 cm, Heimatmuseum Pfäffikon ZH.

Louis Gallait stellte die ‹Abdankung Karls V. in Brüssel› dar (Abb. 41), sein Kollege Edouard de Bièfve den ‹Kompromiß der flandrischen Edeln am 16. Februar 1566›. Beide Werke zeigen Schicksalsstunden der flandrischen Geschichte und dienten als Legitimation für den Aufbau der modernen konstitutionellen Monarchie in Belgien. Gemalt wurden die beiden Werke in Paris. Sie zeigen den Einfluß des dramatischen französischen Kolorismus, wie er von Delacroix oder Delaroche vertreten wurde.

In Deutschland feierte man die beiden Werke ebenso ihrer ungewohnten malerischen Kraft wie ihres fortschrittlich demokratischen Inhalts wegen. Man verurteilte den Neoklassizismus der Münchner Schule als Ausdruck reaktionärer, antidemokratischer Macht. Neben vielen andern nahm auch der junge Jakob Burckhardt die sensationelle Ausstellungstournee zum Anlaß einer grundsätzlichen Neubestimmung der Historienmalerei: *«Die deutschen Regierungen, besonders König Ludwig, haben schon viele Darstellungen aus der vaterländischen Geschichte malen lassen; woher kommt es denn, daß wir hinter unseren Nachbarvölkern zurückgeblieben sind? Fürs Erste genügt es nicht, eine Geschichte gehabt zu haben; man muß eine Geschichte, ein öffentliches Leben mitleben können, um eine Geschichtsmalerei zu schaffen.»*[20]

Das bürgerliche Kunstverständnis des deutschen Vormärz machte somit eine lebendige Historienmalerei vom Bestehen demokratischer Verhältnisse abhängig.

Mit den belgischen Bildern war nicht nur der Münchner Idealismus, sondern auch der fortschrittlichere Düsseldorfer Kolorismus mit einem Mal überflügelt. Es begann sich eine neue belgisch geprägte Schule zu bilden, deren wichtigster Exponent Karl von Piloty (1826–1886) werden sollte (Abb. 44)[21]. Boßhardt gehört zu den frühesten, die sich der Moderne angeschlossen haben.

‹Hutten auf der Insel Ufenau› steht thematisch wie farblich in direkter Nachfolge von Louis Gallaits ein Jahr vorher vollendetem Bild ‹Egmonts letzte Stunde› (Abb. 40). Das Kolumbus-Bild schließt thematisch zwar an das 1843 in Düsseldorf entstandene Werk ‹König Ferdinand nimmt Columbus die Ketten ab› des Deutsch-Amerikaners Emanuel Leutze an[22]. In der formalen Auffassung, insbesondere in der diagonalen Flucht zum Thron hin und im Charakter der Figuren, hält sich Boßhardt dagegen wieder an Gallait (Abb. 41). Ein weiteres von den Belgiern beeinflußtes Werk, das in seiner Zeit sehr erfolgreich war, stand Boßhardts Kolumbus Pate: Der ‹Kolumbus› von Christian Ruben (Abb. 43). Das Bild sorgte 1850 im Münchner Kunstverein für solches Aufsehen, daß man seinen Urheber zwei Jahre später zum Direktor der Wiener Akademie erkor[23]. Der Seefahrer ist auf seiner ersten Überfahrt nach Amerika dargestellt – eben ist Land gesichtet worden, und die Matrosen fallen in Dankbarkeit vor ihrem Kapitän nieder. Der Münchner Kunstverein sah sich noch im selben Jahr dazu veranlaßt, seinen Mitgliedern eine technisch perfekte Reproduktionsgraphik des Gemäldes zu widmen (Abb. 43). Boßhardt entlehnte von Ruben in leicht veränderter Haltung die Gestalt des schwarz gekleideten Kolumbus mit der Karte in der Hand.

Im ‹Sickingen› klingt kompositionell wieder eine stärkere Orientierung an Kaulbach an, doch Kolorit und Expressivität bleiben der Moderne verpflichtet[24].

Liberalismus, industrielle Revolution und der gescheiterte Märzaufstand von 1848

Wollte schon die Form der drei Werke Boßhardts als Ausdruck liberaler und demokratischer Gesinnung verstanden werden, so gilt dies erst recht für den Inhalt. Das Zeitalter, dem Kolumbus, Sickingen und Hutten angehörten, wies viel Vergleichbares mit der Situation in der Mitte des 19. Jahrhunderts auf. Hutten und Sickingen waren Vertreter des Reichsrittertums in einer Zeit, in der die Territorialfürsten auf Kosten der Reichsmacht erstarkten, und Hutten und Sickingen kämpften gegen Rom und das Pfaffentum zugunsten einer deutschen Nation. – Die Nationalisten des 19. Jahrhunderts mußten in den beiden Rittern gleichsam ihre geistigen Väter erkennen[25], deren freiheitliche Ziele es nun zu verwirklichen galt.

Am Rahmen von Boßhardts Huttenbild ist die Inschrift «Jacta est alea» (der Würfel ist gefallen) verzeichnet. Das geflügelte Wort Cäsars hatte Hutten mit dem Leitsatz «Ich hab's gewagt» zu einer trotzigen Devise verknüpft, und damit die letzten fünf Jahre seines politi-

Abb. 43 Christian Ruben, Kolumbus, 1850, Galvanographie von Franz Hanfstaengl, 50,7 × 66,1 cm, Graph. Slg. ETHZ.

schen Wirkens überschrieben. Im 19. Jahrhundert gewann Huttens Devise eine neue Aktualität durch die politische Dichtung des Stuttgarters Georg Herwegh (1817–1875). Herwegh flüchtete 1839 in die Schweiz und veröffentlichte hier 1841 seine überaus erfolgreichen ‹Gedichte eines Lebendigen›[26]. Eines dieser Gedichte ist mit «*Jacta alea est*» überschrieben. Es wird durch ein Huttenzitat eingeleitet, welches mit dem Wahlspruch «*Ich hab's gewagt*» endet. Mit diesem Satz schließt fortan jede der sieben Strophen, in denen das Motiv des Einzelkämpfers behandelt wird, der sich aufklärerisch gegen die Rückständigen wendet. Die sechste Strophe lautet:

«*Ich sah im Hohenpriesterkleide*
Die Unvernunft,
gleich Rohr zerbrechen ihre Eide
Die Henkerzunft;
Ich sah von schnöden Hunden
Der Freiheit Edelwild gejagt,
Und wusch ihm still die Wunden:
Ich hab's gewagt!»[27]

Das vorangehende Gedicht mit dem Titel ‹Ufenau und St. Helena› stellt einen Vergleich zwischen Napoleon und Hutten an. Beide haben ihr Grab auf einer Insel gefunden. Doch während Napoleons Leiche 1840 von St. Helena nach Paris in den Invalidendom überführt worden ist, scheinen die Deutschen ihren viel edleren Helden nicht erkennen zu wollen. Leidenschaftlich rühmt Herwegh Huttens reformerisches Wirken und endet mit den Versen:

«*Wie lang mit Lorbern überschütten*
Wollt ihr die corsische Standarte?
Wann hängt einmal in deutschen Hütten
Der Hutten statt des Bonaparte?»[28]

Mit Boßhardts Gemälde ist dem im Geiste des Vormärz geschriebenen Aufruf Herweghs Folge geleistet. Hutten sitzt zwar todkrank am Fenster, doch seine Devise ‹Ich hab's gewagt› ist der Gegenwart des 19. Jahrhunderts Ansporn zum Schicksalsentscheid für die Zukunft: «*Der Würfel ist gefallen!*»

Die nationale Einheit und die bürgerrechtliche Freiheit waren unabdingbare Voraussetzung für die weitere

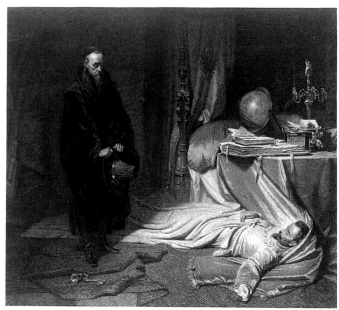

Abb. 44 Karl von Piloty, Seni vor Wallenstein, 1855, Kupferstich von Fr. Vogel, 1872, 38,6 × 44,6 cm, Graph. Slg. ETHZ.

ökonomische Entfaltung. In der ersten Hälfte des 19. Jahrhunderts waren die 39 Länder Deutschlands und die 19 Kantone der Schweiz immer noch souveräne Staaten. Maß, Gewicht und Münze wechselten an jeder Grenze. Die Binnenzölle Deutschlands fielen erst 1834, und in der Schweiz brachte erst die Bundesverfassung von 1848 einheitliche Währung, Maße und Gewichte. Waren Hutten und Sickingen Symbolfiguren für die nationale Einheit, so galt dasselbe von Kolumbus für den Freihandel. In Boßhardts Gemälde steht er nicht um seiner selbst willen vor der Königin, sondern charakterisiert die Situation der Wirtschaftspioniere des 19. Jahrhunderts, welche gegen die Widerstände der staatlichen Zersplitterung ein Eisenbahnnetz aufzubauen und über die Weltmeere hinweg neue Absatzmärkte zu erschließen versuchten.

Die Auftraggeberschaft

Boßhardts ‹Hutten› und ‹Sickingen› und sehr wahrscheinlich auch sein ‹Kolumbus› wurden vom Winterthurer Fabrikanten Ludwig Greuter zur Ausstattung seiner 1847 erworbenen Villa ‹Lindengut› erworben[29].

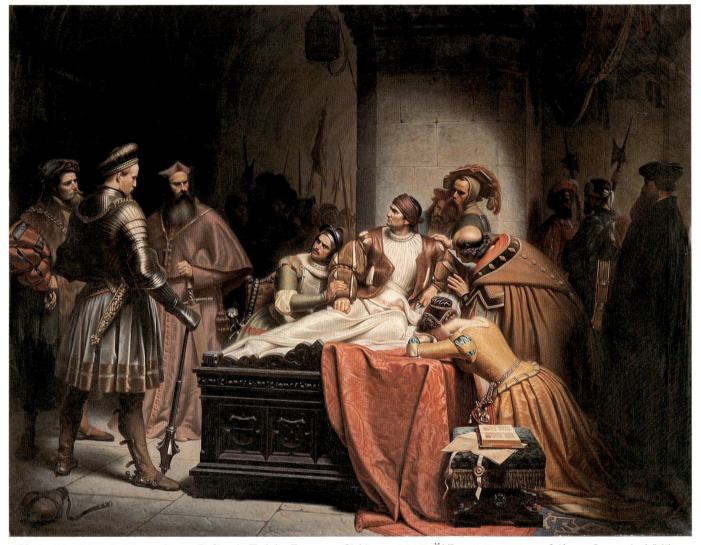

Abb. 45 (Kat. Nr. 16) Johann Caspar Boßhardt, Tod des Franz von Sickingen, 1854*, Öl/Lw., 150 × 210 cm, Stiftung Greuterhof, Islikon; Depositum aus Privatbesitz Pfaffhausen.

Ludwig Greuter (1774–1857) war Teilhaber des weitverzweigten Textilveredelungs- und Handelsunternehmens ‹Gebr. Greuter & Rieter› mit Fabriken in Islikon im Thurgau und im Elsaß[30]. Die Jahrzehnte seiner aktiven Tätigkeit markieren Expansion und weltweite Bedeutung der Greuterschen Gründungen. Halbfabrikate aus den Webereien der Ostschweiz befriedigten dank der Zurichtung durch die Isliker Färber und Drucker den Geschmack der Kundschaft in Singapur oder Rio de Janeiro.

Ludwig Greuter trat gleichzeitig als Mäzen Boßhardts hervor. 1849 eröffnete er dem jungen Künstler ein Konto über 600 Gulden, 1851/52 ein weiteres über 1500 Gulden[31]. Über den regen Kontakt mit Boßhardt gibt Greuters Agenda Auskunft, wo sich zwischen Geschäfts- und Familienterminen und neben Notizen, welche die Eröffnung der ersten Eisenbahnlinie von Rorschach nach Winterthur betreffen[32], auch die folgenden Einträge finden:

Dok. 6

**Mäzenatentum eines Industriellen
Ludwig Greuters Kontakt mit Boßhardt**

(Agenda von Ludwig Greuter [1774–1857] 1852/53, 1854/55/56, Autograph in der Stiftung Greuterhof Islikon, Thurgau.)

1852
Januar
12 Montag   n[ach]m[ittags]
    geschrieben [...] an Boßhart wegen dem egarirten [verlegten] Brief
30 Freytag   nm.
    geschrieben [...] an Boßhart in München

Februar
9   Montag   nm.
    an P. v. Stetten in Augsburg[33] [...] ein Billet für Boßhart beygelegt

Oktober
13 Mittwoch
    Boßhart hergekommen
14 Donstag   vm.
    mit dito sein tableau Columbus betrachtet
23 Samstag   vm.
    dem Maler Boßhardt geseßen
    Boßhart & R. Rieter jgr à diner bey uns
24 Sontag   vm.
    dem Maler Boßhart geseßen
25 Montag   nm.
    dem Maler Boßhart geseßen
26 Dienstag   nm.
    in d Buchhandlung 1 Buch bestellt, von Boßhart empfohlen
27 Mitwoch   vm.
    Boßhardt sich verabschiedet

Dezember
18 Samstag   nm.
    an Boßhart in München geschrieben

1853
März
1   Dienstag   nm.
    an Boßhart geschrieben per addr. Landwehrstraße No. 2
    3 Treppen hoch – München

Dezember
31 Samstag abends
    Ein Brf v. Boßhart aus München erhalten

1854
Januar
3   Dienstag   vm.
    an Boßhart Maler Landwehrstraß No 2 in München «f 152 1/2 remittiert in 3 Banknoten de «f 100 & 25 & 5 Rp [unleserlich] (datirt v. 2ten)
13 Freytag
    Durch Emil an Boßhart in München schreiben laßen, wegen den 3 [unleserlich]

April
1   Samstag   nm.
    an Boßhart in München Brief, s Brief v. 28... beantwortet, mit «f 150 auf C. v. Stetten in Augsbg. 3/tg Sicht [?]
17 Montag
    Boßhart in Wr. [Winterthur] angelangt
30 Sontag   vm.
    Henry, Lydia und Sophie von Kefickon gekommen
            Mitag
    Boßhart mit diesen zum Essen gehabt.

Mai
3   Mitwoch   vm.
    zum ersten mal das Gemälde von Boßhart aufm Schulhaus gesehen.
7   Sontag   mitag
    diner en famille wie gewohnt und Mahler Boßhart, Sophie wieder zurück.

8 *Montag nm.*
an Zollikofer & Hoz in Romanshorn, wegen den Spesen deß Gemäldes.

15 *Montag nm*
Besuch von Boßhardt, wegen Kosten deß Gemäldes

Juli

3 *Montag nm.*
um 3 1/2 Uhr nach München, wo um 5 1/4 angelangt

7 *freytag abends*
im Logie von Boßhart, bei Vergolder Rad ...[Name unleserlich] in der Hundskugel, ohne ihn zu finden

10 *Montag nm.*
Boßhard hier angelangt, und Stadtschreiber Haller

12 *Mitwoch nm.*
bey Kupferstecher Ernst, und Maler Wekeßer

13 *Donstag vm.*
mit Familie Wertmüller-Escher von Elgg, Haller und Boßhart im Antiquarium.

18 *Dienstag vm.*
mit Boßhart zum 1. Mal in die allgemeine Kunst oder Gemäldeausstellung

19 *Mittwoch vm.*
zum 2ten Mal in der Gemälde Kunstausstellung

21 *Freytag vm.*
10 Uhr[Abreise von München] nach Augsburg

November

27 *Montag vm.*
an Zollikoffer & Hoz, wegen dem Freypaß fürs Gemälde von München
    nm
an Boßhard Maler, wegen dem Freypaß fürs dito

1855
Januar

9 *Dienstag nm.*
an C. Boßhart in München geschrieben, bei B[aron] v. Riederer, Hundskugel No 3.

März

19 *Montag vm.*
Puppickhofer am Tableau von Sickingen gearbeitet

20 *Dienstag*
Puppickhofer, Sigg und Maurer wieder am Sickingen-Tableau gearbeitet

22 *Donstag nm.*
Puppickhofer die Gemälde verändert

26 *Montag nm.*
Puppickhofer die Gemälde gewaschen & teils lacquirt

Dezember

14 *Freytag Mitag*
Mahler Boßhart à diner bei uns

1856
Februar

24 *Sontag nm.*
Besuch von Mahler Boßhart, auf seiner Rückreise nach München

Greuter zeigte sich Boßhardt gegenüber sehr großzügig, was sich auch in den Verkaufsbestimmungen zum ‹Sickingen› niederschlägt:

Dok. 7 1854 Mai 15

Günstige Verkaufsbedingungen für ‹Sickingen›
(Greuter Q, Mai 1854)

«*Herrn Boßhardt – May. 1854*
Ich habe ihm, mit der Fracht[34] hirher, bezahlt N. ohne die Zinsen «f. 2636.28.
Stimmt seine Rechnung damit überein?
Ohngeacht ich nie glaubte, so weit geführt zu werden, will ich ihm für den Rahmen noch f. 120 vergüten.
In den nächsten zwei Jahren denke ich an keinen Verkauff deß Gemäldes. Findet sich in den folgenden zwei Jahren ein Liebhaber, und entschließe ich oder meine Familie sich zum Verkauff, so soll das, was über meine Kosten und die Zinsen gelöst würde, dem Hr. Boßhart zukommen.   L Gr»

Ob Greuter die Bildthemen selbst in Auftrag gegeben oder ob Boßhardt sie ihm vorgeschlagen hat, muß vorerst offen bleiben. Die wirtschaftliche Eroberung von Meeren und Kontinenten und der Ausbau der Verkehrswege gehörten zu den Grundpfeilern des Greuterschen Unternehmens, und Christoph Columbus bietet sich als einprägsame Symbolfigur in diesem Zusammenhang geradezu an. Die Sickingen- und Huttenthematik war ihrerseits in Deutschland, wo die Bilder entstanden sind, hochaktuell. Im Gegensatz zur Schweiz hatte das Jahr 1848 keine Befreiung und nationale Einigung gebracht, denn die bürgerliche Revolution war gescheitert. Sickingen und Hutten, deren Bemühen um nationale Einheit im 16. Jahrhundert ebenfalls fehlgeschlagen waren, boten nun auch in ihrem tragischen Ende einen fernen Spiegel zur Gegenwart. Boßhardt antizipierte mit seinen Gemälden die beiden großen dichterischen Bearbeitungen des Stoffes. Die 1858 veröffentlichte Huttenbiographie des freidenkerischen Theologen David Friedrich Strauß sollte bald zum Bibliotheksbestand des deutschen Bildungsbürgertums gehören[35]. Sickingens Scheitern bot 1858 dem Sozialdemokraten und Gründer des Allgemeinen Deutschen Arbeitervereins, Ferdinand Lassalle, den Stoff zur Verarbeitung der Niederlage von 1848[36]. Seine Tragödie der Revolution sollte den Gegensatz zwischen revolutionärer Begeisterung und den realpolitischen Erfordernissen zeigen. Marx und Engels traten daraufhin in heftigen Widerstand zu Lassalles Konzeption, und die daraus resultierende ‹Sickingen-Debatte› wurde zur Grundlage der materialistischen Literaturtheorie[37].

Boßhardt und die Zürcher Gesellschaft

Nichts ist uns überliefert, was über Boßhardts politische Ansichten in dieser Frage nähere Auskünfte geben könnte. Daß man ihn in seiner Heimat ernst nahm, zeigt jedenfalls sein Umgang mit führenden Zürcher Familien[38]. Von diesen Kontakten zeugen ein Aquarell, in welchem Clementine Stockar-Escher den Künstler mit seinen Malutensilien porträtiert (Abb. 37), und ein Brief von Catharina Werdmüller-von Escher, die zusammen mit ihrem Mann den Maler bei sich im Schloß Elgg aufzunehmen pflegte[39]:

Dok. 8   1855 Mai 14

**Ein Blick ins Privatleben –
Der Brief von Catharina Werdmüller-von Escher an Johann Caspar Boßhardt in München**
(Autograph in Zürcher Privatbesitz)

*«Mein lieber Freund!
Für Ihr freundschaftliches Briefchen empfangen Sie meinen besten Dank. Es machte uns Allen grosse Freude, besonders auch in Hinsicht auf Ihre Kunst, denn wenn Sie sagen ‹es wird beweisen etc› so wird es gewiss Ihre Feinde erschrecken und hoffentlich zum Schweigen bringen, so wie Ihre Freunde unendlich erfreuen und befriedigen. So wird Beides Sie für Ihren Fleiss und Anstrengung belohnen und Ihnen neue Bestellungen verschaffen. Folgen die wir hoffen und wünschen und die Sie f. viele Mühe und Missstimmung gewiss reichlich entschädigen.
Die liebliche Photographie mit der Sie uns beschenkten und für welche wir Ihnen nochmals herzlich danken hat den nehmlichen Eindruck gemacht auf mehrere Kunstverständige z. B. Herrn Schweizer Zeichnungslehrer, Herrn Werdmüller Kupferstecher und auf alle Dilettanten die das Blatt sahen und die Ihr Gemälde kannten, sie erklärten den Abdruck als sehr schön, auch er habe und bestärke er den wahren Kunstwerth der Anordnung und Beleuchtung des Gemäldes im höchsten Grade.
Dass Sie diesen Sommer zu uns kommen freut uns recht sehr. Ich hoffte im Stillen immer ein wenig auf das Wiedersehen. Wir wollen dann recht heimelig und vergnügt, aber auch vernünftig die manigfaltigen Gedanken und Empfindungen besprechen die Sie belagern und denen Sie mit Gemüthlichkeit sich hingeben. Nicht alles ist Glück was es zu sein scheint. Schon sehr oft hörte ich von jungen Leuten ‹ach wär i nu nümme e lei!› und leider sehr bald wenn sie es nicht mehr waren ‹ach wär i nu wieder e lei!›
Das Heurathen mein lieber Freund ist eine Sache die man wohl überlegen muss; der Schritt ist schnell gethan aber er wird oft bitter bereut! Sie sagen das Wirthshaus-Leben sei Ihnen langweilig. Das begreife ich recht gut; aber könnten Sie nicht bei und mit einer artigen Familie essen? Ich glaube es wäre gesunder und wohlfeiler und für Ihr ganzes Wesen zuträglicher. Sie hätten eine ernstere Unterhaltung, und des Abends könnten Sie die Gesellschaft der fröhlichen Künstler und ihre Gespräche geniessen.
Was Sie mir über den Eindruck des Frühlings sagen empfand ich in der Jugend eben so wie Sie, und auch in den alten Tagen ist mir diese Empfindung geblieben; nur gebe ich diesen wehmüthigen Gefühlen jetzt einen anderen Namen als da ich jung war. Es ist ein Heimweh nach etwas Besserm, das sich mit der erwachenden Natur in uns regt. Die Jugend die noch nicht alle Verhältnisse des Lebens durchge-*

Abb. 46 Detail von Abb. 45.

lebt, glaubt es sei diese Sehnsucht diejenige nach einer andern irdischen Lage. Das Alter aber dem dieses Gefühl bleibt und in allen Verhältnissen immer geblieben ist, empfindet dass es die Sehnsucht nach dem Himmel ist, wo wir nach vollbrachter Lebensmühe gleich der irdischen Natur im Frühjahr aufwachen werden zur ewigen Glückseligkeit, wenn wir im Glauben an Gottes gütige Vorsehung unsere Bestimmung hienieden nach besten Kräften erfüllen.
Das Künstlerfest dem Fräulein Bluntschli beiwohnte ward allgemein als sehr amüsant beschrieben. Louise die nachher die Verzierungen des Saales sah, war auch ganz entzückt, sowohl von den zierlichen Gemälden als von den gut aufgefassten Carikaturen, in Kreide gezeichnet, von Koller.
Was mich im Gebiete der Kunst sehr erfreut, ist der Versuch der Künstlergesellschaft (der Gedanke ist Herrn Meyer Rahn zu verdanken), eine fortdauernde Ausstellung zu halten. Sie wurde mit dem ersten Mai in dem obern Boden der Meise eröffnet, weil man in einem Gebäude mitten in der Stadt auf häufigere Besuche hofft, als in dem etwas entferntern Künstlergütli. Der Eintritt wird mit 50. Ct. bezahlt. Die Zürcher-Künstler loben das Bild von Weckesser, den Tod Zwinglis, ganz ausserordentlich. Auch wird das verlorne Kind (eine Kuh die ihr Kalb sucht!) von Koller sehr gerühmt. Dasselbe prangte bei dem Künstlerfest.
Die Kunstproductionen Ihrer Schülerin beschränken sich auf ein kleines Gemälde, den Gang von der Wohnstube des Schlosses in die Küche, eine Studie im Freien, und eine Zeichnung in Bleistift, Copie nach Irminger, die Kinder von Frau Meyer. Gottlob ist die Schülerin immer in fröhlicher Stimmung, und sehr dankbar gegen die Freundin Kunst die sie, obwohl nur aus weiter Ferne doch immer mit wohlwollender Güte anlächelt, als wollte sie ihr zuflüstern, wenn ich dich schon nicht besuche ich sorge dadurch mehr für deine Ruhe und Zufriedenheit, als wenn ich in deine Nähe käme, denn beinahe Alle die ich mit meiner Gegenwart beehre werden Unzufrieden und das will ich dir ersparen.
Wenn Sie den Herrn General von Salis sehen, so bitte ich Sie uns angelegen bei demselben zu empfehlen, so wie Herr und Frau Taff...
(Lücke im Original: Siegelbruch) reiter freundschaft. zu grüssen.
Nun mein Lieber eilen Sie mit dem Bilde dass wir Sie beide bald bei uns sehen. Wir Alle grüssen Sie unterdessen recht herzlich und wünschen Ihnen fröhliche Zufriedenheit vorzüglich

Ihre mit treuer Freundschaft ergebene
C. Werdmüller v. Escher

Zürich den 14 Mai 1855.

So eben sah ich Zwingli von Weckesser. Die Färbung gefällt mir gar nicht eben so wünschte mich der Haltung des Bildes mehreres anders. Auch fremde Kunstfreunde beurtheilten dasselbe minder günstig als die Zürcher-Künstler.»

Weitere Werke der 50er Jahre

Anschließend an ‹Sickingen› behandelte Boßhardt im Auftrag des liberalen Zürcher Alt-Bürgermeisters Johann Jakob Hess (1791–1857) wieder ein vaterländisches Thema. Die ‹Gefangennahme des Chorherrn Felix Hemmerlin› (Abb. 48) ist, was den Stoff und die aktuelle Aussage betrifft (vgl. Kasten), eine Wiederholung des ‹Waldmann›. Figuren und Handlung sind dramatischer geworden, und das Interieur hat in seinem Detailreichtum an Bedeutung gewonnen.

In ‹Shakespeare als Wilddieb› von 1857 (Abb. 47) gewinnt das Genremäßige vollends die Oberhand. Die

Abb. 47 (Kat. Nr. 18) Johann Caspar Boßhardt, Shakespeare als Wilddieb, 1857, Öl/Lw., 92 × 128 cm, Waldburg (BRD), Privatbesitz.

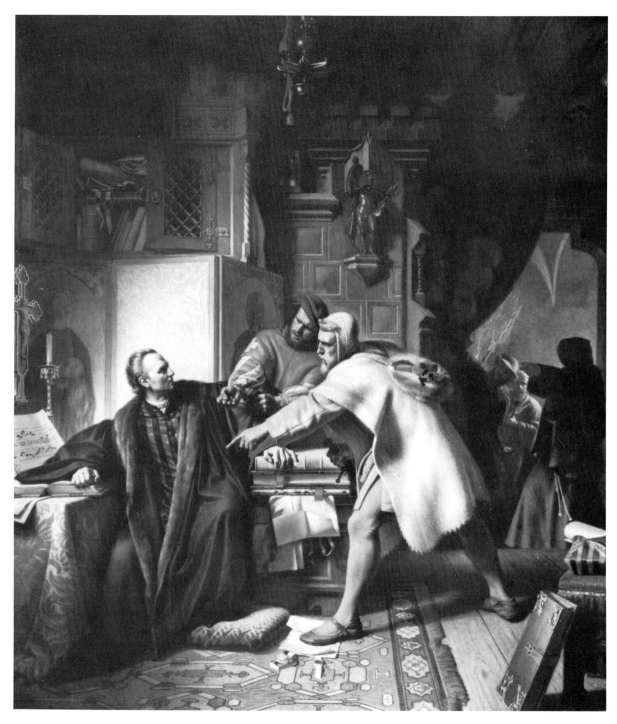
Abb. 48

Felix Hemmerlin (um 1388–1459)

Felix Hemmerlin, bedeutendster Frühhumanist von Zürich, amtete als Kantor am Zürcher Großmünster. Er legte sich eine bedeutende Bibliothek an (über 500 Bände) und setzte sich mit eigenen Schriften für die Kirchenreform ein. Seine Kritik am Stiftsleben in Zürich und an der bischöflichen Kurie in Konstanz trug ihm heftige Gegnerschaft ein. Der Konflikt führte zur Anklage wegen Ungehorsams gegenüber dem Konstanzer Bischof und wegen unerlaubter publizistischer Tätigkeit und endete in der Verurteilung zu Klosterhaft bei den Franziskanern in Luzern.

Hemmerlins Verhaftung, welche Boßhardt darstellt, vollzog sich in der Tat in spektakulärer Weise: Nach dem Alten Zürich-Krieg (1436–1450) begingen die Zürcher mit den Eidgenossen an der Fastnacht 1454 ein Versöhnungsfest. Die Konstanzer Kurie nutzte die Gelegenheit und ließ Hemmerlin durch die Eidgenossen verhaften.

Felix Hemmerlin besaß im 19. Jahrhundert eine ähnliche frühaufklärerische Bedeutung wie Hans Waldmann. Seine Lebensgeschichte wurde durch die umfangreiche Biographie von Balthasar Reber 1846 verbreitet.

(Lit.: Katharina Colberg, ‹Hemmerli›, in: Die deutsche Literatur des Mittelalters, Verfasserlexikon Bd. 3 [1981] Sp. 989-1001.)

Abb. 49 Felix Hemmerlin in Gelehrtentracht mit seinem Namensattribut in der Hand, nach einem Holzschnitt des 15. Jahrhunderts.

Mühe um eine korrekte visuelle Rekonstruktion von Handlungsort und Kostümen ließ das dargestellte Ereignis in den Hintergrund treten.

Boßhardt malte 1858 den ‹Abschied des Thomas Morus von seiner Tochter› (Kat. Nr. 19), ein Gemälde, welches er noch 1870 für wert fand, zusammen mit ‹Hutten› und ‹Sickingen› ausgestellt zu werden (vgl. Dok. 16), dessen Standort uns aber nicht mehr bekannt ist. Vom im selben Jahr vollendeten Bild ‹Karl V. im Kloster San Geronimo de Juste› sind Standort und Aussehen ebenfalls nicht mehr bekannt; in den Augen des Auftraggebers war das Werk ein Reinfall (Kat. Nr. 20). Mag dem sein, wie es will – Boßhardt hatte sich in den 50er Jahren jedenfalls eine potente Kundschaft erworben und seine Fähigkeiten soweit entwickelt, daß nun die Voraussetzungen für sein Opus Magnum gegeben waren.

Abb. 48 (Kat. Nr. 17) Johann Caspar Boßhardt, Gefangennahme des Chorherrn Felix Hemmerlin, 1853, Öl/Lw., 164 × 107 cm, Kunsthaus Zürich.

Anmerkungen:

[1] Vgl. Press, Ulrich von Hutten.
[2] Abraham Emanuel Fröhlich, Ulrich von Hutten, Achtzehn Gesänge, 1845. Wir zitieren nach der Ausgabe: A. E. Fröhlichs gesammelte Schriften, Vierter Band: Ulrich von Hutten, Frauenfeld 1853.
[3] Fröhlich, Hutten, S. 287.
[4] Ebda., S. 288.
[5] Zum Vanitas-Charakter vgl. Jochen Becker, Das Buch im Stilleben – Das Stilleben im Buch, in: Stilleben in Europa (Katalog zur Ausstellung), Westfälisches Landesmuseum für Kunst- und Kulturgeschichte Münster/Staatliche Kunsthalle Baden-Baden, Münster 1979, S. 448–478.
[6] Ernst Münch, Franz von Sickingens Thaten, Plane, Freunde und Ausgang, Mit Kupfern und Urkunden, 2 Bde. Stuttgart/Tübingen 1827, Bd. 1, S. 189–300.
[7] Münch, Franz von Sickingen, Bd. 1, S. 295f.
[8] Ebda., S. 296.
[9] Ebda., S. 297.
[10] Irving, Die Reise.
[11] Als der amerikanische Maler Washington Allston (1779–1843) den Plan zu einem 18 Fuß großen Gemälde mit dem Titel ‹The First Interview of Columbus with Ferdinand and Isabella [after the Discovery of America]› faßt, schreibt er 1830 in einem Brief an G. C. Verplanck: «*As you have read Irving's book it is unnecessary for me to describe the scene. Here is magnificence, emotion and everything, the very thriumph of ‹matter› to task a painter's power. [...]*» (zit. in: Irving, The Life, S. XVII, Anm. 1).
[12] Irving, Die Reise, S. 105.
[13] Ebda., S. 100.
[14] Ebda., S. 148f.
[15] Ebda., S. 149f.
[16] Ebda., S. 253.
[17] Die Identifikation der beiden Kleriker ist nicht einfach vorzunehmen. Fernando de Talavera war zu Beginn von Kolumbus' Audienzbegehren noch Prior des Hieronymitenklosters Prado. Die Ordenstracht der Hieronymiten besteht aus weißer Kutte, einem lohfarbenen Skapulier und einer kleinen Kapuze (Max Heimbucher, Die Orden der Kongregationen der katholischen Kirche, 4. Aufl., Paderborn/München/Wien 1980, Bd. 1, S. 593). Die Tracht würde also bis auf die weite Kapuze für den Mönch zutreffen. Zum Zeitpunkt der entscheidenden Audienz war Talavera hingegen Erzbischof von Granada (Irving, Die Reise, S. 147). Der Kardinalshabit des Prälaten rechts der Königin entspräche der Person von Pedro Gonzalez de Mendoza, spanischer Großkardinal, der immer am Hof der Königin und Kolumbus nicht abgeneigt war (ebda. S. 112f.). Es scheint, daß sich Boßhardt in seiner ohnehin kompilatorischen Darstellung nicht auf eine genaue Identifizierung festlegen, sondern vielmehr allgemeine Charakterzüge des Hofklerus zeigen wollte.
[18] Irving betont die einfache Kleidung von Kolumbus, die wenig dazu dienlich war, ihm am Hof Achtung zu verschaffen (ebda. S. 109).
[19] Vgl. hierzu: Schoch, Die belgischen Bilder.
[20] Zit. ebda. S. 178.
[21] Vgl. die instruktive Werkmonographie: Lankheit, Karl von Piloty.
[22] Leutze (1816–1886) trat zeitgleich mit Boßhardt in die Düsseldorfer Akademie ein. Schon fortgeschritten, konnte er sich jedoch im Atelier von Carl Friedrich Lessing eine persönliche Ausbildung erwerben (vgl. Die Düsseldorfer Malerschule S. 399f., Nr. 165).
[23] Pecht, Geschichte, S. 149.
[24] Namentlich die beiden Grafen lehnen sich an Kaulbach an. Vgl. Eschenburg, Spätromantik und Realismus, S. 208, Nr. 405.
[25] Zur Rezeption von Hutten im 19. Jh. vgl. Press, Ulrich von Hutten, S. 71–74.
[26] Georg Herwegh, Gedichte eines Lebendigen, Mit einer Dedikation an einen Verstorbenen, Zürich und Winterthur 1841. Das Werk erfuhr im 19. Jahrhundert eine Reihe von Auflagen.
[27] Ebda., S. 112.
[28] Ebda., S. 108.
[29] Zum Kauf des ‹Hutten› und des ‹Sickingen› vgl. Kat. Nr. 13 und 16. Am 14. Oktober 1852 hat Boßhardt auch den ‹Kolumbus› im Lindengut vorgeführt (vgl. Dok. 6). Greuter läßt in seinem Agendeneintrag nichts von einem Kauf verlauten, was aber nicht heißen muß, daß ein solcher nicht stattgefunden hat. Aus den Eintragungen zum Sickingen-Bild ist der Kauf ebenfalls nicht zu erschließen. Nur dank der erhaltenen Quittungsbelege und der nötigen Restaurierung des Bildes nach der Münchner Ausstellung können Greuters Notizen in der Agenda mit Sickingen in Bezug gesetzt werden. Für Greuters Eigentum am ‹Kolumbus› spricht auch der spätere Besitzer Egg-Wäffler (Nachweis 1870), der mit Greuter verwandt und ebenfalls in das Greutersche Unternehmen eingetreten war.
[30] Die folgenden Angaben basieren auf der gegenwärtig im ‹Greuterhof Islikon› beziehbaren Dokumentationsmappe, namentlich auf folgenden darin enthaltenen Beilagen: Stiftung Bernhard Greuter für Berufsinformation, Greuterhof Islikon, Islikon 1983:

Geschichte der Etablissemente der Firma Egg Ziegler-Greuter & Co, geschrieben 1883 z. h. der Kaufmännischen Gesellschaft in Zürich, Xerokopierte Maschinenschrift; Rudolf Kupper, Bernhard Greuter (1745–1822) – Ein Schweizer Pionier der Volkswirtschaft (= Auszug aus: R. K., Fabrikbauten in der Schweiz vor der Mitte des 19. Jahrhunderts, Zürich 1984), Xerokopierte Maschinenschrift. – Ludwig Greuters aus Keffikon (Thurgau) stammender Vater Bernhard Greuter (1745–1822) hatte in Glarus das Färberhandwerk erlernt und brachte bei seiner Rückkehr das Geheimnis der Indigo-Färberei in seine Heimat mit. Die seit 1777 von ihm errichteten Färberei- und Druckbetriebe in Islikon und Frauenfeld beschäftigten zeitweise gegen 500 Menschen. Zum Unternehmen gehörten im 19. Jahrhundert vier Betriebe im Elsaß mit etwa 2500 Arbeitern. Verbesserte Färbetechniken, exklusive Muster, eine erweiterte Palette sowie laufend gesteigerte Kapazität ließen die Fabrik von Islikon zu einer der führenden in der Schweiz werden. Der Zusammenschluß mit dem Baumwollhandelshaus ‹Gebr. Rieter› in Winterthur sicherte den direkten Zugang zu den Rohstoff- und Absatzmärkten. Waren die Hauptabnehmer zunächst in Deutschland, Italien und dem Orient zu finden, so folgte seit der Gründung des Deutschen Zollvereins 1834 notgedrungen, aber mit Erfolg, die Erschließung von Ersatzmärkten in Fernost und Südamerika, wo keine Schutzzölle die Schweizer Exporte behinderten.

[31] Greuter Q.
[32] Greuter Ag., 14. und 19. April 1855.
[33] Greuter wickelte über P. v. Stetten den Zahlungsverkehr mit Boßhardt ab (vgl. Greuter Q).
[34] Die Fracht betrug 44.80 Fr. (Greuter Q, Notizen auf Briefumschlag «*1851. Scheine von Mahler Boßhart*»: der Transport wurde über Zollikofer & Hoz in Romanshorn abgewickelt (vgl. Dok. 6, 8. Mai 1854).
[35] Press, Ulrich von Hutten, S. 71.
[36] Ferdinand Lassalle, Franz von Sickingen, Eine historische Tragödie, Mit einem Nachwort von Rüdiger Kaun, Stuttgart 1974.
[37] Walter Hinderer (Hg.), Sickingen-Debatte, Ein Beitrag zur materialistischen Literaturtheorie, Darmstadt/Neuwied 1974.
[38] Vgl. Suter, Lebensgeschichte, S. 16.
[39] Ebda., Anm. 11.

‹Schultheiß Wengi› – Höhepunkt von Boßhardts Ruhm

Christine Jenny

Die Handlung spielt am Nachmittag des 30. Oktober 1533, zur Zeit heftiger konfessioneller Spannungen unter Solothurns Bürgern. Als die Altgläubigen im Begriff sind, ein Geschütz gegen die in der Vorstadt verschanzten Protestanten abzufeuern, wirft sich Schultheiß Niklaus Wengi, obschon selber Katholik, mit seiner Brust vor die Kanone und verhindert ein Blutvergießen, indem er sagt: «*Schonet Bürgerblut oder streckt mich zuerst nieder!*»

Dieses Ereignis ist als ‹Wengi-Tat› überliefert und literarisch wie auch bildnerisch weit verbreitet worden[1]. Boßhardts Gemälde (Abb. 57) dürfte die bekannteste Darstellung sein und hat ihrem Schöpfer den größten Erfolg eingetragen.

Von keinem anderen Werk Boßhardts sind Entstehung und Wirkung besser belegt als beim ‹Wengi›. Exemplarisch kann man die Geschichte des Bildinhalts von seinen Anfängen über Boßhardts Schöpfungsprozeß bis hin zur vielfältigen Reproduktion des Gemäldes verfolgen:

Ein Ereignis der Reformationszeit wird in der Aufklärung entdeckt

Wengis Auftritt vor der Kanone ist vier Jahrzehnte nach dem Ereignis in Anton Haffners 1577 vollendeter ‹Chronika› erstmals schriftlich faßbar (vgl. Kasten S. 78). Die Chronik blieb ungedruckt und wurde folglich nur beschränkt durch Abschriften bekannt. Anton Haffners Großneffe Franz Haffner (1609–1671) zitierte die Passage über Wengi wörtlich in seinem 1666 veröffentlichten ‹Kleinen Solothurner Schauw-Platz›[2]. Obschon die Wengi-Tat nun in gedruckter Form vorlag, gewann der Stoff außerhalb der Solothurner Lokaltradition keine Bedeutung. Es bedurfte des Dialektgedichtes von Johann Karl Stephan Glutz (1731–1795), damit die Fruchtbarkeit der Wengi-Tat für Kunst und Literatur erkannt wurde. Die Leitgedanken des Gedichtes sind: Toleranz Andersgläubigen gegenüber und persönlicher Opfermut für das

Abb. 50 Johann Balthasar Bullinger, Schultheiß Wengi, Frontispiz zum Neujahrsstück der [Zürcher] Stadtbibliothek 1782, Radierung, 13,8 × 13,1 cm, Graph. Slg. ZBZ.

Gemeinwohl. Glutz trug sein Werk anläßlich der Versammlung der helvetischen Gesellschaft 1763 vor, wodurch die Wengi-Tat in den aufgeklärten Gelehrtengesellschaften bekannt wurde[3]. Erst jetzt konnte sich eine bildliche Wengi-Tradition entwickeln.

Die Vorläufer von Boßhardts ‹Wengi›

Die Wengi-Bilder lassen sich in zwei Gruppen scheiden. Der ersten gehören die Darstellungen vor und um 1800 an. Auf ihnen ist nichts von der Aare sichtbar, sondern die Szene spielt auf einem Platz direkt vor dem Haus, in dem sich die Reformierten versammelt haben. Die älteste bekannte dieser Darstellungen (Abb. 50) stammt vom Zürcher Kupferstecher Johann Balthasar Bullinger (1713–1793). Sie illustriert eine achtseitige, erzieherische Wengi-Schrift, die als Neujahrsstück der Zürcher Stadtbibliothek 1782 «*der Tugend und Wissenschaft liebenden Jugend*» gewidmet ist[4]. Wirkt Bullingers Darstellung noch in allem verhalten, so sucht der Winterthurer Rudolf Schellenberg (1740–1806) in seinem Stich von 1802 eine nahsichtige Dramatik (Abb. 51)[5]. Mit erregter Mimik und Gestik stellt sich Wengi vor das Geschütz, während im Hintergrund zwei Protestanten angstvoll aus der Tür blicken. Eine weitere Darstellung gleicher Art schuf Franz Pforr (1788–1812), der neben Overbeck, Vogel, Wintergerst und Hottinger Mitbegründer des 1809 geschlossenen St. Lukasbundes der Nazarener war[6].

Während diese frühen Darstellungen die Tat in naiver Weise als Konfrontation direkt vor der Haustür der Protestanten schildern, nimmt die spätere Bildtradition eine effektvolle Trennung der streitenden Parteien auf den beiden Ufern der Aare vor. Durch die aktuellen konfessionellen Konflikte in den 1830er Jahren hatte das Thema an neuer Aktualität gewonnen. Wengi galt nun nicht mehr als allgemeines Beispiel gelebter Toleranz im Sinne der Aufklärung, sondern als Kampffigur gegen den Beschuß, dem die Freidenker und Liberalen von katholischer Seite ausgesetzt waren. Der neue Bildtypus ist wesentlich vom Oltner Maler und Karikaturisten Martin Disteli (1802–1844) bestimmt worden, der das Thema in mehreren Fassungen abgehandelt hat: zuerst in einer lavierten Federzeichnung von 1829[7], mit größerer Breitenwirkung in einer Lithographie des Solothurner Volkskalenders von 1837 (Abb. 52)[8], aber auch als großformatige Dekorationsmalerei für das freiheitlich motivierte Solothurner Schützenfest von 1840 (Abb. 55)[9]. Distelis Kompositionselemente bestimmen fortan die Wengi-Ikonographie: Mehr oder weniger bildparallel verläuft die Aare und trennt den Vordergrund mit den erregten Katholiken vom Hintergrund mit dem Architekturprospekt und den Reformierten, welche zur Verschanzung die Aare-

Abb. 51 Rudolf Schellenberg, Schultheiß Wengi, Frontispiz zum Neujahrsblatt von der Bürger-Bibliothek zu Winterthur auf das Jahr 1802, Radierung, 10,9 × 10,3 cm.

Brücke demolieren. Auf sie richtet sich schräg die Kanone, vor deren Mündung Wengi mit breiter Brust hingetreten ist.

Friedrich Dietler (1804–1874) hat das Thema 1831 in einem Ölgemälde von monumentalem Format verarbei-

Abb. 52 Martin Disteli, Schultheiß Wengi, Illustration aus dem [Solothurner] Volkskalender 1837, Solothurn, Zentralbibliothek.

tet (Abb. 53)¹⁰. Das Werk scheint Boßhardt als Vorlage zur räumlichen Disposition gedient zu haben. Ludwig Vogel entwarf 1845 seinerseits eine Lithographie (Abb. 54)¹¹. Analog zu Distelis Schützenfest-Dekoration läßt er den Bildbetrachter unter einem Gewölbe hervorschauen, schafft aber im Gegensatz zu jenem größere Distanz zwischen den feindlichen Parteien.

Boßhardts Fassung des ‹Niklaus Wengi›

Boßhardt schuf seinen ‹Wengi› (Abb. 57) auf Bestellung des Zürcher Seidenfabrikanten Johann Jakob Baumann-Diezinger (1803–1865)¹²; die näheren Umstände des Auftrags sind nicht bekannt. Im Februar 1859 war der Entwurf soweit fortgeschritten (Abb. 56), daß François Wille aus München nach Zürich meldete: «Baumann kann nach dem Karton zu urteilen, sehr zufrieden sein mit seinem bei ihm bestellten Gemälde»¹³. Im Sommer 1859 weilte Boßhardt in Solothurn, um an der oberen Aarebrücke die beiden Ufer aufzunehmen¹⁴. Damals muß er (wohl zur Bestätigung des Auftrages) den Karton in Zürich unterbreitet haben, wobei laut Suter ein erheiterndes Detail am Entwurf korrigiert wurde: Im Haus des Bestellers verkehrte nämlich auch der bedeutende Ästhetiker

Abb. 54 Ludwig Vogel, Schultheiß Wengi, 1845, Lithographie, 29,1 × 39,11 cm, Graph. Slg. ZBZ.

Abb. 53 Johann Friedrich Dietler, Schultheiß Wengi vor der Kanone, 1830, Öl/Lw., 197 × 280 cm, Museum der Stadt Solothurn.

Abb. 55 Martin Disteli, Schultheiß Wengi 1840, Öl/Papier, 214 × 130 cm, Kunstmuseum Solothurn.

Friedrich Theodor Vischer (1807–1887), der damals am Polytechnikum in Zürich eine Professur innehatte. Als er den Karton zu sehen bekam, kritisierte er das *«allzu kurze Wamms»* des Bürgers, der die Kanone richtet, indem er geäußert haben soll: *«Es könnte gefährlich werden, wenn da der Schuß hinten ausginge!»*[15]

Boßhardt verwendete enorme Sorgfalt auf die Ausführung seines Werkes. Laut Suter wurde für die Darstellung der Kanone ein Modell benutzt[16]. Die Genese des Bildes hat Boßhardt selbst in mehreren Briefstellen festgehalten:

Dok. 9 um 1860

«... den Magern fand ich auf dem Holzmarkt, den Fetten in einer obscuren Schnapskneipe ...»
Boßhardt über die Entstehung seines ‹Wengi›
an einen unbekannten Adressaten
(Die Briefstellen sind zusammengestellt in Suter, Lebensgeschichte, S. 21.)

Ein Aktionsbild
«Zuversichtlich glaube ich, dass das Bild unter meinen Arbeiten die lebendigste und schwunghafteste wird, was schon lange meine Bekannten ausgesprochen haben. Es ist mir so halb und halb die Meinung geworden, als hätte ich mehr Beruf für eine lebendige Action, als wie ich so oft Bilder malte, die reflectirender Natur sind und mir jetzt manchmal langweilig werden. Oder obs im Entwicklungsgange der Jahre liegt?»

Übertragung des Kartons auf die Leinwand
«Ich bin mit meiner Arbeit bedeutend vorgerückt. Beim Übertragen auf die Leinwand habe ich Manches verbessert, und überall wird man, wenn das Wesentliche auch geblieben ist, feinere Bewegungen und schönere Raumverhältnisse bemerken. Zuerst untertuschte ich das Ganze mit einer braunen Farbe und habe jetzt schon über die Hälfte heruntergemalt. Manches gerieth weit fertig. Anderes ist wieder nur präparirt, je nach der Natur des Stoffes, der ausgedrückt werden soll. Ganz geändert habe ich nur die kniende Figur an der Kanone, die jetzt viel besser ist.»

Einzelfiguren und ihre Modelle
«Ich war immer streng hinter meiner Aufgabe und habe den grössten Theil und auch den schwierigsten jetzt fertig. Die ganze rechte Seite, wo die Pfaffen stehen, die Hauptfigur mit den Vordersten an der Kanone, sind jetzt durchgeführt und bis auf die letzte Feile, die erst, wenn das Ganze durchgeführt ist, angewendet wird, vollendet. Jetzt arbeite ich an den Bauern, wo der Schmied steht, und an dem Bürger Handschuhmacher etc. auf der linken Seite, wozu, seit Sie es gesehen haben, noch ein Junge gekommen ist, der seine Existenz in der That** verdankt, deren damaliger Gedanke sich als practisch und gut erwiesen hat. Ich weiss natürlich, dass es nicht darauf ankommt, was ich für eine Meinung über den Werth meiner Production habe, aber Ihnen als Freund gegenüber darf ich es wohl sagen, dass ich mir grosse Mühe gegeben habe, und dass ich Manches für das Beste halte, was ich bis anhin erzeugte, wie dass der Gegenstand sich immer mehr als lohnend und dankbar für malerische Darstellung zeigt. ** meinte, dass ich besonderes Geschick für Pfaffen darzustellen besitze, und ich hoffe zuversichtlich, dass mein Bruder Cyprian und mein Pater Guardian Ihren Beifall haben werden, denn es sagen meine Collegen, dass ich nie charaktervollere Köpfe gemalt habe. Ob es daher kommt, dass Einige entdeckt haben wollen, ich besitze hie und da selbst ein Stück hierarchisch absolutistischer Ader, ich weiss es nicht. In Wirklichkeit aber glaube ich, dass ich ein gewisses physiognomisches Auge für diese Art Charakter habe, und ich habe mir viele Mühe gegeben, passende Köpfe als Modelle zu finden. Den Magern fand ich auf dem Holzmarkt, den Fetten in einer obscuren Schnapskneipe, wie Sie sehen, gerade keine aristokratischen Orte. Zu dem Wengi selbst, der zwar ein Patricier, zugleich aber seines Zeichens ein ausübender Fleischer war, habe ich einen Maurer entdeckt, der einen sehr guten und passenden Kopf hat. Da er aber als Hauptfigur stylistisch grösser gehalten werden muss als alle andern, benutzte ich dazu eine jener römischen Heldenbüsten, in denen die alten Plastiker uns ewige Muster sind. Sie werden beim ruhigen Vergleichen des ersten Entwurfes mit dem fertigen Bilde nicht eine Figur finden, selbst keinen Nebengegenstand, der nicht durch Ausbildung wesentliche Verbesserung erlitten. Manches ist, wenn der Grundgedanke auch derselbe geblieben ist, in der Erscheinung gänzlich verändert, z. B. durch schönere Köpfe oder unmittelbarere und der Individualität angemessenere Armbewegungen, an welcher letzteren Beobachtung **, einsich-

tig, wieder Antheil hat. ... Wenn ich einmal in irgend einer Weise etwas Glück machte, würds wahrlich nichts schaden, und ich will Alles aufbieten, um mit diesem Bilde einmal durchzuschlagen.»

Die vielen erwähnten Detail-Veränderungen, die Boßhardt am Entwurf vorgenommen hat, führen in der Tat zu einer beträchtlichen Qualitätssteigerung. «*Schönere Raumverhältnisse*» – wie Boßhardt sagt – ergeben sich, indem das Banner am linken Bildrand in eine Prozessionsfahne verwandelt worden ist, deren Flug die Sicht auf das gegenüberliegende Ufer weniger beeinträchtigt. Der zinnenbekrönte Wehrturm im Hintergrund hat einen Helm mit Glockenstuhl bekommen, der die Bewegung der Fahne aufnimmt und elegant in die Höhe leitet. Das Haus davor hat sein Krüppelwalmdach zugunsten eines Treppengiebels aufgegeben. Die Fassade wirkt nun einheitlicher und lenkt weniger vom Hauptgeschehen ab. Der Erker des Bürgerspitals hinter Wengi ist nach unten verlängert worden und verbindet nun die Hintergrundarchitektur mit den im Vordergrund Agierenden. Entschiedener als im Entwurf werden das Geschützrohr, die Rückenfigur an der Kanone und Wengis ausgestreckter Arm an der Diagonalen ausgerichtet, so daß die Bedrohung der Reformierten auf der Brücke und die schützende Geste Wengis viel deutlicher spürbar werden.

Boßhardt selbst spricht die Ansicht aus, *«daß das Bild unter meinen Arbeiten die lebendigste und schwunghafteste wird»*. In der Tat nimmt ‹Wengi› in mehrfacher Hinsicht eine außerordentliche Stellung in Boßhardts Schaffen ein. Es ist das einzige Bild, auf dem eine Kampfszene dargestellt ist. In allen übrigen «Kriegsbildern» sind Szenen vor oder nach der Schlacht gezeigt: Die Krieger um Hans von Hallwyl erleben ihre Lichterscheinung noch bevor sie sich ins Kampfgetümmel stürzen (Abb. 70). Die ‹mutige Bündnerin› zeichnet sich dadurch aus, daß sie den Kampf verhindert, wobei das Geschehen ohnehin nur ein Randereignis des Schwabenkrieges darstellt (Abb. 74). Im Falle ‹Hans Waldmanns› (Abb. 25) und ‹Sickingens› (Abb. 45) ist der Kampf bereits vorüber, und die ‹heimkehrenden Reisläufer› (Abb. 72 und 89) tragen ihre Kriegserlebnisse nur noch mündlich in die friedliche Atmosphäre der heimatlichen Stube. Die Wengi-Komposition ist die erste in Boßhardts Werk, in der eine handelnde Menge auftritt.

Die Hauptfigur hat sich breitbeinig mit erhobener Brust und energisch aufblickendem Kopf vor die Kanone gestürzt. Seine Gestik gibt dem Bildbetrachter wie den zornentbrannten Katholiken im Bild unzweideutig zu verstehen, daß er ein Blutvergießen nicht duldet. Wengis imponierende Gestalt stoppt die Dynamik der Diagonalen, die vom Geschützrohr verderblich zu den Protestanten hinüber weist, und seine exakt im Zentrum des Bildgevierts liegende Faust macht deutlich, bei wem die Gewalt über den städtischen Frieden liegt.

Bei allem Bemühen, statt der «*reflectirenden Natur*» der früheren Werke «*lebendige Action*» ins Bild zu setzen[17], kann Boßhardt nicht verhindern, daß sein Wengi letztlich doch in die Nähe eines ‹tableau vivant› gerät, in dem die Bewegung in einem gewissen Moment erstarrt ist. Und obschon die Szene im Freien spielt, wirkt der Raum eher als Bühnenkulisse denn als ein bildlicher Tiefenraum. Bei längerer Bildbetrachtung stellt sich unwillkürlich der Eindruck ein, daß hier nicht ein Augenblick aus dem Leben, sondern eine Szene aus dem Theater abgebildet sei.

Reaktionen und Reproduktionen

Kurz nach seiner Vollendung wurde das Gemälde bereits im Oktober 1860 im Kunstverein ausgestellt und «*in günstigem Sinn*» in der Süddeutschen Zeitung besprochen[18]. Friedrich Theodor Vischer, der schon den Karton in Zürich begutachtet hatte, sah das Gemälde anläßlich eines seiner Münchner Besuche und zog es in einem Diskurs über den Realismus als Beispiel für die genrehafte koloristische Historienmalerei heran:

Dok. 10 1860

Das Urteil des großen Ästhetikers –
Friedrich Theodor Vischer hält Boßhardts ‹Wengi› für ein beispielhaftes koloristisches Historienbild
(Friedrich Theodor Vischer, Eine Reise [1860], in: Kritische Gänge, Bd. 1, 2. Aufl. München 1922, S. 323)

Vischer geht hier von folgenden Überlegungen aus: Auch der Realismus unterteile sich in einen Monumentalstil und einen Genrestil. Der Monumentalstil komme ohne eine gewisse Idealisierung und Betonung der Zeichnung

Abb. 56 Johann Caspar Boßhardt, Schultheiß Niklaus Wengi, Photographie des Kartons von 1859, Privatbesitz Uster, Verbleib des Originals unbekannt (Kat. Nr. 21) (vgl. Abb. 48).

Abb. 57 (Kat. Nr. 23) Johann Caspar Boßhardt, Schultheiß Niklaus Wengi, 1860, Öl/Lw., 115,5 × 138,5 cm, Kunstmuseum Olten.

nicht aus. Die deutsche Art werde daher, den altdeutschen Meistern folgend, *«die koloristische Seite mit freier Verzichtung»* auf ein gegebenes Maß beschränken *«und die großen Züge des Inhalts durch die markige Kraft der vorherrschenden Zeichnung»* führen.

«Davon wird ein koloristisches Historienbild zu unterscheiden sein, das dem historischen Genrebild näher steht, wiewohl es einen ausgezeichneten und benannten Moment der Geschichte darstellt; ein kleinerer Maßstab wird ihm zusagen, es wird vorzüglich in der Bestimmung zum Schmucke von Privaträumen seinen Wert behaupten, während das monumentale Historienbild den öffentlichen angehört. Von einzelnem dieser Art, was ich diesmal gesehen, erwähne ich ein Bild des Schweizers Boßhardt, der sich vor Jahren durch das Gemälde: Der Tod des Franz von Sickingen einen guten Namen gemacht hat; es stellt die edle Tat des Bürgermeisters Wenny[sic!] *von Solothurn dar, der im erbitterten Reformationskampfe sich mit breiter Brust vor eine Kanone stellt, welche die von Pfaffen aufgehetzten Katholiken auf die Protestanten abzufeuern im Begriffe sind, trägt die Handlung klar und überzeugend vor und zeigt sehr erfreulichen Fortschritt in ergiebiger Entwicklung des Inhalts, Mannigfaltigkeit und Individualisierung der Charaktere, Fülle und Wärme der Farbe.»*

Am 28. November berichtet das Solothurner Blatt, daß Boßhardts Wengi in Zürich und Aarau für einige Tage ausgestellt war. In der zitierten Würdigung wird das Bild als ein *«entschiedener Fortschritt des Künstlers und seiner Befähigung zum Historienmaler»* bezeichnet. Der *«großartige geschichtliche Vorgang»* sei *«künstlerisch zur vollen dramatischen Wirkung gebracht»*, und zwar insofern, als einerseits *«Leben, Bewegung [und] Handlung»* dargestellt sei und andererseits Boßhardt seinem *«Colorit eine höchst wohltuende Wärme»* verliehen und sich sein Farbensinn einmal mehr *«glänzend bewährt»* habe. Zum Schluß wird der Wunsch geäußert, das Gemälde in Solothurn auszustellen. In der Tat setzte Boßhardts ‹Wengi› seine Präsentationsreise fort und wurde vom 1. Dezember 1860 an für drei Tage im Vorzimmer des Solothurner Kantonsratsaals gezeigt[19].

Die Ausstellung in Solothurn war für Boßhardt ein grosser Erfolg. Sie bewog den Industriellen Johann Hänggi, bei Boßhardt ein neues Werk zur Solothurner Geschichte, ‹Bruder Klaus auf der Tagsatzung zu Stans›, in Auftrag zu geben (Abb. 63). Außerdem ehrte die Solothurner Lucasbruderschaft Boßhardt in Anerkennung des Wengi-Bildes mit der Ehrenmitgliedschaft. Die Urkunde imitiert die Sprache des 16. Jahrhunderts, getreu dem Bestreben der Bruderschaft, spätmittelalterliches Erbe zu pflegen:

Dok. 11   1860 Dezember 12

Historistischer Lorbeer für ‹Wengi› –
Boßhardt wird Ehrenmitglied der
Lucasbruderschaft von Solothurn
(Autograph im Heimatmuseum Pfäffikon, Inv. Nr. 3258)

«Wir Obmann und Brüder der St. Lucas-Bruderschaft zu Solothurn thun kund mit diesem Brief: In unserer heutigen botmässigen Versammlung ward uns vorgetragen, es habe der Maler Caspar Boßhardt von Pfäffikon Zürchergebietes,

Abb. 58 L. Pietsch nach Johann Caspar Boßhardt, Bürgermeister Wenge von Solothurn, Illustration aus der [Leipziger] Illustrirten Zeitung vom 28. Dezember 1861, Holzstich, 30,6 × 26,6 cm, ZBZ.

Abb. 59 (Kat. Nr. 24) Johann Caspar Boßhardt, Zeichnung nach ‹Schultheiß Niklaus Wengi› (Ausschnitt), 1860/61, Blst., laviert, weiß gehöht, Himmel blau getönt auf getöntem Papier, 48,8 × 57,7 cm, Kunstmuseum St. Gallen. Boßhardt fertigte die Zeichnung nach seinem Gemälde als Vorlage für den Stich von C. H. Merz an (vgl. Abb. 60, 61).

wohnhaft in München, ein Ölgemälde angefertigt, darstellend den Solothurner Schultheissen Niclaus von Wengi, wie er zur Zeit des Glaubensstreites, Willens, eher sein Leben zum Opfer zu bringen, als Bürgerblut zu vergiessen, sich vor die Mündung der geladenen Kanone stellte und durch sein muthiges und versöhnendes Auftreten den bereits ausgebrochenen Bürgerkrieg verhinderte, – daher sei es billig und in unserer Pflicht, dem wackern Künstler die Anerkennung unserer Bruderschaft zu bezeugen. – Nachdem wir das gegenwärtig in unserer Stadt ausgestellte Gemälde mit hellster Befriedigung betrachtet und da wir in Erwägung gezogen haben, daß unsere nach dem heiligen Lucas genannte und seit mehr denn drei Jahrhunderten bestehende Innung der Maler, Glasmaler, Bildhauer etc. und ihrer Förderer und Freunde ihrer Stiftung gemäß und nach Gestalt ihrer von Schultheiß und Rath der Stadt Solothurn ihr gegebenen

Abb. 60 Caspar Heinrich Merz, Reproduktionskupferstich nach Boßhardts ‹Wengi›, Zustand der unfertigen Platte, datiert am 20. August 1861, Bild 46,9 × 57,4 cm, Platte 56 × 66,7 cm, Basel, Öffentliche Kunstsammlung (Kupferstichkabinett).

Handfeste von Sanct Gallen des heiligen Abtes Tag 1559 zum Zwecke hat: die Äufnung und Förderung ‹ehrlicher Künste sowie aller Zucht und Tugend unter den Brüdern›, so haben wir Obmann und Brüder einhelliglich beschlossen, was hiernach steht: ‹1. Es ist dem Maler Caspar Boßhardt für die wahrhaft meisterhafte Darstellung der That unsers Schultheissen Wengi, eines der schönsten und erhabensten Züge unserer vaterländischen Geschichte, die vollste Anerkennung der St. Lucasbruderschaft von Solothurn ausgesprochen. 2. Wir wünschen dem Caspar Boßhardt stets frische Lebenskraft auf dem Felde der Kunst, zumal zur Darstellung vaterländischer Thaten, wir wünschen ihm Glück und alles Gute und Liebe. 3. Caspar Boßhardt ist zu unserm Bruder und Ehrenmitgliede aufgenommen und demgemäß soll er aller Rechte und Ehren eines Lucasbruders von Solothurn theilhaft sein und zwar zeit-Lebens sowohl als auch bei seinem einstigen, so Gott will, späten Hinscheide; auch soll nach Gestalt uralten löblichen Brauchs und Herkommens sein Ehrenwappen zum beständigen Gedächtniß der Brüder unserm Lucasbuche einverleibt werden. – Ehrbarlich und in Kraft dieses Briefes, den wir zur Urkund unserer aufrichtigen Gesinnung hiermit unserm Mitbruder ausstellen, und den wir zur Beglaubigung mit unserer Stadt Sigill haben verwahren lassen. Also beschehen an unserm Bot zu Solothurn dienstags den vierten Christmonat des Jahres ein tausend acht hundert und sechzig (1860)[...]»

Abb. 61 Caspar Heinrich Merz, Reproduktionskupferstich nach Boßhardts ‹Wengi›, vollendet im Herbst 1864, Heimatmuseum Pfäffikon ZH.

Ein erfolgreiches Historiengemälde lebte im 19. Jahrhundert jedoch nicht nur in dem einen gemalten Exemplar und dessen Ausstellungstourneen. Seine Wirkung und damit seine Bedeutung entfaltete sich vielmehr im Zuge der reproduktiven Verbreitung, angefangen bei Zeitungsbesprechungen über Nachstiche in den ersten Illustrierten bis hin zu technisch perfekten Reproduktionsgraphiken, die als Einzelblätter oder zu Mappen zusammengestellt käuflich waren[20].

Boßhardts ‹Wengi› wurde einem breiten Publikum durch verschiedene Reproduktionen bekannt. Die wöchentlich erschienene Leipziger ‹Illustrirte Zeitung›, unter den damals noch wenigen deutschen Illustrierten die bedeutendste, brachte den ‹Wengi› im Dezember 1861 in einem doppelseitigen Holzstich, zusammen mit einer eingehenden geschichtlichen und künstlerischen Einführung (Abb. 58).

Die bedeutendste Reproduktion ist der großformatige Stich des in München tätigen St. Galler Zeichners und Stechers Merz (Abb. 61). Caspar Heinrich Merz (1806–1875) war mit Boßhardt befreundet[21] und genoß einen hervorragenden Ruf als Stecher von Bildern der Größten seiner Zeit, so mehrerer Werke von Kaulbach und Cornelius[22]. Für einen Künstler wie Boßhardt war es jedenfalls eine Auszeichnung, sein Bild von Merz gestochen zu sehen; allein schon, wenn man den Aufwand bedenkt, der damit verbunden war.

Noch während Boßhardt am Gemälde arbeitete, trug sich Merz mit dem Gedanken eines Stiches. Boßhardt meinte dazu am 10. März 1860:

«Ich bin gerne bereit, die Sache soviel[wie] möglich zu fördern. Es ist aber ein ansehnliches Capital erforderlich. Sie sehen, ich hätte möglicher Weise Aussicht, meine Geisteskinder mit der Zeit in X Wirths- und Schenkhäusern zu begrüßen, und das Vergnügen, manchen Abdruck patriotisch angeraucht zu sehen, was für so einen ideellen Schwindler die schönste Belohnung wäre.»[23]

Die historische Wengi-Tat

Das Ereignis hat folgende Vorgeschichte: Die Reformierten Solothurns planten am 30. Oktober 1533 zur Wiedererlangung ihrer früheren Rechte einen Putsch. Das Vorhaben wurde jedoch aufgedeckt, so daß die Katholiken wohlgerüstet waren. Wengi konnte die Parteien zum Abzug bringen, doch hielt der Friede nicht an.

Die nun folgende Wengi-Tat ist nur in einem einzigen zeitgenössischen Zeugnis überliefert. Es handelt sich um den Bericht von Zürcher Boten, die am 15. Oktober nach Hause melden, was ihnen Wengi selbst erzählt hat. Demnach hätten die Protestanten zwischen dem alten und neuen Spital ein Bollwerk aufrichten wollen, was die Katholiken zum Nachrücken provoziert habe: «*Sofort hätten sie das große Geschütz herausgenommen, dasselbe gegen die Vorstadt gerichtet, und, bevor das Schanzwerk ganz vollendet wäre, hinüberschießen wollen, was aber er [Wengi] mit anderen verhindert habe.*»

Wengi selbst hat sein Einschreiten in Bescheidenheit erzählt und nichts davon berichtet, daß er vor die Kanone hin getreten sei. Diese Version wird erst vierzig Jahre später in der Chronik Anton Haffners erwähnt. Man braucht diesen Bericht nicht anzuzweifeln, denn damals lebten immer noch Augenzeugen, und das Ereignis ist in der Tat vorstellbar. Jene Bedeutung aber, die der Tat seit der Aufklärung zugemessen worden ist, hat sie nie gehabt. Sie war weder eine Heldentat noch ein Beweis religiöser Toleranz. Wengi handelte seiner amtlichen Verpflichtung getreu, als er die Einhaltung des Waffenstillstandes forderte. Auch ging er kein großes Risiko ein, als er sich vor das geladene Geschütz stellte. Er durfte wohl annehmen, daß seine eigenen Glaubensgenossen nicht schießen würden, solange er vor dem Geschütz stand. Der friedensstiftende Einsatz Wengis verdient zweifellos Anerkennung. Anlaß zur bildlichen Verherrlichung bot sie jedoch nicht, wie das Fehlen früher Darstellungen zeigt.

(Zusammenfassung aus: R. Steck, Schultheiß Wengis Tat, in: Zwingliana Bd. 2, Nr. 4 [1906] 107–110).

Schließlich wurde in der Kunsthandlung Lang in Basel ein Verlag gefunden, der Finanzierung und Vertrieb übernahm. Zunächst benötigte der Stecher eine Vorlage, die das farbige Gemälde in ein monochromes Abbild übersetzte und den technischen Möglichkeiten der Stecherkunst Rechnung trug. Boßhardt selbst nahm diese Aufgabe an die Hand und verfertigte eine akribisch genaue Zeichnung (Abb. 59). Damit konnte Merz schon wenige Monate, nachdem das Gemälde erstmals öffentlich gezeigt worden war, mit der Arbeit an dessen Reproduktion beginnen. Vom 20. August 1861 datiert ein Probedruck eines frühen Plattenzustandes, worin der Vordergrund in der ersten Anlage ausgeführt, der Hintergrund dagegen noch leer ist (Abb. 60). Die Vollendung des Stiches zog sich über drei Jahre bis in den Herbst 1864 hin[24]. Selbst wenn das Resultat Boßhardt nicht in allem zufriedenstellte[25], war das Blatt ein Erfolg und verkaufte sich weit herum[26].

Der Winterthurer Kunstverein bezahlte im Juni 1864 für einen Abzug vor der Schrift beträchtliche fünfzig Franken[27].

Noch weitere, in ihrer Qualität geringere Nachstiche wurden verbreitet, so als Prämie zum Schweizerischen Unterhaltungsblatt (Bern 1862), als Illustration im Katalog der Landesausstellung in Zürich von 1883 oder in Martys ‹Illustrirte Schweizer Geschichte für Schule und Haus› (Einsiedeln 1880).

Ein Folge-Auftrag: ‹Niklaus von Flüh›

Als Boßhardts ‹Wengi› im Dezember 1860 in Solothurn gezeigt wurde, war der Industrielle und Handelsherr Johann Hänggi solchermaßen begeistert, daß er anderntags in aller Frühe den noch im Bett weilenden Boßhardt aufsuchte, um eine zweite Fassung des Bildes in Auftrag zu geben[28]. Man einigte sich jedoch auf ein neues Thema, und schon am 8. Dezember meldete das Solothurner Blatt, Hänggi habe sich entschlossen, «*ein großes Gemälde für circa 8000 Fr., die Aufnahme Solothurn's in den Bund darstellend*» in Auftrag zu geben (Abb. 63)[29]. Die Darstellung zeigt die zerstrittenen eidgenössischen Boten auf der Tagsatzung zu Stans im Jahre 1481. Eben hat der Zürcher Abgeordnete Hans Waldmann in Harnisch und herrischer Haltung das Wort, als Pfarrer Amgrund zusammen mit Bruder Klaus den Ratssaal betritt und sich Ruhe einzustellen beginnt[30]. Dank der Vermittlung von Niklaus von Flüh konnte ein drohender Bruder-

78

Abb. 62 Die acht Alten Orte beraten im Rathaus von Stans über die Aufnahme von Freiburg und Solothurn in die Eidgenossenschaft. Illustration aus der Schweizerischen Bilderchronik des Luzerners Diebold Schilling von 1513 (Foto ZBZ).

Die Tagsatzung zu Stans 1481

Nach den Burgunderkriegen brachen in der Eidgenossenschaft starke Gegensätze zwischen Stadt und Land auf. Während die Bauern selbstherrlich Freischarenzüge unternahmen, schlossen die Städte 1477 unter sich ein separates Burgrecht, dem auch Solothurn und Freiburg angehörten. Die Länder bekämpften den städtischen Sonderbund. Namentlich die damit verbundene Eingliederung Solothurns und Freiburgs in das eidgenössische Bündnissystem war für sie bedrohlich, weil damit das Gleichgewicht zwischen Stadt und Land dahin war. Um den Streit, der in einen offenen Krieg auszubrechen drohte, zu schlichten, versammelten sich die Botschaften der Stände im Dezember 1481 in der Tagsatzung zu Stans. Tatsächlich kam hier durch die Vermittlung von Bruder Klaus eine Einigung zustande. Im Gegensatz zu Boßhardts Bild erschien der Einsiedler aber nicht selbst im Rathaus zu Stans. Die Vermittlung spielte sich laut Diebold Schilling, der damals seinen Vater begleitet hatte, folgendermaßen ab: Als keine Einigung gefunden wurde, eilte Pfarrer Am Grund in der Nacht zum Einsiedler Bruder Klaus in den Ranft und holte sich bei ihm Rat. Die Abgeordneten wollten bereits abziehen, als Am Grund «louffende, dass er switzt», zurückkehrte. In den Wirtshäusern flehte er die Abreisenden an, noch einmal zusammenzukommen, um die Ratschläge von Bruder Klaus zu vernehmen. Daraufhin kam es dann doch noch zu einer Einigung, wenn auch zum Nachteil der Landschaft.

krieg abgewendet und die Aufnahme Solothurns und Freiburgs in die Eidgenossenschaft vollzogen werden (vgl. Kasten).

Mit einem Format von über 3 m Breite ist ‹Niklaus von Flüh› das größte Bild, das Boßhardt gemalt hat. Die Komposition orientiert sich an Ludwig Vogels Aquarell von 1813 (Abb. 64)[31]; dessen karikierende Härten in den Gesichtern der Figuren im Vordergrund sind in Boßhardts wiederum überaus sorgsamer Ausführung hingegen vermieden. Es wurde in der Schweiz ebenfalls begeistert aufgenommen, wenn auch nicht im selben Maße volkstümlich wie der ‹Wengi›. In München, wo das Werk im Kunstverein ausgestellt war, meldete der bedeutende Kunstkritiker Friedrich Pecht (1814–1908) allerdings Bedenken an, welche auf die kommende Krise hindeuten:

Dok. 12 1863 Juni 21

«Boshardt steckt mitten im allermodernsten Realismus»
Friedrich Pecht über ‹Niklaus von Flüh›
(Unterhaltungs-Blatt der Neuesten Nachrichten, München 1863, Nr. 49, S. 586 f.)

«Im Kunstverein ziehen diese Woche zwei Historienbilder die Aufmerksamkeit mit Recht allein auf sich, und wir beschränken uns demgemäß auch um so mehr auf ihre ausschließliche Besprechung, als ihre Eigenschaften ganz geeignet sind, die Erörterung einiger Prinzipienfragen daran zu knüpfen.

Abb. 63 (Kat. Nr. 26) Johann Caspar Boßhardt, Niklaus von der Flüh auf der Tagsatzung zu Stans, 1863*, Öl/Lw., 213,5 × 306,5 cm, Polizeidepartement Solothurn, Depositum des Kunstmuseums Solothurn.

Das erste derselben von dem bekannten Schweizer Künstler Boshardt zeigt uns Nikolaus von der Flüe, der durch seine Ermahnungen den Frieden zwischen den streitenden Parteien auf der Eidgenössischen Tagsatzung wiederherstellt. Wenn wir das Bild recht verstanden haben, hat der Künstler den Augenblick gewählt, da die Vertreter der Kantone noch in vollstem Hader sind, Nikolaus eben eintritt und sie etwa bittet, doch einer nach dem Andern und nicht alle zumal zu reden. Von den in zwei Reihen einander gegenübersitzenden Räthen haben die hintersten den Eintretenden schon gewahrt, einer scheint ihm sogar die Ursache des Streites bereits auseinander zu setzen, während die nach dem Vordergrunde zu placirten ihn noch nicht bemerken und noch im heftigsten Streite sind.

Ohne Zweifel kann man über diese Auffassung streiten, vielleicht mit Recht wünschen, daß die mächtige Wirkung, welche die Erscheinung des Einsiedlers in der Versammlung wirklich hervorgebracht hat, deutlicher und energischer aus-

gesprochen worden wäre, da man jetzt offenbar vollkommen im Zweifel darüber bleibt, ob der gute Bruder irgend etwas bei diesen harten Köpfen ausrichten werde, während doch gerade Das, das Gelingen seines Versuchs und nicht seine Erscheinung, überhaupt das Bedeutende an der ganzen Geschichte zweiffellos ist, sie zu einem höchst merkwürdigen historischen Faktum gestempelt hat.
Doch über Auffassungen kann man immer streiten, sie bestimmen am Ende keineswegs endgültig den Werth eines Kunstwerkes; im Gegenteil kann ein solches ganz unzulänglich, ja verfehlt in dieser Beziehung und doch noch immer ein klassisches, unsterbliches Bild, es kann ebenso ziemlich richtig gedacht und aufgefaßt und doch schwach und werthlos sein, wie uns leider Hunderte von Bildern beweisen. Der Werth eines Kunstwerkes wird demnach nicht hauptsächlich durch die Auffassung, sondern durch die Ausführung bestimmt. Die höchsten Kunstwerke freilich vereinigen Beides. Wenden wir uns also zur Ausführung. Hier ist vor Allem zu konstatiren, daß es der Künstler verstanden hat, uns wirkliche Schweizer zu malen: wer die Race kennt, wird ihm das bezeugen müssen. Ebenso ist sein Nikolaus von der Flüe eine gute Figur: wenn auch weit davon entfernt, imponirend oder edel zu sein, so ist er doch ein lebendiger Mensch, ein ehrlicher Waldbruder, dessen Erscheinung auf alle Fälle wohlthuend, wenn auch nichts weniger als überwältigend wirkt. Auch mehrere von den Abgeordneten, besonders den bäurischen der Urkantone, sind recht befriedigend. Viel weniger sind dieß die städtischen und am mindesten Hans Weldmann (sic!), der geniale Staatsmann von Zürich, der sogar fast etwas von einem Theaterhelden an sich hat. Boshardt steckt mitten im allermodernsten Realismus: so hat er denn an Röcke und Hosen, Leder und Harnische eine Mühe gewendet, welche die Wirkung der Köpfe und der Handlung überhaupt beeinträchtigt, und überdieß noch den Fehler hat, daß man sie sieht, daß sie unangenehm auffällt. Ebenso erhalten die Köpfe durch eine Menge kleiner unruhiger Lichter, die den Lokalton aufheben, oft etwas Ordinäres, Rohes, welches leicht zu vermeiden gewesen wäre, wie denn auch die Thürwand, die den Hintergrund bildet, durch die kleinliche und unruhige Ausführung der Mauer die Figuren beeinträchtigt. Das Bild macht einen unfertigen Eindruck, es fehlt die letzte Überarbeitung, die Verschmelzung aller einzelnen Theile zu einem harmonischen Ganzen und die strenge Unterordnung alles Unwesentlichen unter das Wichtige. Es ist das ein so überhand nehmen-

Abb. 64 Ludwig Vogel, Niklaus von der Flüe als Friedensstifter auf der Tagsatzung zu Stanz [!], 1813, Aquarell, 44 × 62,6 cm, Kunsthaus Zürich.

der Fehler unserer jüngeren Künstler, daß man beständig darauf zurückkommen muß. Man hat das Recht, ein Bild und nicht eine Sammlung von Studien zu verlangen.
So wie es jetzt ist, hat Boshardt's Werk allen Anspruch darauf, eine fleißig und gewissenhaft bis zur Mühseligkeit gemachte Arbeit genannt zu werden, aber auch eine unzulängliche. Es thut uns leid, es in dieser wie in jeder anderen Beziehung hinter sein letztes Bild [Wengi] stellen zu müssen, das besser gemacht, feiner und vollendeter durchgeführt, viel weniger schwerfällig war.»

Anmerkungen:

[1] Zur literarischen und bildnerischen Verarbeitung des Wengi-Stoffs vgl. Lechner, Die Ikonographie: ders., Die dichterische Bearbeitung; ders., Die Wengi-Tat-Tradition; Dietschi, H., Geleitwort zur Ausstellung von Bildern über die Niklaus-Wengi-Tat im Museum Hübeli in Olten, in: Oltener Tagblatt, 55. Jg. (1933), Nr. 28. Okt., 31. Okt., 2. Nov. 1933. Zur historischen Wengi-Tat vgl. Steck, Schultheiß Wengis Tat. Den historischen Zusammenhang stellt Hans Haefliger dar: Hans Haefliger, Solothurn in der Reformation, Diss. Bern 1940, S. 166–201.

[2] Steck, Schultheiß Wengis Tat, S. 108.

[3] Vgl. hierzu Lechner, Die Wengi-Tat-Tradition, in: Solothurner Sonntagsblatt, Nr. 3, 3. Jan. 1921.

[4] Neujahrsstück der Stadtbibliothek, Zürich 1782. Wengi wird hier als Beispiel für die Leitsätze der Aufklärung dargestellt, namentlich für den Vorrang des Verstandes vor der Emotion und für die Gleichwertigkeit verschiedener Konfessionen in ihrer Suche nach der selben Wahrheit.

[5] Der Stich ist als Titelkupfer dem Neujahrsblatt von der Bürger-Bibliothek in Winterthur 1802 beigegeben.

[6] Zu Pforrs ‹Wengi› vgl. Lechner, Wengi-Ikonographie.

[7] Im Besitz des Kunstmuseums Basel.

[8] Volkskalender auf das Jahr 1837, Solothurn: Joseph Tschan, Zentralbibliothek Solothurn XR47 bis.

[9] Eine Illustration der Speisehütte desselben Schützenfestes zeigt als Bildunterschrift zur die Freiheit propagierenden Festansprache das Motto: «*Der Geist von Schultheiß Wengi lebe in allen Schweizer Herzen fort*» (vgl. Leithess/Noseda/Wiebel, Martin Disteli, S. 84.)

[10] Zu Dietler vgl. Zelger, Heldenstreit, S. 43.

[11] Salomon Vögelin kennt 1882 nur die Lithographie, nicht aber ein Originalbild (Voegelin, Ludwig Vogel [1882], S. 57).

[12] Suter, Lebensgeschichte, S. 37, Anm. 23. Zur Person Baumanns vgl. HBLS, Bd. 2, S. 52. – Als Textvorlage benutzte Boßhardt wohl: Hottinger, Geschichte der Eidgenossen, S. 436 ff.

[13] Brief von François Wille aus München vom 6. Feb. 1859 (Privatbesitz Feldmeilen).

[14] Suter, Lebensgeschichte, S. 21.

[15] Ebda. S. 21.

[16] Ebda. S. 37, Anm. 26.

[17] Vgl. Dok. 9.

[18] Nachweis im Solothurner Blatt Nr. 84, 20. Okt. 1860, S. 3.

[19] Solothurner Blatt, Nr. 96, 1. Dezember 1860; das Bild war ferner in Bern und Basel ausgestellt (Suter, Lebensgeschichte, S. 22).

[20] Vgl. Zelger, Heldenstreit, S. 205 f.

[21] Suter, Lebensgeschichte, S. 23.

[22] Zu Merz vgl. Gonzenbach, Personalien.

[23] Zitiert in: Suter, Lebensgeschichte, S. 37, Anm. 30.

[24] Ebda. S. 23; Gonzenbach, Personalien, S. 5.

[25] Suter, Lebensgeschichte, S. 23. Boßhardt empfand die Köpfe als nicht sorgfältig genug behandelt.

[26] Verschiedentlich erwähnen Biographen von Boßhardt, daß das Blatt weit verbreitet oder allgemein bekannt sei (vgl. etwa Suter, Lebensgeschichte, S. 21 und 23; oder Dok. 21).

[27] Prot. KVW, 6. Juni 1864.

[28] Suter teilt die Episode gemäß Bericht Boßhardts mit (Suter, Lebensgeschichte, S. 37, Anm. 33).

[29] Solothurner Blatt, Nr. 98, 8. Dez. 1860. Zu den näheren Umständen vgl. Kat. Nr. 26.

[30] Zur Identifikation der einzelnen Figuren vgl. Suter, Lebensgeschichte, S. 24.

[31] Zu Vogels ‹Niklaus von Flüe als Friedensstifter auf der Tagsatzung zu Stans› vgl. Zelger, Heldenstreit, S. 34, wo die wesentliche Literatur zusammengefaßt ist.

«... zur Ehre der Kunst und des Vaterlandes»
Boßhardt und die künstlerische Ausstattung des Bundesrathauses in Bern 1861–1866

Hans Martin Gubler

In der Mitte der 1860er Jahre stand Boßhardt auf dem Höhepunkt seiner Karriere. Sein ‹Wengi› (Abb. 57) wurde durch Reproduktionsgraphik überall verbreitet. Mit ‹Niklaus von Flüh› (Abb. 63) hatte er erstmals ein monumentales Format bewältigt, und 1864 bestellte der Basler Kunstverein das teuerste seiner Werke bei ihm (Abb. 70).

Bei allem Erfolg fehlte immer noch die letzte Anerkennung: Boßhardt hatte zwar für private Kunstliebhaber beachtliche Werke ausführen können, aber ein staatlicher Auftrag war ihm bisher versagt geblieben. Einzig dem Waldmann-Bild war Anerkennung durch staatliche Akquisition zuteil geworden – doch war das Werk weder aus einem Auftrag entstanden, noch war der Kauf frei von der Geste der Ausbildungsunterstützung. Boßhardt hatte auch noch keine Gelegenheit gehabt, ein monumentales Wandgemälde zu schaffen, und die Wandmalerei stand nach herkömmlicher akademischer Tradition im Ruf, die erhabenste Aufgabe eines Künstlers zu sein. Doch nun eröffneten sich in Bern mehr als verlockende Aussichten:

Im November 1848 hatten sich National- und Ständerat für Bern als künftigen Sitz der Bundesbehörden entschieden und verpflichteten damit die Stadt, die für die Verwaltung notwendigen Bauten zu errichten. Ein 1849 ausgeschriebener Wettbewerb erbrachte bis zum Einsendetermin im November 1850 über dreißig Projekte. Da aber keiner der Vorschläge ganz überzeugte, überarbeiteten die drei Preisträger, Ferdinand Stadler, Zürich, Felix Wilhelm Kubly, St. Gallen, und Johann Carl Dähler, Bern, ihre Projekte, ohne aber nach Meinung der Jury zu überzeugenden Lösungen zu kommen. Schließlich überarbeitete der Werk- und Baumeister Friedrich Studer Stadlers Entwurf, begleitet von einer Expertenkommission. Erst jetzt besaß der Bau einen «*entschieden seiner Bestimmung entsprechenden Charakter*», und am 21. September 1852 legte man den Grundstein zum Bau des Bundesrathauses. 1854 war der Rohbau vollendet, 1855–1857 erfolgten die Ausstattungsarbeiten, die sich bis in den Frühling 1857 hineinzogen, doch konnte der bauleitende Architekt Studer die Räume etappenweise freigeben, und am 5. Juni 1857 übergab der Einwohnergemeinderat der Stadt Bern das Gebäude offiziell den Bundesbehörden zur Nutzung[1] (Abb. 65, 66).

Die künstlerische Ausschmückung des Bundesrathauses, heute Bundeshaus-West, lag ebenfalls in den Händen der Stadt Bern, welche vor allem den Arzt Ludwig Stantz, einen Hobbyglasmaler und passionierten Kunstliebhaber, mit der Aufgabe betraute. Die langwierigen Diskussionen über die Programme – ob Glasgemälde oder Malereien, ob Stuckmarmor oder einfach gestrichene Wände – sollen hier nicht näher beleuchtet werden. Schließlich stellte man auf Empfehlung des Münchner Architekten Friedrich Ziebland zwei Münchner Dekorationskünstler

Abb. 65 C. Durheim, Bundesrathaus Nordseite, um 1854/55, Lithographie, Graph. Slg. ZBZ.

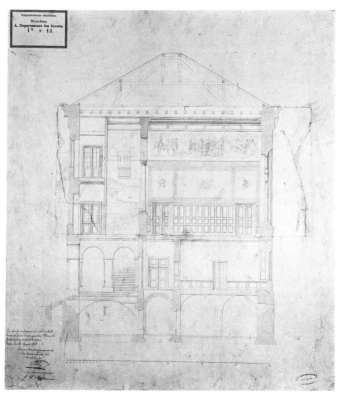

Abb. 66 Bundesrathaus Plan, Projekt von C. Studer, 1852, Amt für Bundesbauten, Bern.

an, Ludwig und August Hövemeyer, die bereits für König Maximilian gearbeitet hatten, und übergab ihnen die Dekoration der Ratssäle. In den gleichen Jahren entstanden weitere Teile, so der Berna-Brunnen im Hof des Gebäudes, schließlich – auf Antrag des Standes Zürich – auch die Darstellung der Standeswappen als Glasgemälde im Ständeratsaal. Der zürcherische Bauinspektor Johann Caspar Wolff konnte 1861 die Fertigstellung dieses Werkes bestätigen. All diese Aktivitäten wurden eigentlich von der Stadt Bern als Besitzerin des Bundesrathauses oder – etwa die Beschaffung der Standesscheiben – von den Kantonen betrieben. Der Bund hatte praktisch keine Kompetenzen, die ihm erlaubt hätten, eine aktive und zielstrebige Kulturpolitik zu betreiben[2].

Es war längst bekannt, daß wohl eine Reihe von Programmen und Entwürfen bestanden, auf welche Weise man das neue Gebäude mit künstlerischem Schmuck versehen könnte, denn im Verständnis des mittleren 19. Jahrhunderts war das Bundesratgebäude ein eigentliches Nationalmonument, als *«die Akropolis unseres Freistaates»* hatte schon die Jury den Bau beschrieben. Dieser Gedanke blieb zwar unangetastet, doch regte sich auch Kritik. Ein anonymer Gutachter fragte sich deshalb, *«... wo es geschrieben stehe, daß ein republikanisches Staatsgebäude fürstlich oder pallastähnlich gebaut sein müsse»*, und auch gegen eine reichere Ausschmückung des Bauwerkes regte sich Widerstand, vor allem weil man bald feststellen mußte, daß die auf Kalk angebrachten Ölmalereien der Hövemeyer nachdunkelten und zudem die schwerfälligen, allegorischen Bilder unangenehm auffielen[3].

Diese mehr oder weniger zufällig scheinende Phase der Ausgestaltung des Bundesrathauses und der Parlamentssäle trat mit der Initiative des Zürcher Nationalrates Heinrich Grunholzer in eine entscheidend neue Phase.

Heinrich Grunholzers Vorstoß 1864 und seine Folgen

In der Sommer-Session 1861 faßte der Ständerat den Beschluß, der Bundesrat sei einzuladen, einen Bericht und Antrag zu verfassen über die *«Hebung der schweizerischen Kunst im Allgemeinen und speziell über künstlerische Ausschmückung des Bundesrathhauses»*, doch scheint sich dieser mit der Botschaft Zeit gelassen zu haben. Nationalrat Heinrich Grunholzer von Uster (Abb. 67) regte deshalb in der Budgetberatung 1864 an, im Budget 1865 einen Posten von 5000 Fr. für die künstlerische Ausschmückung des Bundesrathauses aufzunehmen, der angenommen wurde. Grunholzer informierte umgehend den ihm freundschaftlich verbundenen Caspar Boßhardt, welcher sich mit einem längeren Schreiben, datiert am Weihnachtstag des Jahres 1864, an eine vorläufig unbekannte, jedoch einflußreiche Person wandte[4].

Dok. 13 1864 Dezember 25

Boßhardt möchte das Bundesrathaus ausmalen
(Autograph, Bern, Bundesarchiv, Rubr. 19, Schachtel 7)

Hochgeehrter Herr,
Her Nationalrath Grunholzer hat die Freundlichkeit ge-

Abb. 67 (Kat. Nr. 28) Johann Caspar Boßhardt, Bildnis von Heinrich Grunholzer-Zangger (1819–1873), um 1860/65, Öl/Lw., 72 × 59 cm, Privatbesitz Uster.

habt, mir aus Bern das Gelingen seiner Anträge, die Ausschmückung der Sääle im Bundesrathhaus betreffend, mitzutheilen. Schon ehe ich den Brief erhielt, bin ich durch die intressante Diskussion darüber, welche ich gelesen habe, aufmerksam geworden und habe mit besonderer Freude bemerkt, daß auch Sie, geehrtester Herr, den Antrag warm unterstützten. Ich halte gerade Ihre Gunst für die Sache, für in dem Grade wichtig, als Sie nun, Ihrer hervorragenden Stellung nach, berufen sind, dem Unternehmen in erster Linie aus dem Wirrwar von unreifen Meinungen, wie sie bei einer Angelegenheit dieser Natur gerne vorkommen, zu einer gesunden Basis zu verhelfen, ohne welche ein glückliches Endresultat unmöglich ist. – Mein lebendiges Interesse für die Sache mag Ihnen, aus früheren Besprechungen, bei unserer ersten Begegnung in Bern, wohl noch in Erinnerung sein, wie ich auch mit d. Herrn Bundesräthen Dubs und Frei-Herosé anregend über dieselbe schon gesprochen habe.

Um so begreiflicher werden Sie es finden, wäre ich auch nicht von meinem Freunde aufgefordert, wenn ich jezt mir die Freiheit nehme, Ihnen über die Angelegenheit zu schreiben. Ich thue das ohne Ansprüche, ohne andere Berechtigung, als die naturgemäße eines vaterländischen Künstlers, der mit warmem Herzen sein bescheidenes Wissen und seine künstlerischen Erfahrungen, rathend und die Sache fördernd darbringen möchte, mit der Bitte dieselbe wohlwollend entgegen zu nehmen und zu prüfen.

Die erste Frage, die festgestellt werden muß, ist im allgemeinen folgende: – Welch geistigen Charakter, welch geistige Natur sollen die Auschmükungen haben? sollen sie, wie alle bisherigen Anträge instinktiv richtig bezeichneten, einen geschichtlich nationalen Boden haben, od. will man sich, wie die Renaissance oft gethan in Allegorien, in simbolisch-bildlicher Gedankenmalerei ergehen? – Mit Wärme bin ich für das Erste!

mit Überzeugung gegen das Zweite!

Nach Feststellung dieser ersten Frage sind vor Allem, die für die Ausschmückung vorhandenen Flächen in Betracht zu nehmen, als etwas Gegebenes, dem sich jeder Plan, wie er auch sei, naturgemäß anpassen muß. –

Es haben also – Größe, das Verhältniß wie auch der Zusammenhang der Flächen bestimmende Folgen, sowohl auf den ganzen Gedanken, wie die einzelnen Compositionen –. Dabei ist die Beleuchtung ebenfalls ein zu beachtender Faktor.

Für das schweizerische Bundesrathhaus halte ich die Darstellung der geschichtlichen Entwicklung des Schweizerbundes, in Bildern und Charakteren, welche die erhabendsten Momente seiner Gestaltung kennzeichnen und zu lebendigem künstlerischem Ausdruck bringen, für die würdigste und treffendste Aufgabe!! – Das Gestalten des Plans auf dieser Grundlage, die Wahl der einzelnen geschichtl. Momente, Erwägung der Möglichkeit in dem bestimmenden Raum, der Geldmittel, der Zeit – das Alles bedarf meines Erachtens eines Austausches der Anschauungen, zwischen wirklichen Künstlern und dem Bundesrath und muss an Ort und Stelle erwogen werden. Aus dieser Ursache halte ich einstweilen nicht für nöthig noch für ersprießlich weiter zu gehn und werde gerne, wann Sie es wünschen sollten und die obigen Fragen gelöst sind, Ihnen weiter über die Sache schrei-

ben. Wichtiger scheint mir vorderhand noch manche andere Bemerkung zu sein, die fördernd wirken könte und die ich Ihnen vertrauensvoll schreibe.
Geben Sie der Angelegenheit eine geschichtlich nationale Basis, dann halte ich es für möglich, die wenigen bedeutenden und zuverlässigen Kräfte, welche die Schweiz meistens im Ausland besitzt, zu einigen und in edlem Wetteifer der Ausführung zu gewinnen.
Gegenüber der Meinung gleich jezt schon eine Concurenz für Pläne od. Projeckte auszuschreiben, will ich versuchen klar zu machen, daß eine solche nicht die guten Folgen haben könte, welche man erwartet. Es besteht ein folgerichtiger Unterschid, zwischen Plan und Ausbildung od. Ausführung bei rein künstlerischen Darstellungen d. Malerei od. Plastick, gegenüber Plan und Ausführung zb. bei monumentalen Kunstbauten, wo die gelungenen Pläne so zu sagen die Sache mit Recht garantiren und deswegen ganz am Platze sind.
Geschickte Arbeiter können da, nach den in allen Theilen festgestellten Trassen, vorgezeichneten Ornamenten etc., die ganze Sache korrekt ausführen.
Ganz anders verhält es sich bei der Malerei od. Plastick, hier wird die Ausbildung und die Gestaltung Wesen, Geistige Lebendigkeit der Composition, Empfindung, Ausdruck, die Formvollendung etc. bestimmen wesentlich gute od. mangelhafte Wirkung [sic!] –.
Wen zb. Sie sich für geschichtliche Aufgaben entscheiden, so ist der Plan zum Theil in der Geschichte schon gegeben, sollte man auch in der Wahl mancher Momente noch verschiedener Ansicht sein; den[n] hier entscheidet besonders die Frage, welcher Moment ist neben der geschichtlichen Bedeutung, auch malerisch? Es wird also das Gelingen zu allen Zeiten davon abhängen, daß Sie Künstler wählen, die nicht allein einen Gedanken haben können, sondern solche, die zudem auch Schule und künstlerische Bildung genug besitzen, den Gedanken, korrekt durchzuführen –.
Auch ist große Wahrscheinlichkeit da, daß gerade die Künstler, die am meisten berufen wären, nicht mit concuriren od. durch andere Arbeiten in der Zeit abgehalten sind, während sicher von Leuten Projekte genug kämen, welche gar nicht die nöthigen Fähigkeiten hetten, sollten die Pläne auch manches Gute enthalten, – solche entsprechend auszubilden.
Jeder soll, wenn er ausführt auch selbst erfinden, sonst ist große Gefahr vorhanden, handwerksmäßig die Geschichte heruntergemalt zu sehn, ohne den Ehrgeiz der verantwortlichen Autorschaft, welcher zu allen Zeiten, beim rechten Künstler, der mächtigste Hebel ist – und bleiben wird.
Es unterliegt natürlich keinem Zweifel, daß die Schweizerkünstler erwarten, man werde bei dieser Gelegenheit die vaterländischen Kräfte zuerst ins Auge fassen –.
Die beste Art der Ausführung ist fresko und für Wandbilder dieser Natur am geeignetsten. Einfach ohne Spiegel, od. Glanz, kann man, der matten Oberfläche wegen, die Bilder überall sehn. Die Technik bietet für Künstler, die überhaupt malen könen, keine unüberwindlichen Schwierigkeiten und lernt sich bald. Die jezigen Bilder in den Sääalen sind nicht fresko, sondern Öhl und Leimfarbe –.
Die Figuren an der Decke in Öhl wirken deshalb schwarz, weil Öhlfarbe auf Kalk nachdunkelt.
Daß auch die Plastik in mögliche Berücksichtigung komme, ist wünschenswärth; sie würde in den Charakteren der größten Schweizer, Motive finden und wirkte in inneren Räumen auch in kleinerem Maßstabe, stark genug für die Dekoration.
Die Mitwirkung der Kunstvereine bringt der Sache kein Heil sondern hemmt nur. Auch die sogenannten Kunstpäpste, mit ihren unhaltbaren, absoluten Meinungen, führen den Wagen nicht auf gute Straße –.
Halten Sie sich von Anfang an, an die Künstler, welchen Sie beabsichtigen die Ausführung zu übergeben, denn die fühlen sich auch verantwortlich für jeden Rath.
Alles kann nicht auf einmal gemacht werden, darum sind die ersten Arbeiten für das Gelingen des Ganzen vom wichtigsten; suchen Sie also zuerst die Kräfte, welchen am Meisten zugetraut werden kann, Andere mögen nachkommen.
Schweizerischer Hofmaler zu werden, wie Her Segesser fürchtete, wird vord.hand, keiner wünschen, der noch einiges Verständnis unserer Zustände besitzt –.
Je kleiner die Commission ist, welche[r] die Berathung der Hauptfragen anvertraut wird, je besser ist es. Ein gebildeter Architekt, ein Historienmaler und ein Bildhauer genügen, wenn sie wirkliche Künstler sind.
Die Entscheidungen stehen schließlich im[m]er beim Bundesrath –.
Einleuchtend ist wohl, daß bei den spätern einzelnen Compositionen eine kleine Prüfungskomission ernannt werden muß, um Entwürfe od. Skizzen zu vergleichen damit Einheit in dieses Ganze kom[m]et, zumal wenn Mehrere an verschiedenen Orten die Cartons zeichnen.

Für solche späteren Nothwendigkeiten ist ja noch alle Zeit zu erwägen.
In dieser Weise halte ich es für möglich, die Ausschmückungen deß Bundesrathauses, zur Ehre der Kunst und des Vaterlandes, hervorzurufen und zugleich der schweizerischen Kunst eine hohe Richtung und Lebensfähigkeit zu geben. Mit der Versicherung ausgezeichneter Hochachtung grüßt Sie

München den 25ten December 1864
C. Boßhardt. Historienmaler.

Boßhardts Brief – seine Wichtigkeit wird bereits dadurch dokumentiert, daß er sich in den offiziellen Akten des Bundesarchivs erhalten hat – blieb nicht ohne Einfluß, wie die Ereignisse der beiden anschließenden Jahre zeigen, auch wenn sie sich wohl nicht in der Weise entwickelten, wie es sich der Künstler vorgestellt hatte.

Am 17. Mai 1865 bestellte der Bundesrat eine Sachverständigenkommission, welche aus dem Vorsteher des Departementes des Innern, Bundesrat Jakob Dubs, Architekt Friedrich Studer, den Malern Ernst Stückelberg und François Diday, dem Bildhauer Raphael Christen, dem bereits bekannten Ludwig Stantz und Prof. Wilhelm Lübke, Lehrer am Polytechnikum Zürich, bestand.

In zwei Sitzungen im Sommer 1865 nahm die Expertenkommission zu den Fragen des Bundesrates ganz im Sinne Boßhardts Stellung und schlug in der Folge den Räten ein umfangreiches und detailliertes Anschaffungs- und Ausführungsprogramm vor, für welches in Jahrestranchen von je 20 000 Fr. fünfzehn Jahre lang ein Kredit bewilligt werden sollte. Die Zustimmung des Ständerates zu diesem Projekt wurde durch die Ablehnung des Nationalrates rückgängig gemacht und somit die ganze Angelegenheit im November 1866 ohne Ergebnis abgeschlossen[5].

Erst mit dem Neubau des Parlamentsgebäudes, dem großen und bestimmenden Kuppelbau von 1894–1902, erfolgte eine weitgehende Umsetzung der bereits in den 1860er Jahren formulierten Gedanken. In seiner Gesamtheit ist es zum Nationaldenkmal geworden, in welchem die schweizerische Geschichte, die verfassungsmäßigen Grundlagen und die kulturelle und materielle Vielfalt der Schweiz zur Darstellung gebracht wird[6].

«à toutes les gloires de la nation»

Der Grunholzer-Boßhardt'sche Vorstoß war sicherlich gemeinsam vorbereitet worden, spricht doch Boßhardt davon, er sei von *«meinem Freunde aufgefordert»* (d.h. Grunholzer) worden, sich zu melden. Das Scheitern gibt einen sehr guten Einblick in die Auffassung von Staat und Kunst auf der einen Seite und läßt auf der anderen Seite einen charakteristischen Blick auf die Rolle der Historienmalerei in den Jahren nach der schweizerischen Staatswerdung zu.

Die verschiedenen Programme zur Ausschmückung des Gebäudes, die vor allem auf die Initiative von Dr. Stantz geschaffen wurden, zeigen deutlich einen idealistischen Ansatz: Die Kunst sollte dem jungen Staatswesen eine nationale Ikonographie geben, das erste Rathaus der Nation sollte zugleich Anregung bieten und Zierde sein, die Kunst erhielt die Funktion eines Erziehungsmittels, das ganze Gebäude war als *«Nationalmonument»* konzipiert, das dem 1848 entstandenen Bundesstaat seine Identität zu geben versprach. Allerdings zeigen sich merkliche Unterschiede in der Auffassung zwischen den erst 1857 fertiggestellten Malereien der Hövemeyer und Boßhardts Vorschlägen. Der Oberländer Historienmaler opponiert gegen die intellektuell-überladene Art der Darstellung der Geschichte, gegen die Allegorien und die *«simbolisch-bildliche Gedankenmalerei»*. Mit Wärme setzt er sich für den *«geschichtlich nationalen Boden»* der Ausschmückungen ein. Der geistige Charakter der Malereien und Bildhauerarbeiten kann für Boßhardt nur in der *«Darstellung der geschichtlichen Entwicklung des Schweizerbundes, in Bildern & Charakteren, welche die erhabendsten Momente seiner Gestaltung kennzeichnen»*, erfolgen. Wenn die geschichtlich-nationale Basis bewahrt bleibt, so sind die darzustellenden Themen leicht zu bestimmen, eine Kommission kann das bestimmen, so wie sie ja auch eingesetzt worden ist. Mit der Wahl eines Architekten, zweier Maler und eines Bildhauers folgte der Bundesrat recht genau Boßhardts Vorschlägen bei der Zusammensetzung der Expertenkommission. Diese wiederum – in Kenntnis der Vorschläge von 1855, die bereits ein umfangreiches historisches Programm beinhalteten – ging an die Wahl eines neuen Konzepts[7].

Im Nationalratsaal sollten die alten Hövemeyer-Bilder teilweise belassen, teilweise ersetzt werden. So verlangte die Kommission für die Darstellung der ‹Republik› eine

Abb. 68 Paul Volmar, Nationalratsaal im Bundesrathaus, Eröffnung des Schweizerischen Nationalrates am 11. November 1863, aus: Erich Gruner, Die schweizerische Bundesversammlung 1848–1920, Bd I (= Helvetia politica, Seria A, vol. 1), Bern 1966.

würdigere Figur und wollte die Darstellungen von Wissenschaft, Kultus, Justiz und Diplomatie – nach Boßhardt «*Gedankenmalerei*» par excellence – durch andere ersetzt haben. Im Ständeratsaal sah man an den beiden großen Wänden den Rütlischwur (mit Einbezug des Volkes, wie man speziell erwähnte) und den Tod Karls des Kühnen vor, als Zeugnis für die höchste Machtentfaltung der Eidgenossenschaft[8]. Im weiteren plädierte man für Staffeleibilder und eine Galerie von Büsten aller Bundesräte seit 1848. Die großen Treppenhäuser wollte die Kommission mit Szenen aus der Geschichte (Treppe zum Ständeratsaal), Landschaften (Nationalratsaal–Treppe) und des schweizerischen Volkslebens (Haupttreppe) schmücken lassen. Dort sah man auch Statuen großer Schweizer, man einigte sich auf Bubenberg, Waldmann, Wettstein und Tschudi, und allegorische Statuen vor, welche das Staatsideal verkörpern sollten: Freiheit, Einigkeit, Wissenschaft und Industrie. Die Kommission sah auf diese Weise eine Möglichkeit, im gesamten Schweizervolk den Sinn für die Kunst zu wecken, und die zu tätigende Investition von knapp 300 000 Franken sei damit gut angelegt, werde das Gesamtkunstwerk doch «*als Hebel wirken zur Vermehrung der Liebe zum Vaterland, seiner schönen Natur und seiner reichen Geschichte*».

Der idealistische Charakter des ganzen Programms wird in der Erläuterung der bundesrätlichen Weisung ausführlich dargestellt. Letztliches Ziel der Kunstpflege – und in diesem Sinne sollte das Bundesrathaus Vorbildscharakter haben – ist die Weckung der Vaterlandsliebe, die Hinwendung und Verehrung seiner Geschichte und Institutionen; ferner wird mit ihr «*jene höhere, ideale Anschauung geweckt, die in verwandter Weise schon in den Schützen- und Sängerfesten einen Ausdruck gewonnen hat, und aus deren reinem Born das gesammte nationale Leben seine edelste Erfrischung, Kräftigung und Läuterung schöpft*».

**Stimmen aus dem Ständerat:
Gewichtige Gründe dafür…**

Die Unterstützung der bundesrätlichen Botschaft durch die eingesetzte Ständeratskommission legt noch klarer die Gründe, die für eine Ausschmückung des Bundesrathauses zu sprechen schienen, dar.

«*Vorerst verspricht sie sich von dem Unternehmen eine Stärkung des schweizerischen Nationalsinnes. Wenn wir durch dasselbe der Kunst die Gelegenheit eröffnen, die nationalen Vorzüge unsers Vaterlandes in ihren Höhepunkten an dem Bundesrathhause dem architektonischen Ausdruck des staatlichen Gesammtlebens der Schweiz, in künstlerischer Vollendung zum bildlichen Ausdrucke zu bringen, so werden wir dadurch ein Gesammtkunstwerk erzielen, welches in hohem Maße geeignet ist, das Bewußtsein nationaler Zusammengehörigkeit in sämmtlichen Gauen der Schweiz zu fördern und zu kräftigen.*» In erster Linie geht es hier darum, dem Volk seine Identitätssuche zu erleichtern, Vorbilder zu schaffen in zweiter Linie für Kantone und

Gemeinden und schließlich die schweizerisch(nationale) Kunst zu stärken. Obwohl man die Meinung des Bundesrates teilte, verfügte man die Streichung der Kredite für die Bundesratporträts, die großen Schweizer und die Gaskandelaber, da es sich um «accessorische Arbeiten» handle, die den Kern des nationalen Programms nicht träfen.

...und dagegen

Eine Minderheit der ständerätlichen Kommission äußerte demgegenüber eine stark abweichende Meinung über den Sinn dieser Malereien. Ausgehend davon, daß man dem schweizerischen Kunstverein bei Annahme des Kredites die bisher zugegangene Summe streichen wollte, stellte man grundsätzlich diese Art staatlicher Kunstförderung in Frage. Man beurteilte das Programm als verfehlt, denn man stelle sich unweigerlich die Frage, «*ob ein solches Rathhaus nicht eher einer Gemälde- und Skulpturengallerie oder vielleicht einem Nationalmuseum gleichen würde*». Ferner kritisierte man einzelne Standorte, glossierte beinahe sarkastisch die Aufstellung der Bundesrat-Büsten, indem man ein Gedicht Bérangers zitierte, das auf den rasch vergehenden Ruhm der Magistraten anspielt. Als Ersatz schlug man vor, Szenen ausführen zu lassen, die den republikanischen Magistraten ansprechen: «*... unsere eigene Schweizergeschichte bietet viel der erhebendsten Züge bürgerlichen Muthes, der Würde und der Selbstverleugnung; Züge, welche eine passende Stelle fänden neben jenen Scenen, die unser Nationalleben von der gemüthlichen und freundschaftlichen Seite zeigen.*»

Auch die nationalrätliche Kommission kam zum Schluß, «*daß die Verschönerung des Bundespalastes nicht wohl dadurch zu erzielen sein werde, daß man denselben irgendwie mit Gemälden, Büsten und Statuen anfüllt*», denn bereits das Bauwerk vereinige «*Schönheit mit Kraft und Einfachheit – drei Dinge, welche unser republikanisches Leben symbolisieren*», und das genüge.

Nicht die von Boßhardt gefürchteten Kunstvereine und Kunstpäpste hatten das schön eingefädelte Projekt zu Fall gebracht, sondern die Nüchternheit der Parlamentarier, die tief verwurzelte Abneigung gegen die Heroisierung der Lebenden, die Nörgeleien am Programm und seiner hochgemut nationalen Gesinnung. In diesen Kreisen fehlte der Historienmalerei tatsächlich der Nährboden.

Erwähnenswerte Episoden waren in der Folge zwei Versuche privater Gruppierungen, so der Gesellschaft Schweizerischer Maler und Bildhauer (GSMB) und eines Komitees, doch noch einzelne Gemälde im Bundesrathaus ausführen zu lassen. Das zur Subskription ausgeschriebene «*National-Gemälde*» sollte von Frank Buchser gestaltet werden und eine Szene aus dem amerikanischen Bürgerkrieg beinhalten. Die Idee scheiterte am Laufe der Geschichte[9].

Caspar Boßhardt – ein Unzeitgemäßer?

Das Scheitern von Boßhardts Vorstoß läßt sich nicht unbedingt als grundsätzliches Scheitern der Idee interpretieren. Der Vorstoß konnte kaum Erfolg haben, weil das schweizerische Nationalbewußtsein noch zu wenig kräftig geformt war, eine staatliche Ikonographie kaum bestand und die föderalistische Struktur des schweizerischen Staatswesens mißtrauisch jene Versuche beobachtete, welche die Souveränität der Einzelglieder in Frage stellen könnte. In seiner schwärmerisch-nationalen Art übersah Boßhardt diese Hemmschuhe, konnte sie wohl aus Münchner Sicht nicht genügend überblicken. Aus dem Ausland beurteilt, war alles weit geschlossener, als es beim näheren Zusehen war. Die Entwicklung der Ausstattung großer Monumente zeigt, daß Boßhardts und Grunholzers Initiative keine Einzelleistung ist. Sie läßt sich in zeitlicher Folge und vom Programm her mit anderen großen – ausgeführten oder geplanten – Zyklen vergleichen, steht aber gleichzeitig auch in einer sehr langen Tradition spezifischer Rathausausstattungen. Praktisch alle diese Zyklen sind einem der drei großen Teilbereiche zuzuordnen: «*Nationale Geschichte, das Territorium in seiner politischen und geographischen Gliederung und die Darstellung metaphysischer Werte wie Freiheit, Gerechtigkeit usw. durch Allegorien.*»[10]

Selbst wenn wir uns nur auf die Boßhardt näher bekannten Orte in Deutschland beschränken, beziehungsweise den Umkreis und das Schaffen seiner Lehrer einbeziehen, so ergibt sich eine stattliche Zahl einflußreicher, ja vorbildhafter Zyklen: Der Gartensaal des Schlosses Heltorf, 1826 begonnen von Karl Stürmer für Franz Graf Spee, fortgeführt u.a. von Boßhardts Lehrer Lessing 1828–1841, der umfangreiche Zyklus in Schloß Stolzenfels, gemalt 1843–1846 von Hermann Anton Stilke, die Ausschmückung des Frankfurter Rathauses auf dem Römer, 1838–1852, durchgeführt u.a. von Alfred Rethel und Lessing, das Rathaus Elberfelde 1841–1844, schließlich der berühmt gewordene und auch in graphischen Blättern weit verbreitete Zyklus Alfred Rethels im Rathaus Aachen, geschaffen 1847–1851, jedoch gut zehn Jahre früher initiiert. In München wäre die Hofgartenarkade (1830) zu erwähnen, in Wien die geplante, großangelegte ‹Geschichtshalle› (1848) von Theophil Hansen und Carl Rahl; schließlich sei nur hinzugefügt, daß auch im Regierungssitz des einzigen Bundesstaates jener Zeit neben der Schweiz, dem Capitol in Washington, in der Ruhmeshalle der Deutschamerikaner Emanuel Leutze 1859 mit der Ausmalung begann. In Frankreich war im mittleren 19. Jahrhundert die Historienmalerei ebenfalls führend. Rudolf Eitelberger hatte 1866 festgestellt: «*Unter allen Staaten aber gibt es keinen, der die Kunst als Propaganda der Staats-Idee und zugleich als Stärkung des Nationalgefühls und Volksruhmes reichlicher angewendet hat, als Frankreich [...]. Für diese Idee Propaganda zu machen, ist die Historienmalerei und Plastik berufen [...].*»[11]

Boßhardt empfand die Nichtrealisierung der Bundesrathaus-Bilder als persönliche Niederlage und drückte seine Enttäuschung unverhohlen in einem Brief aus, den Suter auszugsweise zitiert und dessen Empfänger nicht bekannt ist:

Dok. 14 1865

Die große Enttäuschung –
Kein Auftrag vom Bundesrat
(Der Brief ist zusammengefaßt und auszugsweise ediert in: Suter, Lebensgeschichte, S. 28.)

«*Es hat mich dies mehrere Wochen tief verstimmt. ...Sollten mir in Zukunft unter ähnlichen Verhältnissen wieder größere Bilder angetragen werden, wie ich sie, nur in der trügerischen Hoffnung, es werde endlich vom Staat etwas geschehen, angenommen habe, werde ich antworten: ‹Mache sie, wer Lust hat, ich habe es satt.› ...Ich habe redlich mein Theil versucht, es gibt viele schwere Berufsarten im Leben, aber unter den undankbaren ist diejenige eines schweizerischen Geschichtsmalers unübertroffen. ...Fürchtet man sich zu sehr vor Fresken, so gibt es andere Arten, z.B. wo das Bindemittel auf die trockene Mauer Wachs ist, oder wo Wasserglas, angespritzt, bindet mit der Mauer. ...Aber ich will nicht Hofmaler werden, möchte nicht allein mitthun, ich kenne die Schweiz zu gut; ein solcher würde von allen Seiten angefeindet werden.*»

Laut Suter zeigt Boßhardt Verständnis dafür, daß angesichts der außenpolitischen Lage im Vorfeld der militärischen Auseinandersetzung Preußens mit Österreich (1866) die Frage künstlerischen Schmucks des Bundesrathauses beiseitegelegt wurde. Im Kontext des Briefes, soweit er überliefert ist, scheint dieses Verständnis jedoch nicht ohne sarkastische Bitterkeit zu sein:

«*In einer solchen Zeit zeugt es von lebensfähigem und gutem Geist, die Wehrkraft, das Mittel zur Erhaltung aller Errungenschaften in erster Linie zu fördern. ...*

C. Boßhardt, ehemaliger Historienmaler, nun heruntergekommener Romantiker.»

Der Verlauf der Diskussionen um die Ausgestaltung des Bundesrathauses macht aber doch einigermaßen deutlich, daß die tieferen Gründe für das Scheitern nicht im Bereich der künstlerischen oder gar persönlichen Probleme angesiedelt waren, auch wenn dies Suter anzudeuten scheint. Der Hauptgrund lag in der politisch-kulturellen Situation des neuen Gebildes ‹Bundesstaat Schweiz›, das man als solches zu definieren und auch zu legitimieren sich anschickte. Die Bedürfnisse nach der von Grunholzer und Boßhardt vorgesehenen Form der Darstellung waren aber offensichtlich nur im Ansatz vorhanden.

«*Wenn man die Entstehung des schweizerischen Nationalstaates als gesellschaftlichen Modernisierungsprozeß auffaßt, so stellt die Bundesverfassung von 1848 nur eine Etappe dar. Sie markiert den Moment, wo es einer bürgerlichen Elite gelang, ihre spezifischen Vorstellungen von institutioneller und wirtschaftlicher Integration innerhalb des gegebenen Territoriums der Eidgenossenschaft durchzusetzen. Daß diese Elite repräsentativ für die gesamte Bevölkerung war, wird heute kaum noch jemand im Ernst behaupten. Zwar war die radikale Führungsschicht unter sich durch ein gemeinsames Argumentationspotential verbunden, das neben dem liberalen Credo auch viele nationale Elemente enthielt (...)*»[12], doch reichten dazu wohl andere Manifestationen und Formen der Selbstdarstellung, die zudem den Vorteil der Tradition besaßen, aus: Schützen- und Volksfeste[13]. Erst in zweiter Linie und höchstens durch die Gegenprojekte in gewissem Sinne an die Oberfläche gebracht, wirkte sich auch die kunsttheoretische und künstlerische Situation aus, in dem sich gerade in jenen Jahren ein eigentlicher «Umbau» in der Rolle der Historienmalerei ankündigte, der mit dem Abbau des nazarenisch-idealistisch geprägten Grundkonzeptes der ersten Jahrhunderthälfte einhergeht[14]. Boßhardt hat diesen Wandel zwar im formalen Bereich in einigen Zügen mitgemacht, aber wohl den grundlegenden Wandel, durch welchen die Historienmalerei in ein ganz anderes politisch-kulturelles Beziehungsgefüge gestellt wurde, nicht nachvollzogen.

Die beratende Kommission des Nationalrates, der der Motionär Heinrich Grunholzer angehörte, begründete ihren Antrag, die Ausschmückung des Bundesrathauses «*einer anderen Legislatur zu überlassen*» (9. Juli 1866), unter anderem so: «*Wie viele Schlachtfelder, auf denen heldenmüthiges Schweizerblut floss, warten noch auf ein Zeichen der Huldigung der Nachwelt und entbehren bis zur Stunde selbst des einfachsten Denksteins.*

Wie viele auf den Altar des Vaterlandes gelegte Dienste weist nicht unsere Geschichte auf; wie viele Züge einer persönlichen Hingebung, welche – anfänglich verkannt – leider erst zu spät gewürdigt wurde und die ein sühnendes Monument verdient [...]. *Ja, auf dem Gesammtgebiete der Nation, weit mehr als in dem Gebäude, wo ihre Gesetzgeber weilen, soll die Eidgenossenschaft der Kunst und den Künstlern ermuthigend zur Seite stehen. Dann wird sie im Volke den Sinn für Poesie, sowie das Verständniss der edlen Charaktere und dessen, was sie dem Vaterlande waren, anfachen.*»

Epilog

Zwanzig Jahre später, noch zu Lebzeiten J.C. Boßhardts, setzte die Planung des Parlamentsgebäudes ein. Hans Auer widmete in seinem Erläuterungsbericht zum siegreichen Projekt – und hier sprechen seine Erfahrungen als Bauführer in Wien deutlich mit – der Ausstattung ein eigenes Kapitel. Wenn sich eine Nation schon ein Monument setze, so sollten alle künstlerischen Fähigkeiten eingesetzt werden: «*Wo gibt es eine günstigere Gelegenheit, der nationalen Kunst würdige Aufgaben zu bieten, als beim Bau eines eidgenössischen Parlamentsgebäudes?*»[15] fragte Auer wie seinerzeit die befürwortenden Politiker von 1865. Diesmal konnte die Idee realisiert werden; Boßhardts Vorstellungen wurden durchgeführt, wenn auch mit den Mitteln einer jüngeren Generation.

Anmerkungen:

[1] Zur Planungs- und Baugeschichte vgl. neben den Architektenmonographien von Andreas Hauser, Ferdinand Stadler (1813–1870), Ein Beitrag zur Geschichte des Historismus in der Schweiz, Zürich 1976, sowie Benno Schubiger, Felix Wilhelm Kubly (1802–1872), Ein Schweizer Architekt zwischen Klassizismus und Historismus, St. Gallen 1984 (St. Galler Kultur und Geschichte, Band 13), vor allem Gubler, Architektur als staatspolitische Manifestation; ferner Stückelberger, Die künstlerische Ausstattung. In diesen Beiträgen sind die Quellen und die wichtigste ältere Literatur verzeichnet.

[2] Vgl. dazu vor allem Marfurt-Elmiger, Die schweizerischen Kunstvereine.

[3] Zur Kritik dieser Arbeiten vgl. Gubler, Architektur als staatspolitische Manifestation, S. 113, vor allem Anm. 46. – Auch die Glasgemälde wurden noch im 19. Jh. wieder entfernt (1871), vgl. die Farbabbildung bei Stückelberger, Die künstlerische Ausstattung, S. 187.

[4] Da Boßhardt Bundesrat J. Dubs im Brief erwähnt und ebenfalls Heinrich Grunholzer als Drittperson vorkommt, kann es sich nicht um diese beiden handeln. In Frage käme wohl noch Architekt Friedrich Studer, da Boßhardt von einem früheren Besuch in Bern und der Besichtigung der bisherigen Ausstattung spricht.

[5] Vgl. Gubler, Architektur als staatspolitische Manifestation, S. 104, vor allem Anm. 31.

[6] Ausführliche Darstellung des Inhaltes in Stückelberger, Die künstlerische Ausstattung, S. 204–227.

[7] Das Programm von 1855 nicht ausgeführt, vgl. Gubler, Architektur als staatspolitische Manifestation, S. 110.

[8] Eine ausführliche Darstellung der Programme ebda.

[9] Die Buchser-Episode dargestellt von Stückelberger, Die künstlerische Ausstattung, S. 188–189.

[10] Wolfram Götze, Das Parlamentsgebäude, Historische und ikonologische Studien zu einer Bauaufgabe, Leipzig 1960, S. 122 (hektogr. Manuskript einer phil. Diss.).

[11] Rudolf Eitelberger, Gesammelte Schriften, Bd. II, Wien 1879, S. 68. – Zu französischen Programmen vgl. die neueste Darstellung im Ausstellungskatalog Le triomphe des Mairies, Paris 1986, in welchem eine Reihe von Ausstattungen exemplarisch vorgestellt werden.

[12] Beatrix Mesmer, Nationale Identität – einige methodische Bemerkungen, in: Auf dem Weg zu einer schweizerischen Identität 1848–1914, Freiburg 1987, S. 17.

[13] Vgl. dazu die vielen Hinweise in den verschiedenen Aufsätzen (F. de Capitani, Th. Gantner, F. Bächtiger) in dem 8. Kolloquiumsbericht der Schweizerischen Akademie der Geisteswissenschaften, ebda.

[14] Allgemein zum Thema: Vancsa, Überlegungen zur politischen Rolle; Chapeaurouge, Die deutsche Geschichtsmalerei; Heinz-Toni Wappenschmidt, Allegorie, Symbol und Historienbild im späten 19. Jahrhundert. Zum Problem von Schein und Sein, München 1984.

[15] Hans Auer, Erläuterungsbericht zu dem Entwurfe für ein Schweizerisches Parlaments-Gebäude, Wien 1885, S. 9. – Zum Programm dieses Baues und den politischen Aussagen vgl. Stückelberger, Die künstlerische Ausstattung, und als Quelle, Das neue Schweizerische Bundeshaus. Festschrift anläßlich dessen Vollendung und Einweihung, hrsg. vom Eidg. Departement des Innern, Bern 1902.

‹Hans von Hallwyl› – finanziell ein Erfolg, künstlerisch ein Debakel

Das fehlgeschlagene Projekt für das Bundesrathaus blieb nicht Boßhardts einzige Enttäuschung. Nunmehr bereits in den Vierzigern, folgte auf die Erfolge mit ‹Wengi› und ‹Niklaus von Flüh› eine eigentliche Krise.

Das Bild, das Boßhardt zum Verhängnis werden sollte, war ‹Hans von Hallwyl›, ein Auftrag des Basler Kunstvereins[1]. Für die Bestellung hatte 1864 ein Abgeordneter des Kunstvereins eigens den Weg nach München auf sich genommen. Boßhardt fertigte den Karton an, legte ihn in Basel zur Auftragsunterzeichnung vor, übertrug die Komposition auf die Leinwand und brachte noch einige Veränderungen an (Abb. 69)[2]. Die Vollendung des Bildes zog sich aber bis 1867 hin.

Dazwischen lag 1864/65 die Bundesrathaus-Episode und eine Italienreise, welche Boßhardt von einem Kunstfreund offeriert worden war[3]. Die Reise, die über Verona, Venedig, Padua, Ferrara, Bologna, Florenz und Fiesole nach Rom führte, hinterließ in Boßhardt zunächst «*ein niederdrückendes, ja verstimmendes Gefühl*»[4]. Vor den Meisterwerken Italiens mußte der Vergleich mit dem eigenen Schaffen Schmerz bringen. Nach seiner Rückkehr nach München nahm Boßhardt die Arbeit am ‹Hallwyl› nur mit Mühe wieder auf und schrieb darüber am Weihnachtsabend:

«Ich habe, als ich wieder vor meiner Composition stand, wenig Freude daran gehabt und sehr radicale Änderungen vorgenommen. Das macht immer einige Zeit Katzenjammer, der sich schließlich allerdings in Zufriedenheit verwandelt. Doch hält die Aufregung bei einer großen Arbeit längere Zeit an. Heut zu Tage geht selbst im Bild das zu viele Beten nicht mehr. Man muß die Menschen handeln lassen. Darum habe ich mehr Leben in mein Bild gebracht und noch nie bin ich so sehr von der ersten Anschauung abgegangen, wie diesmal, so daß Ihnen der Vergleich interessant sein mag. Jetzt bin ich an der Durchführung, und Fleiß und Ausdauer sind jetzt die Erfordernisse, um die Sache zum glücklichen Ende zu bringen.»[5]

Im Sommer 1866 glaubte Boßhardt, das Werk bis in den September vollenden zu können, doch die Ausführung verzögerte sich noch um über ein Jahr.

Bei aller Mühe, welche das Werk Boßhardt offensichtlich bereitet hatte, war es wenigstens ein finanzieller Erfolg. ‹Hans von Hallwyl› ist Boßhardts teuerstes Bild, von dem wir Kenntnis haben. Sein Preis von 11 000 Fr. betrug etwa das Sechs- bis Siebentausendfache vom Durchschnittstageslohn eines Schweizer Textilarbeiters (vgl. Kasten S. 94). Zur gleichen Zeit, nämlich in den Jahren 1866–71, betrug der Durchschnittspreis eines Gemäldes von Arnold Böcklin 2000 Fr., allerdings bei einer Produktion von 39 Werken zum Gesamterlös von 78 000 Fr.![6]

Abb. 69 (Kat. Nr. 32) Johann Caspar Boßhardt, Hans von Hallwyl, Photographie des Kartons von 1864 (vgl. Abb. 70), Privatbesitz Uster, Verbleib des Originals unbekannt.

Boßhardts Bilder und ihre Preise

Es ist nicht leicht, Vergleichskriterien für verschiedene Gemälde eines Künstlers zu finden, die einem erlauben würden, die Preisentwicklung im Schaffen eines Künstlers einzuschätzen. Die Größe eines Gemäldes allein sagt nichts über den damit verbundenen Mal-Aufwand aus. Ein flächig behandeltes Großformat mag schneller vollendet sein als ein akribisch ausgeführtes Kabinettstück. Auch die Dauer der Entwurfsarbeit hängt nicht in erster Linie von den zu bemalenden Quadratmetern ab, sondern von der Komplexität des Bildgegenstandes. Trotz dieser Einschränkungen kann die Berechnung des Quadratmeterpreises – so abwegig der Gedanke auch erscheinen mag – wenigstens eine Tendenz sichtbar machen. Allerdings ist dabei auch die Zahl der Figuren und Stilleben, die vom Maler besondere Sorgfalt fordern, in Rechnung zu stellen. Boßhardts Preise sind demnach bis zum ‹Hallwyl› konstant gestiegen. Seine Spätwerke wurden zwar wieder billiger, dafür waren sie in Format und Zahl der Figuren bescheidener geworden. Boßhardt konnte sie schneller produzieren.

Jahr	Kat. Nr.	Titel	Preis in Franken	Größe in cm	Anzahl Figuren im Vordergrund	Anzahl Stilleben	Preis/m²	Preis/Figur	Durchschnittlicher Tageslohn eines schweizerischen Textilarbeiters
1854	16	Sickingen	2591	150 × 210	12	1	823	216	
1855									1.30
1860									1.75
1863	26	Niklaus v. Flüh	8000	213 × 306	19	2	1227	421	
1865									1.55
1867	33	Hallwyl	11000	152 × 218	ca. 24	–	3320	458	
1870									1.90
1875									2.30
1876	52	Klosterpolitik	3000	64 × 77	3	ca. 5	6088	1000	
	—	ein kleines Werk	1000	?	?	?			
1879	63	Luther	3133	75 × 97	4	4	4307	783	
1887	40	Studie Bauernstube	315	50 × 66					
	39	Studie Alchimist (wurde nicht verkauft)	300	83 × 67					
1894	34	Bündnerin, 1869	3000	101 × 134	5	ca. 8	2217	600	

Das ‹Hallwyl›-Thema war in der zeitgenössischen Literatur und Graphik sehr beliebt. Im Neujahrsblatt der Zürcher Feuerwerker-Gesellschaft von 1843 beispielsweise wird das Ereignis folgendermaßen beschrieben[7]: Vor der Schlacht bei Murten (1476) forderte der Berner Hauptmann Hans von Hallwyl seine Leute zum Gebet auf. *«Während nun alle auf die Kniee fielen, ihre Arme zum Himmel erhoben, den Göttlichen Schutz anriefen, und ernstlich betheten, that sich der Himmel auf, und gab einen hellen Sonnenglanz. – Da erhob sich schnell Hans von Hallwyl, richtete sein entblößtes Schwert in die Höhe und sprach: ‹Biedere Leute, bey dieser Veränderung des Wetters und hellem Sonnenglanz, während wir gebethet, zeigt Gott klar, daß Er wolle bey uns seyn, und uns leuchten. – Darum frisch auf, im Nahmen Gottes, und gedenke Euer Jeder an sein Weib und Kinder, daß er dieselben rette mit mannli-*

cher That!› – Da standen sie auf, und eilten vorwärts dem Feinde entgegen.»

Die politische Aktualität, wie sie die Bilder von ‹Waldmanns Abschied› bis zu ‹Sickingens Tod› noch besaßen, war bei ‹Hans von Hallwyl› nicht mehr gegeben, und der Patriotismus solcher Art war nicht mehr nach jedermanns Geschmack.

Zwar wurde das Werk in München von der Kritik noch wohlwollend aufgenommen[8]. Boßhardts Biograph Suter deutet hingegen – ohne die Katze aus dem Sack zu lassen – an, daß die Meinungen in Basel auseinandergegangen waren[9]. Den Ausschlag gab die folgende «dramatische» Bildbesprechung in den Basler Nachrichten:

Abb. 70 (Kat. Nr. 33) Johann Caspar Boßhardt, Hans von Hallwyl und die schweizerische Vorhut vor der Schlacht bei Murten, 1868, Öl/Lw., 152 × 218 cm, Basel, Öffentliche Kunstsammlung (Kunstmuseum).

Dok. 15 1868 Januar 22

Niederschmetternde Kritik –
Boßhardts ‹Hans von Hallwyl›
als melodramatische Stellprobe verhöhnt
(Basler Nachrichten, 22. Januar 1868)

«Die Schlacht von Murten
Ein dramatischer Traum nach dem Bild von C. Boß-
hardt.

Personen:
Herr Martin, Regisseur.
Herr Schlögel, Kapellmeister.
Herr von Schlampawski, erster Liebhaber und Held.
Dreher, Maschinist.
Schaar schweizerischer Krieger.

Die Scene stellt eine Theaterbühne mit Orchester während
der Hauptprobe vor.
(Brillanter Marsch.)

Martin *(auf der Bühne schreiend).*
Entsetzliche Aufstellung! erbärmlich! miserabel! Bitte, bester Schlögel! – das geht ja in Einem furibundo fort! – Schlögel! – bester Schlögel, so hören Sie doch ins Kukuks Namen endlich einmal auf!
Schlögel *gibt das Zeichen zum Einhalten; Alles stille).*
Martin. Ist das auch eine Gruppirung? bitte, bitte, bitte! na, Donnerwetter noch mal, so passen Sie doch auf, meine Herren!
Die Herren von der Hauptgruppe besser vor, besser zusammen! – malerischer – so! und noch etwas schwunghafter, wenns beliebt, feuriger, begeisterter!
Die Situation ist also die: wie die Hauptgruppe mit dem Hallwyl plötzlich im hellen Sonnenschein erglänzt, …
(sich zum Maschinisten hinter die Coulissen umwendend)
Aber Dreher, Er Malefizschlingel, ist denn das ein Sonnenstrahl, ein Streiflicht? Da beleuchtet ja wahrhaftig die Laterne beim Brunnen in Altdorf, wo wir letztes Jahr gespielt haben, den alten Wilhelm Tell viel besser. Licht, sag' ich, mehr Licht, und die Wolkenschleier weiter unten durchgezogen! ein purer, blaßer Mondschein ist ja besser, als Sein Zeug da.
Dreher. Entschuldigen, verehrtester Herr Martin, das Irreflexionsblech ist rasibus ab und nicht wieder ranzukriegen.
Martin. Schade, wirklich sehr schade! thut mir leid um die Kostüme, um die Ausstattung, die verloren geht;
(mit einer indirekten Verbeugung gegen die Kommissionsloge)
Dank der Munifizenz hochpreislichster Kommission wären alle Details jetzt recht gut und das Ensemble brillant, wahrhaft brillant!
… also wie die Hauptgruppe mit dem Hallwyl plötzlich im hellen Sonnenschein erglänzt, so verwundern sich die betreffenden Herren im Gegensatz zu Hallwyls Begeisterung. Famöser Effekt das, wer ihn rauskriegt.
Na, so verwundern Sie sich doch; dort nach dem Dreher sehen und Alle a tempo, wenn ich bitten darf, a tempo mit dem ersten Lichtstrahl.
So, – nun wirds besser. Nur hübsch ausgehalten in dieser Attitude, meine Herren. Ziehn Sie doch dort im Centrum die Hunde etwas mehr zurück; dieselben dürfen nur sekundäre, ich möchte es fast nennen nur eventuelle Bedeutung erhalten.
Also Verwunderung, vaterländisch gehobene Verwunderung.
Und nun Sie dort, meine Herren im zweiten Glied, Sie stellen also die umschatteten Kriegergestalten dar, welche das Licht noch nicht berührt. Bitte daher, davon ja nicht Notiz zu nehmen; bleiben Sie hübsch in sich versunken, so recht feierlich schweigend andächtig. Gut, gut! recht so! Flügelmann links recht brav! Nur fein so still gehalten, meine Herren!
Aber, mein bester Herr von Schlampawski, nehmen Sie mirs nicht übel, ist denn das eine Haltung? schwunghafter, gewaltiger, edler, nicht gar so steifleinen, wie der unsterbliche Shakespeare sagt. Mehr Begeisterung ausströmend, hallwylmäßiger, wenn ich bitten darf. Nu, nu, nu! Wollen Sie mich rasend machen, Herr?
(Nach einer Pause, während der sich Hallwyl-Schlampawski zusammenzunehmen strebt.)
Na, bleiben Sie wenigstens so, wenn Sie nicht anders können; ich darf die Andern nicht zu sehr ermüden.
Schlögel. *Wirds bald, Herr Martin? Den ganzen Tag können wir doch nicht Probe halten.*

MARTIN. *Schon recht, bester Schlögel, nun kanns meinethalben wieder losgehen.*

SCHLÖGEL *(das Zeichen zum Anfang gebend).*
Meine Herren, wenns gefällig ist, Eröffnungsmarsch, wo wir stehen geblieben sind. Sie wissen, beim Posauneneinsatz: tram, trim, tra: bitte zurückzählen vom Posauneneinsatz ein, zwei, drei, vier, fünf, sechs, sieben, – acht, – neun, – zehn elf zwölf Takte. Sind wirs? Also recht breit, vaterländisch und mit Weihe!

(Das Orchester setzt ein; der Marsch wird fertig gespielt; dann verwandelt sich die Scene ins wirkliche Tableau, das bleibt, wie's ist.)
EPILOG.
MARTIN *(kopfschüttelnd vor dem Bild stehend).*
O du lieber, alter, seliger Heß[10], heute bitte ich Dir meine Sünde ab. Unzelmann[11], bevor er ganz verkam und durchbrannte, war noch dabei. Du lieber Gott, wenn wir als nach Heßens Schlacht von St. Jakob tableau vivants arrangierten

Abb. 71 Hieronymus Heß, Die Schlacht bei St. Jakob, 1838, Öl/Lw., 72,2 × 110,1 cm, Basel, Öffentliche Kunstsammlung (Kunstmuseum).

und einmal wegen des rechten oder des linken Beins, oder sonstigen Durcheinanders nicht recht drauskamen, wie wurde da kunstgerichtert; Jeder wollte es besser wissen. Und wenn an den Sonntagen das Publikum der Kenner und der Nichtkenner das Bild umdrängte und man für und wider Parthei nahm, und es Allen warm dabei wurde,... o Du alter Heß, Du bist gerächt. Mit diesen pappendeckligen Kerlchens da ists Nichts. Ein tableau vivant läßt sich darnach schon hübsch machen; aber sonst?... Mögen sich die Leute in dieser Ecke auch Anfangs neugierig stoßen, (mit wehmüthigem Pathos) bald wird sie öde sein, und warm wirds wohl nie drin werden.»

Der Autor dieses Bild-Dramas ist uns nicht namentlich bekannt. Es scheint, daß ihm die photographische Reproduktion des Kartons vorgelegen hat (Abb. 69)[12] und daß er diesen als erste Stellprobe beschreibt, die nun von Boßhardt in der Rolle des Regisseurs Martin[13] händeringend dramatisiert wird. – Wahrhaftig eine geistreiche Bosheit, die es verdiente, in die Geschichte der schweizerischen Kunstkritik einzugehen!

Der Vorwurf des Plagiats trifft freilich nicht nur die Anleihen, die Boßhardt bei Hieronymus Heß gemacht haben soll (Abb. 71), weit näher liegt da das Vorbild von Lessings ‹Hussitenpredigt› (Abb. 23).

Anmerkungen:

1 Das Folgende nach Suter, Lebensgeschichte, S. 26f.
2 Am 20. Dezember 1864 schreibt Boßhardt: «Ich habe mein Bild bald auf der Leinwand vergrößert», am 14. Februar 1865 teilt er mit, daß er «noch wesentliche Veränderungen vorgenommen» habe, «so daß die Composition viel gewonnen» habe. Das Bild sei nun untermalt und mit Freude habe er gemerkt, «daß das Hinzutreten der malerischen Lichtwirkung bei diesem Gegenstand eigentlich erst das Bild macht oder die Composition zum Leben bringt» (ebda. S. 26).
3 Ebda. S. 25. Suter gibt den Namen des Gönners nicht preis. Es handelt sich um eine Person, die eines Gebrechens wegen selbst nicht reisefähig gewesen ist und durch Boßhardts Augen Bericht von der italienischen Kunst zu erhalten wünschte.
4 Ebda. S. 26.
5 Ebda. S. 26.
6 Hans Holenweg, Das Schicksal der Gemälde Arnold Böcklins, in: Rolf Andree, Arnold Böcklin, Die Gemälde, München 1977, S. 100.
7 Neujahrsblatt, hg. von der Feuerwerker-Gesellschaft in Zürich, 38 (1843) S. 6. Der Artikel fußt auf den Chroniken Bullingers und Etterlins.
8 Förster in der Beilage zur Allg. Ztg. vom 9. Jan. 1868, S. 131 (Nachdruck in den BN vom 18. Jan. 1868, S. 108).
9 Suter, Lebensgeschichte, S. 27.
10 Hieronymus Heß (1799–1850), Basler Maler, der einige Historiengemälde geschaffen hat, darunter die Schlacht bei St. Jakob (Abb. 71).
11 Friedrich Ludwig Unzelmann (1797–1854), Holzschneider und seit 1845 Professor an der Berliner Akademie; schnitt u.a. eine Reihe von Zeichnungen Menzels für die Illustrierte Geschichte Friedrichs des Großen.
12 Boßhardt selbst bemühte sich, die sehr qualitätvollen Fotografien, die er von einigen seiner Werke in stattlichem Format anfertigen ließ, zu vertreiben (vgl. Dok. 17 und Kat. Nr. 16).
13 Den Grund für diesen Namen zu finden, ist uns, wie die Auflösung mancher anderer Anspielung, leider nicht gelungen.

Rückzug in die Genremalerei

Der erfolglose Vorstoß im Bundesrathaus und der Spott über ‹Hans von Hallwyl› in den Basler Nachrichten ließen es nicht geraten scheinen, weiterhin den Erfolg in der monumentalen Historienmalerei zu suchen. Boßhardt besaß unbestritten Qualitäten in der genrehaften Gestaltung – schon der Ästhetiker Vischer hatte dies angesichts des Wengi-Bildes bestätigt (Dok. 10).

Von 1864 datiert das früheste bekannte historische Genrebild Boßhardts, ‹der Reisläufer› (Abb. 72). Im Gegensatz zu den Historiengemälden ist nicht ein herausragendes Geschichtsereignis festgehalten, sondern eine Episode des alteidgenössischen Lebens, wie sie sich so oder ähnlich tausendfach abgespielt haben mag: Ein Krieger ist von einem Feldzug heimgekehrt, hat Waffe und Gepäck an die Wand gestellt und schildert nun den zwei jungen Frauen am Tisch mit prahlerischer Gebärde seine Erlebnisse. Entwicklungsgeschichtlich steht das Werk vermittelnd zwischen zwei Schaffensperioden Boßhardts. Die ausladende Gestik des Landsknechts entspricht dem aktionsreichen Stil in den großen Historien der 60er Jahre – die beiden Frauen und das stillebenhafte Interieur weisen dagegen schon auf die lyrische Stimmung des Spätwerks hin.

Nach dem Durchfall des ‹Hallwyl›, der Boßhardts letztes Historiengemälde blieb, entstand seine ‹mutige Bündnerin› (Abb. 74). Es handelt sich um ein anekdotisches Ereignis am Rand des Schwabenkrieges von 1499: Während die Dorfbewohner von Schleins im Unterengadin zu einem Begräbnis in der Kirche weilen, ist eine Frau zur Bereitung des Leidmahls allein zurückgeblieben. Plötzlich sieht sie sich von feindlichen Kriegern überrascht, die nach dem Anlaß für die reiche Mahlzeit fragen. Geistesgegenwärtig gibt die Frau zur Antwort, das Essen sei für eine große Abteilung von Eidgenossen und Bündnern bestimmt, welche jeden Moment eintreffen sollten. Darauf flüchten die Eindringlinge Hals über Kopf, und das Dorf ist vor Plünderung gerettet.

Das Thema ist im 19. Jahrhundert vielfach dargestellt worden. Nur acht Jahre vor Boßhardt hatte auch der Altmeister Ludwig Vogel seine ‹Bündnerin› geschaffen (Abb. 73). Boßhardt folgt Vogel in wichtigen Details, bis hin zu der fauchenden Katze. Ein Vergleich der beiden Bilder verdeutlicht aber auch Boßhardts Eigenständigkeit:

Vogels Gemälde zeigt ein geradezu volkskundliches Interesse für die Ausstattung der Bauernstube. Von den Löscheimern bis zu den Milchgefäßen sind alle Gegenstände in ihrem ursprünglichen Zusammenhang gesehen. Ein komplettes Inventar möglicher Küchen- und Haushaltsgeräte wird enzyklopädisch über den Bildraum verteilt. Die markig bis manieriert gezeichneten Figuren imitieren den Stil der deutschen Renaissance. Sie verbinden sich wenig mit dem Raum, in dem sie agieren, und ihre Aufstellung wäre ebenso in der freien Natur oder in einer Gasse denkbar.

Boßhardt sucht dagegen eine möglichst vollständige atmosphärische Einheit zwischen Raum, Ausstattung und Akteuren. Seine Darstellungsweise orientiert sich nicht an der Kunst um 1500, sondern ist in jedem Detail naturalistisch. Boßhardt legt weniger als Vogel Wert darauf, die Haushaltsgeräte in ihrer Sachbedeutung zu skizzieren. Vielmehr wählt er sie gemäß ihrem malerischen Wert aus, ordnet sie zu Stilleben und verteilt sie nach kompositorischen Überlegungen auf der Bildfläche. Wo Vogel eine bäuerliche Musterstube mit exemplarischer Ausstattung versieht, richtet Boßhardt mit seinen Objekten ein Gemälde ein.

In diesem vergleichsweise schlichten Raum sind die Bewegungsabläufe zu dramatischer Konfrontation gesteigert. Dabei fällt wieder die für Boßhardt typische senkrechte Gliederung des Hintergrundes auf, vor dem die ge-

Abb. 72 (Kat. Nr. 27) Johann Caspar Boßhardt, Der Reisläufer, 1864, Öl/Lw., 61 × 70 cm, Standort unbekannt, Photo Kunsthandel.

geneinanderstehenden Figuren sich absetzen. Die Gruppe der Krieger übernimmt Typen von Vogel, drängt sie aber kompakt zusammen: Einbruch und Rückzug sind hier eins, während Vogel zu ihrer Unterscheidung die sich abwendende Rückenfigur einsetzt. In der Gestalt der beherzten Bäuerin hat Boßhardt eine Entscheidung getroffen, die unmittelbar berührt: In der einen Hand den Kochlöffel, mit der anderen gegen das Fenster deutend, gleicht ihre Stellung derjenigen in Vogels Gemälde. Boßhardt hat sie jedoch um 180 Grad gedreht. Sie tritt somit den Eindringlingen entschiedener entgegen. Ihre hochaufgereckte Gestalt zeigt zweierlei Gesicht: nach vorne wegweisende Gebärde, zeigt sie dem Betrachter des Bildes einen gestrafften Rücken. In seinem Schatten birgt sie das schlafende Kind in der Wiege vor den Blicken der Plünderer. Dieses Kind, dessen Gefährdung die Mutter kühn, aber auch erpreßbar macht, steht realistischer als alle Sachgüter für die akute Bedrohung; mit seiner Bewahrung ist auch die Rettung der ganzen Dorfgemeinschaft angedeutet.

Im Vergleich zu den frühen Historiengemälden ist hier die historische Persönlichkeit in ihrem für die Gegenwart bedeutungsvollen Handeln abgelöst worden von der psychologisierenden Gestaltung eines Allgemein-Menschlichen. Die intime Atmosphäre des Interieurs wie auch technisch-malerisches Können sind gegenüber dem Ereignis aufgewertet und diesem ebenbürtig. Wie bewußt Boßhardt diese stilistische Änderung vollzogen hat, zeigt sein Brief an Karl Alfred Ernst:

Dok. 16 1870 Juni 19

Boßhardt hat genug von der Historienmalerei – Bekenntnis zum Genre in einem Brief an Karl Alfred Ernst in Winterthur
(Winterthur, Stadtbibliothek, Autographen-Sammlung)

«Verehrtester Freund Ernst
Längst bin ich Dir einige Zeilen schuldig als Antwort auf Deinen freundlichen Brief, welchen mir Hr. Möller mitgebracht hat. Wir Maler sind alle saumseelige Briefschreiber und so mußt Du mir's schon zu gut halten, daß ich so spät erst antworte. Deine Nachrichten über die Bekannten in Winterthur habe ich gerne gelesen, wenn dieselben auch nichts Epochemachendes enthielten, so hört man doch immer gerne, was Bekannte und Freunde im Momente treiben. Die Geschichte der Bestellung mit Wekesser dauert jetzt schon so lange, daß es bald langweilig wird und für ihn selbst peinlich sein muß. Hoffentlich wird die Geschichte ins Reine kommen, wenn er in die Schweiz kommt, und ich wünsche nur, daß er sich selbst keine unlohnende Arbeit aufgibt. Du schreibst mir über eine Verlosung von Kinkel; mir ist seine langweilige und weinerliche Karte von Konstanz so dick noch im Magen, daß ich wenig Lust verspüre, neue Auflagen von ihm zu hören, sollten sie auch etwas weniger selbstgefällig und geschwätzig sein. Wenn ihr in Winterthur eine Ausstellung veranstaltet und allenfalls auch von meinen Bildern dazunehmt, so sorge, daß dieselben anständig aufgehangen werden und daß eine richtige Auswahl getroffen wird. Sickingen[1] und Hutten[2] und allenfalls das Bild vom Baron[3], mehr wünsche ich nicht.
Ich selbst lebe hier in gewohnter Weise und arbeite an verschiedenen Bildern. Eines habe ich schon einige Zeit fertig und an der hiesigen Localausstellung. Ich will mich mehr dem gegenwärtigen Leben zuwenden und den Markt für meine Bilder auch anderwerths suchen, habe ich doch mit allen meinen Bildern patriotischen Inhaltes nichts erreicht. Und es ist aber auch für Niemanden etwas zu erreichen, als zuletzt Ärger, daß man einmal so dumm und kurzsichtig war. Daß es auf jedem ideellen Gebiete in der Schweiz so ist, weiß ich wohl, und man sollte es eben früher einsehn und nichts malen, was nur schweizerisch localer Natur ist. Ob ich dies Jahr nach der Schweiz komme, weiß ich noch nicht; möglich im Herbst für kurze Zeit, in nächster Zeit will ich noch ein Bild fertig malen, dann gehe ich hier etwas aufs Land und mache Studien. Dändliker[4] will ich nächstens schreiben. Eine Photographie habe ich immer noch keine machen lassen. So ein alter Junggeselle hat an sich selbst so wenig Interesse mehr, daß es schon ein großer Entschluß ist, zum Photographen zu gehen; (wird) dennoch, falls, nächstens geschehen. Grüße mir deine Leute bestens, wie ich auch Dich herzlich grüße und Dir für deine Freundlichkeit bestens danke.

C. Boßhardt / Maler / München den / 19 Juni 1870 / Schillerstraße No / 28.»

Abb. 73 Ludwig Vogel, Die mutige Bündnerin im Schwabenkrieg, 1860, Öl/Lw., 75 × 96 cm, Kunsthaus Zürich.

Abb. 74 (Kat. Nr. 34) Johann Caspar Boßhardt, Die mutige Bündnerin im Schwabenkrieg, 1869, Öl/Lw., 101 × 134,5 cm, Kunstmuseum St. Gallen, Depositum der Gottfried-Keller-Stiftung.

Anmerkungen:

[1] Kat. Nr. 17.
[2] Kat. Nr. 13.
[3] Es handelt sich um ‹Thomas Morus, Abschied von seiner Tochter› (Kat. Nr. 19).
[4] Jakob Dändliker (1822–1873), vgl. Kat. Nr. 77.

Auf Motivsuche im Tirol

Markus Landert

Abb. 75 (Kat. Nr. 37) Johann Caspar Boßhardt, Archiv im Rathaus Hall, Studie, um 1872, Öl/Lw., 54,5 × 75,7 cm, Heimatmuseum Pfäffikon ZH.

Abb. 76 Toby Edward Rosenthal, Bibliothek in Hall, 1873, Öl/Lw., 68 × 87 cm, München, Bayerische Staatsgemäldesammlung, Neue Pinakothek.

Im Jahre 1872 unternahm Boßhardt eine Reise ins Tirol. Sie führte ihn unter anderem nach Feldkirch, Hall im Tirol, Sterzing und Sarntheim, wo verschiedene, in Format und Sorgfalt der Ausführung unterschiedliche Raumstudien entstanden. Diese Skizzen zeichnen die Reise als Studienreise aus, deren Zweck ganz offensichtlich das Sammeln geeigneter Vorlagen für die weitere Arbeit war. Die Skizzen blieben dann auch bis zum Tod des Malers in dessen Besitz. Erst an der Gedächtnisausstellung in Winterthur im Jahre 1887 wurden diese Werke zum Verkauf angeboten.

Die in den Skizzen gemachten Erfahrungen finden in den Bildern nach 1872 einen unmittelbaren Niederschlag. Architekturteile und einzelne Ausstattungsstücke der dargestellten Räume wurden vom Maler aus den Studien in seine späteren Bilder übernommen. So diente die Ansicht des Archives von Hall (Abb. 75, 77) als Vorlage für das Arbeitszimmer des Alchimisten (Abb. 90), und die Türumrahmung der ‹Bauernstube aus Sterzing› (Abb. 78) taucht detailgenau im Bild ‹Politik im Kloster› wieder auf (Abb. 87).

Die Studien dienten Boßhardt jedoch zu weit mehr als nur zur Bereicherung seiner Vorstellung mit pittoresken Details, an denen es seinen Bildern auch vor der Reise

nicht gemangelt hatte (vgl. ‹Die mutige Bündnerin›, Abb. 74). Er klärte in seinen Studien die Darstellung räumlicher Verhältnisse ab, die ihn schon vor 1870 beschäftigt hatten, ohne daß ihm deren Gestaltung überzeugend gelungen wäre. Obwohl von hoher Detailgenauigkeit, sind die Studien der Innenräume von Sterzing und Sarntheim also nicht als ethnographische Bestandesaufnahmen bäuerlicher Innenräume zu verstehen. Die Ansichten sind vielmehr bereits durch Boßhardts künstlerische Vorstellungen geprägt und wirken weniger als bewohnte Bauern- oder Bürgerstuben denn als sorgfältig zurechtgemachte Bühne für ein von Boßhardt zu inszenierendes Genrestück. Die Belebung der Szenen mit einigen historisch gewandeten Personen, ihre Dramatisierung mit

Abb. 77 (Kat. Nr. 38) Johann Caspar Boßhardt, Archiv im Rathaus Hall, Studie, um 1872, Öl/Lw., 66 × 53 cm, Privatbesitz Zürich.

Abb. 78 (Kat. Nr. 40) Johann Caspar Boßhardt, Bauernstube aus Sterzing, Studie, um 1872, Öl/Lw., 50 × 66 cm, Kunsthaus Zürich.

Lichteffekten sowie ihre Bereicherung mit schmückenden, zu kleinen Stilleben zusammengestellten Gebrauchsgegenständen würde genügen, um die einfachen Tiroler Bauernstuben zum geschichtsträchtigen Schauplatz einer historischen Begebenheit zu verwandeln.

Die Künstlichkeit von Boßhardts Raumansichten zeigt sich deutlich bei einem Vergleich seiner Studie ‹Interieur aus Sarntheim› (Abb. 79) mit dem etwa gleichzeitig entstandenen Bild ‹Bauernstube› von Viktor Tobler (Abb. 80). Bei Boßhardts Studie blickt der Betrachter frontal in einen aufgeräumten, bühnenartigen Raum, der kaum bewohnt wirkt. Tobler zeigt einen ähnlichen Raum dagegen in einer Schrägansicht, die möglichst viel der vorhandenen Möbel und Gebrauchsgegenstände zu schildern versucht. In liebevoller Kleinarbeit werden Ornamente und Alltagsgegenstände aufgezeichnet. Gläser und Flaschen auf dem Tisch sowie Schuhe unter der Sitzbank zeugen davon, daß es sich hier um einen bewohnten

Abb. 79 (Kat. Nr. 44) Johann Caspar Boßhardt, Interieur aus Sarntheim (Tirol), Studie, um 1872, Öl/Lw., 43 × 60,5 cm, Kunstmuseum Winterthur.

Abb. 80 Viktor Tobler, Bauernstube in Sarntheim, 1871, Öl/Lw., 43 × 60 cm, Kunstmuseum Luzern.

Raum handelt, der möglichst lebensnah wiedergegeben wurde.

Wie gezielt Boßhardt räumliche Effekte untersuchte, zeigt sich in seinen Studien von Raumeingängen mit offenen Türen. Sowohl in der Skizze eines ‹Saaleinganges› (Abb. 82) wie auch in der Studie ‹Bauernstube aus Sterzing› (Abb. 78) behandelt der Maler offenstehende Türen, die den Blick freigeben in einen Raum mit Fenster. Solche Motive interessierten Boßhardt schon vor Antritt der Reise. So findet sich das Motiv der offenstehenden Türe bereits im Werk ‹Die mutige Bündnerin› (Abb. 74) aus dem Jahre 1869 am linken Bildrand. In diesem Werk ist die Raumsituation jedoch nur andeutungsweise definiert. Weder Türrahmen noch der dahinterliegende Raum werden in der für Boßhardt sonst typischen Genauigkeit dargestellt. Nach der Reise erscheint dagegen dasselbe Motiv im Bild ‹Politik im Kloster› (1876) (Abb. 87) am linken Bildrand in höchster Präzision ausformuliert. Türumrahmung und Fensterbogen sind perspektivisch genau bestimmt. Farb- und Lichtbehandlung ergeben einen überzeugenden Raumeindruck.

Boßhardts Studienreise ins Tirol muß im Zusammenhang mit seinem Entschluß gesehen werden, sich vermehrt der historischen Genremalerei zuzuwenden (Dok. 16)[1]. Die Beschäftigung mit dem historischen Genre erforderte vom Maler eine vermehrte Auseinandersetzung mit häuslichen Situationen und deren Stimmungswerten, während die Kenntnis historischer Ereignisse in den Hintergrund trat. In den Bildern ‹Der Reisläufer› (1864) (Abb. 72) und ‹Die mutige Bündnerin› (1869) (Abb. 74) hatte Boßhardt erstmals Szenen geschaffen, in denen die Darstellung des alltäglichen Lebens die Schilderung eines

Abb. 81 (Kat. Nr. 41) Johann Caspar Boßhardt, Interieur aus Sterzing, Tirol, Studie, um 1872, Öl/Lw., 50,5 × 69,5 cm, Kunstmuseum Winterthur.

Abb. 82 (Kat. Nr. 47) Johann Caspar Boßhardt, Saaleingang, Studie, um 1872, Öl/Lw., 43 × 32,5 cm, Privatbesitz Zürich.

Abb. 83 (Kat. Nr. 48) Johann Caspar Boßhardt, Fensternische, Studie, um 1872, Öl/Lw., 46 × 33,5 cm, Privatbesitz Zürich.

bestimmten historischen Ereignisses an Wichtigkeit übertraf. Dominiert im ‹Schultheiß Wengi› (Abb. 57) oder im ‹Hans von Hallwyl› (Abb. 70) noch die Darstellung einer historischen Situation in ihrem Entscheidungsmoment, so überwiegen im ‹Reisläufer› und in der ‹Bündnerin› bereits die genrehaften Elemente. Im Zentrum dieser Bilder steht ein alltägliches Ereignis der Vergangenheit (ein Krieger kehrt nach Hause zurück, eine Frau wird durch plündernde Soldaten überrascht), das sich an verschiedenen Orten in ähnlicher Weise ereignet haben könnte. Die stimmungshaften Elemente haben die Entscheidungssituation abgelöst.

Im Vergleich zu den reinen Historienbildern fällt dem Raum als Wirkungselement in den historischen Genrebildern eine weit bedeutendere Aufgabe zu. Er ist nicht länger nur kulissenhafter Hintergrund (wie im ‹Niklaus von der Flüh›, Abb. 63), sondern wird neben Gerätschaften und Kostümen zum entscheidenden Stimmungsträger der Bilder. Während Boßhardt Kostüme und Gerätschaften bereits vor der Reise virtuos zu gestalten wußte, zeigen sich in der Raumbehandlung Unsicherheiten, die der Maler mit seinen Studien gezielt zu beheben versucht. Die dazu angesetzte Studienreise führt dabei nicht zufällig ins Tirol. Diese Gegend gehörte in den siebziger Jahren des 19. Jahrhunderts zu den beliebtesten Zielen der Münchner Genremaler (Abb. 76 und 80). Es kann in dieser Zeit geradezu von einem Höhepunkt der Genremalerei mit Motiven aus dem Tiroler Bauernleben gesprochen werden[2].

Für einen akademisch gebildeten Maler wie Boßhardt stellte das Studium nach der Natur aber nur eine von mehreren Möglichkeiten dar, mit der er eine Verbesserung seiner Raumgestaltung erreichen konnte. Daneben galt das Kopieren geeigneter Werke von Künstlern der Vergangenheit als weitere Methode zur Vervollständigung des eigenen Könnens. Das Abmalen von Bildern berühmter Vorgänger gehörte daher im 19. Jahrhundert zu den allgemein anerkannten Ausbildungsverfahren. Das Bereichern eigener Bildvorstellungen mit Teilen fremder Bilder entsprach durchaus der Lehrmeinung der Akademien und den Qualitätsvorstellungen der Kunstkritik.

Zwar sind von Boßhardt keine Kopien fremder Gemälde bekannt. Einzelne in seinem Werk auftauchende Bildgegenstände lassen jedoch eine gezielte Auseinandersetzung des Künstlers mit bestimmten Stilrichtungen als wahrscheinlich erscheinen. Einen Hinweis auf mögliche Inspirationsquellen geben Boßhardts aufwendig gestalteten Plattenböden sowie die Darstellung der im 19. Jahrhundert nicht mehr gebräuchlichen Tischteppiche, etwa in dem Bild ‹Der Alchimist› (Abb. 92). Die akribisch genaue Wiedergabe der Materialqualitäten von Plattenböden und Tischteppichen verweist auf eine Auseinandersetzung des Künstlers mit der holländischen Malerei des 17. Jahrhunderts. Maler wie Jan Vermeer (1632–1675), Pieter de Hooch (1629–1684), Gabriel Metsu (1632–1667) und Gerard Terborch (1617–1681) hatten im bürgerlichen Holland eine Genremalerei zur Hochblüte gebracht, in der wenige Personen in stimmungsvoll durchlichteten Räumen gruppiert wurden. Wesentlichen Anteil an der Wirkung der intimen Interieurs hatte dabei die naturalistische Wiedergabe der Stoffqualitäten von Kleidern, Gefäßen und Teppichen.

Im Zusammenhang mit einem allgemeinen Geschmackswandel erfuhren um 1870 die Bilder der holländischen Genremaler des 17. Jahrhunderts eine Aufwertung. An der Internationalen Kunstausstellung des Jahres 1869 in München hatte sich eine Tendenzwende der Malerei angekündigt: «*Das Hauptgewicht lag... in der neu aufgeblühten und überall reich vertretenen Schilderung des bürgerlichen und bäuerlichen Lebens der Gegenwart, während der Klassizismus mit seinen antiken Helden bereits auffallend die Gunst der Menge verloren hatte*[3].» Diese von einem Zeitgenossen beobachtete Interessenverschiebung von der Historien- zur Genremalerei führte zu einer vertieften Auseinandersetzung mit den Holländern. Mit Arthur Georg Freiherr von Ramberg (1819–1875), der seit 1866 als Professor an der Münchner Akademie wirkte, schloß sich eine der bedeutenden Persönlichkeiten der Kunstszene dieser Bewegung an. Sein um 1870 gemaltes Bild ‹Nach Tisch› (Abb. 84) vermag die einsetzende Orientierung am holländischen Genre eindrücklich zu illustrieren. Es zeigt eine musikalische Unterhaltung nach Tisch im Stil des holländischen Gesellschaftsbildes des 17. Jahrhunderts. Die sorgfältig herausgearbeitete Stofflichkeit von Tischdecke und Tischteppich, die raumgreifende Wirkung des Plattenbodens sowie die stillebenhaft zusammengestellten Gegenstände auf und neben dem Tisch lassen auf ein intensives Studium der Bilder eines Vermeer, de Hooch, Metsu und Terborch schließen. Das Bild wurde bereits 1875 für die Neue Pina-

Abb. 84 Arthur Georg Freiherr von Ramberg, Nach Tisch, um 1870, Öl/Lw., 79,3 × 102,2 cm, München, Bayerische Staatsgemäldesammlungen, Neue Pinakothek.

kothek angekauft[4]. Rambergs Auseinandersetzung mit den Holländern wirkte schulbildend. Ein direkter Niederschlag seiner Tätigkeit zeigt sich im Werk des aus Gais stammenden Malers Albert von Keller (1844–1920). Keller hatte 1873 seinen ersten großen Erfolg mit dem Interieurbild ‹Chopin›, das eine zeitgenössische, jedoch im Stile der Holländer gestaltete Szene darstellt[5].

Boßhardts Interesse für die holländische Malerei des 17. Jahrhunderts war jedoch mehr als nur eine oberflächliche Übernahme dieser Modeströmung der Münchner Kunstszene. Seine Annäherung an die holländische Genremalerei war die logische Folge der Neuorientierung des eigenen Schaffens, die zu Beginn der siebziger Jahre stattfand. Auslösendes Element dieser Neuorientierung war der Mißerfolg seines Vorschlags für die künstlerische Ausschmückung des Bundesrathauses gewesen. Da der Bund als Auftraggeber ausfiel, mußte sich der Künstler um andere Kundschaft bemühen. Boßhardt äußerte sich im Juni 1870 zu diesem Problem, als er schrieb: «*Ich will mich mehr dem gegenwärtigen Leben zuwenden und den Markt der Bilder auch anderwärts suchen, habe ich doch mit allen meinen Bildern patriotischen Inhaltes nichts erreicht*» (Dok. 16).

Aus der Briefstelle geht deutlich hervor, daß mit der Suche nach einem neuen Markt eine Veränderung der Bildinhalte einherschreitet. Ein Vergleich der Bilder Boßhardts vor und nach 1870 zeigt, daß bei diesem Prozeß historische, politisch interpretierbare Themen zurücktraten und an deren Stelle die Darstellung privater Häuslichkeit trat. Zudem verlor die historische Detailgenauigkeit an Bedeutung, während die naturalistische Inszenierung stofflicher Effekte sowie die Darstellung stimmungsvoller Innenräume an Wichtigkeit gewannen, wie die Interieurstudien der Tirolreise zeigen.

Boßhardts Rückgriff auf die Holländer war somit alles andere als zufällig. Keine Kunstrichtung bot für die Darstellung intimer Räume und reicher Stofflichkeit ein idealeres Vorbild als die Malerei der Holländer des 17. Jahrhunderts. In der holländischen Tafelmalerei waren die von Boßhardt gesuchten Qualitäten erstmals bis zur Perfektion verfeinert worden. Sie stellte den Prototyp einer Kunst dar, die die Ansprüche eines bürgerlichen Publikums optimal zu erfüllen vermochte[6]. Boßhardts Anlehnung an die Holländer erscheint so als das Resultat des feinfühligen Kalküls eines Malers, der die Absatzchancen seiner Bilder zu verbessern versucht. Zielpublikum sind nicht länger die Regierungsstellen in Bern sondern vornehmlich ein privater, bürgerlicher Kundenkreis.

Anmerkungen:

[1] Zur Historischen Genremalerei vgl. Immel, Die deutsche Genremalerei, S. 47–50.
[2] ebda., S. 45; Ludwig, Malerei der Gründerzeit, S. 29.
[3] Pecht, Geschichte der Münchner Kunst, S. 279.
[4] zu Ramberg vgl. Ludwig, Malerei der Gründerzeit, S. 272ff.; Ludwig, Münchner Malerei, S. 38.
[5] Ludwig, Malerei der Gründerzeit, S. 253.
[6] Hauser, Sozialgeschichte, S. 498f.

Kulturkampf und Klosterpolitik
Boßhardt findet seine Thematik wieder

Selbst nach seiner Tirolreise hatte sich Boßhardt von seinen Rückschlägen noch nicht gänzlich erholt. Er war auf Unterstützung angewiesen, wie sie im Falle von Friedrich Imhoof-Hotze bezeugt ist: Dieser bestellte um 1874/75 von Boßhardt ein Selbstporträt, um ihm über die gegenwärtige Arbeitslosigkeit hinwegzuhelfen (Abb. 85)[1].

Die Verhältnisse wandten sich zum Besseren, als Boßhardt wieder an seine frühere Praxis anknüpfte, nämlich Themen von brisanter Aktualität zu malen. Eine solche Gelegenheit bot sich, als in den 1870er Jahren die Spannungen zwischen liberalen Regierungen und der «ultramontanen» (römisch-katholischen) Kirche einen neuen Höhepunkt erreichten. Der sogenannte ‹Kulturkampf› war in Deutschland und in der Schweiz ausgebrochen, nachdem einerseits 1870 das päpstliche Unfehlbarkeitsdogma erlassen, andererseits in liberalen Staaten die Macht der Kirche eingeschränkt wurde. Gegenstand des Konflikts waren namentlich die Säkularisierung der Schulen, das Obligatorium der Zivilehe, Klösteraufhebungen, staatlicher Schutz für solche katholische Geistliche, die das Unfehlbarkeitsdogma ablehnten, sowie ‹Kanzelparagraphen›, welche den Mißbrauch der Kanzel zu politischen Zwecken unter Strafe stellten. In der Schweiz gipfelten die Auseinandersetzungen 1874 im Abbruch der diplomatischen Beziehungen zu Rom[2].

Boßhardt malte in diesem Zusammenhang 1875 seine ‹Politiker im Kloster› (Abb. 86). Der Blick führt in eine mittelalterliche Klosterstube, in der ein Jesuit zwei Franziskanern aus der Zeitung eine Debatte zum Kulturkampf vorliest. Das Motiv bot Boßhardt die Möglichkeit, all seine besonderen Fähigkeiten vereint unter Beweis zu stellen: Es steht ein mittelalterliches Interieur zur Verfügung, das sich vorzüglich zur Unterbringung einzelner Stilleben eignet. Die Thematik ist dagegen hoch aktuell und auf seine liberale, antiklerikale Kundschaft zugeschnitten. Das Personal beschränkt sich auf Kleriker, die zu charakterisieren schon seit jeher Boßhardts Spezialität war: Schon Gottfried Keller hatte in seiner Besprechung des ‹Waldmann› (Abb. 25) geäußert: *«Für die beste Figur, diejenige, die am meisten Wahrheit hat, halten wir den Mönch, dessen Kopf besonders gelungen ist»*[3]. Von den Figuren im ‹Kolumbus› sind die mißtrauischen Kleriker ebenfalls am überzeugendsten getroffen (Abb. 42). Beim ‹Wengi› wurde Boßhardt *«besonderes Geschick für Pfaffen darzustellen»* attestiert, und er selbst glaubte, daß er ein *«gewisses physiognomisches Auge für diese Art Charakter habe»*[4].

Die stimmungsvolle Ausführung der geglückten Komposition traf in der Mitte der 1870er Jahre mit ihrer Thematik ins Schwarze. Im Münchner Kunstverein erntete das Gemälde Beifall, und wenn wir Boetticher Glauben schenken dürfen, reiste es 1878 an die Weltausstellung in Paris, 1879 zur internationalen Kunstausstellung wieder nach München und 1880 nach Dresden[5].

Unter dem Zuspruch in München tat Boßhardt auf eigenes Risiko, was er noch während der ersten Ausstellungstournee des Wengi im Auftragsverhältnis abgelehnt hatte: er malte eine zweite Fassung (Abb. 87)! Diese sandte er im Frühjahr an den Winterthurer Kunstverein, gefolgt von folgendem Schreiben:

Dok. 17   1876 Mai 15

Boßhardt will seine ‹Politik im Kloster› verkaufen –
Briefliche Bitte an Friedrich Imhoof-Blumer
Winterthur, Stadtbibliothek, Autographen-Sammlung

*«Geehrtester Herr Imhof,
Heute Montag, vor 8 Tagen habe ich ein nicht sehr großes, aber gutes Bild nach Winterthur gesandt und Hr. Hafner*[6] *ersucht, dasselbe zur allgemeinen Ansicht auszustellen.*

Abb. 85 (Kat. Nr. 31) Johann Caspar Boßhardt, Selbstbildnis, um 1874/75, Öl/Lw., 68,5 × 55,5 cm, Kunstmuseum Winterthur.

Mein Wunsch ist, daß es dort für die Gallerie gekauft werde, weil ich glaube, damit gut und würdig represendirt zu sein, neben dem Porträt welches durch die Kunstliebe Ihres Herrn Vaters sich schon dort befindet[7]. Das Bild hat hier im Kunstverein, wo ich es ausstellte, ungewöhnlichen Beifall gefunden und ist von meinen Collegen, wie meinen Landsleuten, als mein glücklichstes Genrebild bezeichnet worden. Es ist ein reisender Jesuitenpater, welcher in einem kleinen Kloster dem Guardian und Schaffner, Franziskanerorden's, eine Kammerverhandlung über den Kulturkampf vorliest, so dachte ich mir ungefähr die Situation. Es ist also ein Zeitbild, aber in möglichst allgemeinem und daher auch bleibendem Gewande, ohne Karikatur, sondern nur menschlich karakterisirt, wonach sich eigentlich Jederman selbst seine Erklärung machen kann. Ich habe das Gemälde nach meinen künstlerischen Überzeugungen in der gewissenhaftesten Weise durchgeführt, das Kolorit einfach und markig gehalten, und es wird auch in Winterthur Freunde finden. Schauen Sie sich die Sache an, und finden Sie es würdig, so bitte ich um freundliche Mitwirkung, soweit dieselbe möglich ist, denn Geld ist, wie ich weiß, vorhanden. Ich habe den berechtigten Ehrgeiz, daß, zumal jetzt meine Person dort hängt, auch ein Bild sich dort befinde und halte dieses für passend.

Ihrem Hr. Vatter habe ich eine Photographie gesannt, welche aber, wie bei tiefen Bildern, die koloristisch gehalten sind, immer nicht günstig ist. Es soll nur ein Gruß und Zeichen meiner Achtung sein. Ich male noch für einen mir unbekannten Winterthurer Freund ein kleines Bild, für welches aber nur tausend Frk. ausgesetzt sind und nicht überschritten werden dürfen. Es soll, wie man mir sagte, auch schließlich dem Verein geschenkt werden. Jedoch ist es wohl für den Anfang ungewiß, und ich wünsche bedeutender vertreten zu sein. (Ich schreibe dieses nur für Sie, weil ich es Ihrem Hr Vater früher mitteilte – und bitte solches geheim zu halten.) Sie sind, wie mir Rothplez sagte, sehr an einer Arbeit, seit Sie von Ihrer schönen Reise zurück gekommen und sollen Abends wenig sichtbar sein. Ich halte das für eine glückliche Situation, ist ja doch im Schaffen der reellste Genuß.»

Alles lief nach Boßhardts Wunsch. Das Gemälde wurde in Winterthur ausgestellt, und der Vorstand stellte in seiner Sitzung vom 27. Mai 1876 zuhanden der außerordentlichen Versammlung des Kunstvereins den Antrag, das Werk für 3000 Franken zu kaufen[8]. Der Vizepräsident Hafner unterrichtete Boßhardt unverzüglich über den Vorstandsbeschluß, gab aber auch seinen Bedenken wegen der gefälligen Darstellungsweise des Jesuiten Ausdruck[9]. Boßhardt reagierte in München unverzüglich, um sich noch vor der beschlußfassenden Versammlung vom 2. Juni zu rechtfertigen:

Dok. 18 1876 Mai 31

Der Jesuit ist zu schön gemalt – Boßhardt rechtfertigt sich in einem Brief an Albert Hafner
(Winterthur, Stadtbibliothek, Autographensammlung)

«Geehrtester Herr,
Ihre Nachricht, welche Sie so freundlich waren, mir zukommen zu lassen, daß nämlich mein eingesanntes Bild zum Vorschlage des Ankaufs gelangt sei und zwar unterstützt von sämtlichen Anwesenden, hat mich in mehr wie einer Hinsicht mit aufrichtiger Freude erfüllt. Ich betrachte mich nicht als unfehlbar und anerkenne gerne die Berechtigung abweichender Anschauungen puncto Karaktere. Der erste Entwurf des Jesuiten war scharf bis an die Grenze gegangen und an Jahren älter[10], ich weiß, er hätte der allgemeinen Auffassung eines Jesuiten mehr entsprochen. Mehrere Kritiken geistvoller Freunde und Kollegen bewogen mich, einen jungen für die absolute Autorität der römischen Kirche schwärmenden, aber weniger scharfen Karakter zu zeichnen. Man sagte mir, ein so überragender geistvoller Kopf wird deinen Bettelmönchen nicht über Politik vorlesen, er wird denselben die Instruktionen geben, welche er für gut findet und ein Glas Wein mit ihnen trinken, dann läßt er die dummen Kerle in ihrer Würde. Wenn Sie in Feldkirch oder in Brixen's Seminar Gelegenheit hatten wie ich[11], einige mal die Jesuiten zu sehen, so würden Sie den Karakter, wie er da ist, mehr für zutreffend halten. Was ich an dem Bilde für sehr gelungen halte, das ist der malerische Theil, welchen man unrichtig in nicht künstlerischen Kreisen nur Technik heißt. Es ist das eigentlich beim einfachsten Gedanken, den Tuzende[sic!] von Malern auch haben können, die künstlerische Form, die malerische Gestallt, welche den einfachen Gedanken erst zum Kunstwerke macht, die Beherrschung der Mittel, daß man nicht mehr an Technik oder ne-

Abb. 86 (Kat. Nr. 51) Johann Caspar Boßhardt, Politiker im Kloster, 1875, Öl/Lw., 64 × 81 cm, Sammlung Georg Schäfer, Euerbach (BRD).

bensächliche Dinge denkt, sondern nur an die Sache, die's darstellt. Was Geschmack der Einzelform, Wahl der Anordnung, Kraft des Thons der Farbe und Stimmung anbelangt, ist es Ihren andern Bildern mindestens ebenbürtig, und das halte ich für sehr wichtig. – Denn es ist die eigentliche Begabung geläutert durch Studium und feinen Geschmack. Es ist unmöglich, es Allen zu treffen im Stoffe wie in der Auffassung; für eine Gallerie ist es auch gleich, da entscheidet nur der künstlerische Werth, wie ein Stoff dargestellt ist.
Ich hoffe und glaube, das Bild werde Vielen Freude machen und ein Liebling des Publikums werden, denn es spiegelt die Zeit und ist daher ein rechtes Genrebild, das ich mit Freude in Winterthur weiß. In aufrichtiger Hochachtung/Ihr C. Boßhardt/Maler/München dt. 31. Mai 1876.»

Der Brief aus München traf in Winterthur noch rechtzeitig vor der außerordentlichen Versammlung des Kunstvereins vom 2. Juni 1876 ein[12]. Er wurde von Vizepräsident Hafner verlesen, und der Protokollführer pflichtet bei (vgl. Abb. 87):

«In der That steht die jugendlich hübschere und feinere Erscheinung des Jesuiten in einem schönen Gegensatz zu den ordinären, ja nahezu gemeinen Bettelmönchen und wenn auch das blasierte Gesicht nicht allzu viel Geist und Empfindung verräth, so stimmt das mit der verdumpfenden Jesuitendressur und der Angewöhnung, blindlings den Willen ihrer Obern auszuführen, ‹fühllos wie ein Leichnam› wie das Ordensstatut sagt.»

Dennoch wurde Einspruch erhoben. Einem Mitglied war es «merkwürdig, daß der Künstler auch ursprünglich im Einklang mit der Volksvorstellung eines Jesuiten, denselben älter, energischer und bösartiger dargestellt hat».

Der Präsident glaubte zur Hauptsache kommen zu müssen, gab seiner Freude darüber Ausdruck, *«daß Jederman über den hohen Werth des Bildes einig sei»* und stellte den Antrag, dem von der Versammlung stattgegeben wurde.

Einmal abgesehen davon, daß eine solche Anschaffungspolitik für heutige Ohren einer gewissen Komik nicht entbehrt: Das Beispiel zeigt eindrücklich, in welchem Maße ein Gemälde den Erwartungen des aktuellen geistigen Klimas zu entsprechen hatte, bevor man sich auf die formalen Qualitäten einlassen wollte.

Was die gestalterischen Aspekte angeht, zählt das Bild zweifellos zu Boßhardts besten Werken. Raumaufteilung und Handlungspersonen fügen sich ungezwungen in die Gesamtkomposition ein. Die Stilleben haben am Ort, wo sie stehen, ihren Sinn. Sie unterstützen den Bildinhalt zuweilen mit leiser Ironie, wenn auch Boßhardt beteuert, *«ohne Karikatur, sondern nur menschlich»* zu charakterisieren (Dok. 17): Der ‹weibische› Schirm will Auskunft über den Charakter seines Besitzers geben; das so leuchtend rot-türkis gebundene Büchlein erzählt, hinter das Marienbild geklemmt, mit welchem Eifer man die geistliche Lektüre übt, und die Weingläser vor den Bettelmönchen machen deutlich, welch klaren Verstand man von den Ultramontanisten zu erwarten hat.

Man fragt sich, ob Boßhardt hier nicht die Kuh schlachtet, die ihm Milch gibt. Die ‹Klosterpolitik› ist sein einziges Bild zeitgenössischen Inhalts, doch abgesehen von Regenschirm und Zeitung unterscheidet es sich in nichts von einem historischen Genregemälde. Zwar unterstützt Boßhardt mit seinen Bildern den Kampf gegen die ‹Pfaffen›, künstlerisch fühlt er sich aber in ihrer Welt am wohlsten. Es ist bezeichnend, daß er für seine Studien ins Tirol reisen mußte, denn die Klosterwelt in seiner Heimat war schon lange in Auflösung begriffen (vgl. Kasten). Boßhardts Verfahren gleicht in der Struktur der spätmittelalterlichen Gegenbildlichkeit. Wie man damals die Bekehrung der Maria Magdalena dadurch herausstrich, daß man sie auf den Altartafeln in der Aufmachung einer Dirne darstellte, so eröffnen Boßhardts antiklerikale Gemälde einen lüstern romantischen Blick auf eine Kultur, der man den Tod angesagt hat.

Untergang der Klosterkultur in der Umgebung von Zürich im 19. Jahrhundert

Benediktinerstift Fischingen:
1848   aufgehoben

Ehemaliges Dominikanerinnenkloster Töß:
seit 1833   Maschinenfabrik Rieter & Co.
1851   Abbruch des Kreuzgangs
1854   Nutzung der Kirche als Fabrikgebäude

Benediktinerstift Rheinau:
1862   aufgehoben
1864–67   Umbau in eine Heil- und Pflegeanstalt

Zisterzienserkloster Wettingen:
1841   Klosteraufhebung, der Konvent übersiedelt nach Mehrerau
1847   Einrichtung des Lehrerseminars

Ehemaliges Franziskanerkloster Königsfelden:
1804   Umbau in psychiatrische Klinik
1867–72   Abbruch des halben Baukomplexes für den Anstaltsneubau

---

Anmerkungen:

[1] Prot. V.KVW. vom 17. Dez. 1875 (vgl. Kat. Nr. 31).
[2] Vgl. Hans von Greyerz, Der Bundesstaat seit 1848 in: HSG 2, Kapitel Kulturkampf, S. 1066–1071.
[3] s. Dok. 4, S. 35.
[4] s. Dok. 9, S. 70.

Abb. 87 (Kat. Nr. 52) Johann Caspar Boßhardt, Politik im Kloster, 1876, Öl/Lw., 64 × 77,5 cm, Kunstmuseum Winterthur.

[5] Boetticher, Malerwerke, S. 122.
[6] Albert Hafner, damals Vizepräsident des Winterthurer Kunstvereins (s. Dok. 18).
[7] s. oben, Abb. 85.
[8] Prot. V.KVW., 27. Mai 1876.
[9] Der Brief selbst ist nicht bekannt, sein Inhalt läßt sich aber aus Dok. 18 und dem Prot. KVW. vom 2. Juni 1876 erschließen.
[10] Vgl. Abb. 86.
[11] Boßhardt bezieht sich auf seine Tirolreise von 1872.
[12] Das folgende laut Prot. KVW. vom 2. Juni 1876.

Früchte der Reife – Boßhardts letzte Werke

Mit der ‹Klosterpolitik› setzte Boßhardts letzte Schaffensphase ein. Sie ist gekennzeichnet durch Kabinettformate und eine technisch perfekte Malweise, die in der Wiedergabe der Stofflichkeit zwischen einem niedergetretenen Bodenteppich und einem weniger strapazierten Tischteppich zu unterscheiden weiß (Abb. 91, 92). Die Thematik beschränkt sich auf lyrische Interieurs, in denen sich höchstens vier Personen zu einem Gespräch einfinden. Die großen Momente der Geschichte sind vorbei, stattdessen wählt Boßhardt intime Ereignisse. Bald verbildlichen sie einen historischen Quellenbericht, bald entspringen sie reiner Phantasie. Ein genrehafter Zug ist jedoch auch in den historisch belegten Szenen vorherrschend. Stilistisch orientiert sich Boßhardt an den Niederländern des 17. Jahrhunderts, allerdings ohne deren Zusammenwirken von Form und Inhalt sklavisch zu reproduzieren, wie es etwa Ramberg tat (Abb. 84). Unter dem reichen Spätwerk sind sich in Inhalt und technischer Ausführung vier Gemälde sehr ähnlich:

1. die zwei Fassungen der ‹Klosterpolitik› von 1875 und 1876 (Abb. 86 und 87),
2. die zwei Fassungen des ‹Alchimisten›, um 1877 (Abb. 91 und 92),
3. ‹Luther und die St. Galler Studenten› von 1879 (Abb. 93) und
4. ‹Zwingli und Kardinal Schiner in Einsiedeln› von 1886.

Der gegenwärtige Standort des letzten Gemäldes ist unbekannt, seine Gestalt aber durch Briefstellen und eine Bildbesprechung gut dokumentiert (Dok. 19 und 20). Obschon klein im Format, konnte Boßhardt für die Werke beträchtliche Preise verlangen: 3000 Franken für die zweite Fassung der Klosterpolitik und 3133 Franken für ‹Luther› (vgl. Kasten, S. 94); im Falle von ‹Zwingli› spricht Suter von einem «*reichlichen Honorar*»[1]. Dabei ist zu bedenken, daß Boßhardt in seinen letzten Lebensjahren neben den vier erwähnten Werken eine Reihe weiterer Genrebilder, Stilleben und Porträts geschaffen hat.

Abb. 88 (Kat. Nr. 58) Johann Caspar Boßhardt, Der Page, um 1875–80, Öl/Lw., 30 × 23 cm, Uster, Privatbesitz.

Abb. 89 (Kat. Nr. 57) Johann Caspar Boßhardt, Der heimkehrende Reisläufer, um 1875–1880, Öl/Lw., 78 × 63,5 cm, Gemeindehaus Pfäffikon ZH.

Im folgenden soll am Beispiel des ‹Alchimisten› die Entwicklung der Bildidee und im Falle ‹Luthers› Inhalt und Technik erläutert werden:

Vom Rathausarchiv zum Alchimisten-Labor

Die Bildidee für den Alchimisten geht zurück auf die Tirolreise und die Studien in Hall (Abb. 75 und 77).

Beim ersten dieser Bilder (Abb. 75) fällt der Blick in einen Raum, der von einem mehrteiligen, weiß getünchten Kreuzgratgewölbe überspannt ist. Es ruht auf einer gedrungenen Säule aus rotfleckigem Marmor, die annähernd in der Bildmitte steht. Ein runder Tisch auf hölzernem Podest umkleidet die Säule fast bis zur halben Höhe. Darüber ist sie von einem eisernen Reifen umfangen, dessen Spannschrauben dem Betrachter zugekehrt sind. Ein butzenverglastes Fenster auf der linken Seite liegt im Dunkel. An dieser Wand führt ein halbhohes offenes Regal, gefüllt mit Aktenbündeln, zur bildparallelen Rückwand. Diese ist von einem raumhohen Einbau mit zahlreichen Schubladen bedeckt, in dem eine Lücke den Durchgang zum dahinterliegenden Raum freigibt. Durch die halbgeöffnete Tür erkennt man einen Raum mit sonnenbeschienenem Fußboden und weiteren Archivschränken. Knapp angeschnitten an der rechten Wand steht ein dem gegenüberliegenden entsprechendes Regal. Darüber, im Bild nicht sichtbar, muß ein Fenster liegen, durch das warmes, gedämpftes Licht hereinfällt. Es beleuchtet die malerische Unordnung hochgestapelter Bücher und Aktenbündel, die alle Ablageflächen im Raum bedecken und sich zum Teil in labilem Gleichgewicht über die Kanten hin auffächern. Ein Siegel baumelt scheinbar zufällig von einer Urkunde auf dem Tisch herab. Auch im Sockel des Tisches, ja sogar daneben auf dem mit Tonplatten gedeckten Boden, stehen dicke Folianten. In der Konzeption des Bildes herrscht eine reizvolle Spannung zwischen der Zustandsschilderung des menschenleeren Raumes, der in seiner größtmöglichen Erstreckung erfaßt wird, und dynamischen Details wie der geöffneten Tür, einer herausgezogenen Schublade oder den flüchtig abgelegten Dokumenten.

Die zweite Studie (Abb. 77) zeigt denselben Raum in einem neuen, hochformatigen Ausschnitt. Der Betrachterstandpunkt ist um etwa 90° gedreht, der Blick auf die Wand mit dem schattigen Fenster über dem offenen Regal gerichtet und die Säule an den rechten Bildrand ge-

Abb. 90 (Kat. Nr. 39) Johann Caspar Boßhardt, Der Alchimist, um 1872–77, Öl/Lw., 83,3 × 67 cm, Heimatmuseum Pfäffikon ZH.

rückt. Die Anordnung der Bücher auf Boden, Tisch und Regal ist um weitere Gruppierungen auf dem Wandregal und am Boden ergänzt. Stärker noch als im zuvor beschriebenen Bild gewinnt man den Eindruck von arrangierten Stilleben, wofür das hier gezielt plazierte Siegel ein Indiz ist. Es baumelt nun nicht mehr frei, sondern hebt sich effektvoll und in frontaler Ansicht von einem untergeschobenen Dokument ab. Die Erfahrungen der ersten Studie sind in eine spannungsvolle Komposition verarbeitet.

Diese zweite Studie von Hall diente nun als Ausgangspunkt für den ersten Entwurf eines ‹Alchimisten› (Abb. 90): Ein Mann sitzt in der Gelehrtentracht des 16. Jahrhunderts, ein aufgeschlagenes Buch auf den Knien, das Profil sinnend in die Linke gestützt, und schaut auf einen

Abb. 91 (Kat. Nr. 55) Johann Caspar Boßhardt, Beim Alchimisten, 1. Fassung (?), 1877*, Öl/Lw., 64 × 77 cm, Museum Allerheiligen, Schaffhausen.

Abb. 92 (Kat. Nr. 56) Johann Caspar Boßhardt, Der Alchimist, 2. Fassung (?), um 1877, Öl/Lw., 64 × 81 cm, Kunsthaus Zürich.

Kolben, der in einem Ständer vor ihm am Boden steht. Der Raum basiert mit Säule und Gewölben klar auf den Studien im Rathaus von Hall, doch sind die Proportionen markant verändert. Der Raum wirkt nun höher und weiter als in der Vorlage. Umgeben von Büchern sitzt der Gelehrte leicht erhöht auf einem Möbel, das den Fuß der Säule umgibt. Deren Schaft erhebt sich, von keinem Spannreifen durchschnitten, frei über dem Sitzenden zum Ansatz des Gewölbes, das sich im Schatten verliert. Von unsichtbarer Quelle vorne links fällt Licht auf die Szenerie, ohne indes die rückwärtige Wand zu erreichen. Im Halbdunkel erkennt man dort ein unbeleuchtetes Fenster sowie einen überquellenden Bücherschrank. Das zugrundeliegende Vorbild des Archivraumes ist gewissermaßen neu eingerichtet worden und dient nun als Gelehrtenstube (mit dem Globus auf dem Schrank) und Chemielabor. Die Ausführung ist noch skizzenhaft (Abb. 95); nicht alle Gegenstände haben bereits ihren festen Platz und ihre endgültige Form gefunden, so das am Boden stehende Gerät in Bildmitte oder das Arrangement zur Rechten des Alchimisten.

Während der weiteren Entwicklung der Bildidee ließ Boßhardt schließlich das Haller Gewölbe fallen und schuf für den Alchimisten ein neues Gehäuse (Abb. 91). Es handelt sich nun um einen engeren, flach gedeckten Raum, der mit spätgotischem Mobiliar ausgestattet ist. Im Zentrum steht ein weißbärtiger Gelehrter mit einem jugendlichen Besucher, den seine Kleidung als wohlhabenden Bürger des 16. Jahrhunderts ausweist. Der Alchimist hält einen Kolben gegen das Licht und zeigt auf den darin sichtbaren goldfarbenen Niederschlag. Auf dem mit einem schweren Teppich bedeckten Tisch sowie am Boden stehen weitere Laborgegenstände mit chemischen Substanzen, unter anderem der Ofen mit Destillierkolben, der schon in der Skizze vorgezeichnet war (Abb. 90), und ein kostbar getriebenes Becken, in dem ein Kolben zum Abkühlen schwimmt. Das Bild schließt rechts ab mit einem hohen mehrteiligen Schrank. In seiner offenen Ablage sowie auf einer Truhe davor stapeln sich Bücher und Schriften, gekrönt von weiteren Gläsern und einem ausgestopften Kranich. Die Szenerie wird von vorn oben beleuchtet, ohne daß aber die Art der Lichtquelle auszumachen wäre. Im Gegensatz zur Überfülle der Requisiten steht die kahle rückwärtige Wand, die nach links im Dunkel versinkt. Dort ist eben noch ein zur Hälfte offenstehender bogenförmiger Durchgang zu erkennen, der ins dämmrige Innere des Hauses zu führen scheint. Von rechts ragt ein geöffneter Türflügel mit reichen Beschlägen in den Raum.

Boßhardt schuf von diesem Gemälde eine zweite Fassung (Abb. 92), in der verschiedene Elemente weiterentwickelt sind. Wichtigste inhaltliche Änderungen sind das dreiteilige gotische Fenster, durch dessen Butzenscheiben ein stimmungsvolles fahles Licht hereintritt, und die ausgestopfte Eule, die anstelle des Messingleuchters von der Decke hängt. Die Geräte- und Bücherstilleben auf Boden, Tisch und Schrank sind um weitere Requisiten ergänzt worden. Ihre Bedeutung für das Bild liegt vor allem im Formalen. Die einfarbigen, diagonal verlegten Bodenplatten der Schaffhauser Version (Abb. 91) lassen noch an die Haller Archiv-Studien denken. Dagegen betont in der Zürcher Fassung (Abb. 92) der den Fluchtlinien folgende Schachbrettboden das auch sonst zu bemerkende Vorbild niederländischer Interieurs des 17. Jahrhunderts. Der dunklere Boden, eine gleichmäßigere Lichtführung sowie auch der etwas anders drapierte Tischteppich lassen die Dreieckskomposition hier ausgewogener erscheinen. So heben sich insbesondere die zwei Männer in ihrer ganzen Kontur von der helleren Wand ab. Die Blicke der beiden und die Gebärde des Alchimisten haben sich um eine bedeutsame Nuance gewandelt und wirken der klassischen Tendenz entgegen: Läßt sich die Geste des Schaffhauser Alchimisten (Abb. 91) noch als Erläuterung des wissenden Alten an den fragenden Jüngeren deuten, so überträgt sich aus dem Zürcher Gemälde (Abb. 92) der Eindruck auf den Betrachter, Zeuge eines unerhörten und vielleicht bahnbrechenden Vorgangs zu sein.

Blickt man auf die erste Skizze des Alchimisten zurück (Abb. 90), ist man geneigt, die Entwicklung des Themas folgendermaßen zu charakterisieren: Zunächst versucht der Alchimist aus respektvollem Abstand mit Hilfe der Schriften und durch Anschauung, die Materie zu ergründen, die geheimnisvoll vor ihm steht. Der Gedanke an Dr. Faust liegt nahe. Über die Zwischenstufe des Schaffhauser Bildes (Abb. 91) ist dann in Zürich (Abb. 92) aus dem einsamen Grübler der Pionier geworden, der sich gegenüber seinem mit einem Buch bewehrten Gast als der Praktiker erweist. Mit wirklicher Alchimie der frühen Neuzeit hat das Gemälde nichts gemein, und der Hauch des Faustischen, der noch über dem ersten Entwurf

122

Abb. 93 (Kat. Nr. 63) Johann Caspar Boßhardt, Luthers Begegnung mit den St. Galler Studenten in Jena, 1879*, Öl/Lw., 75 × 97 cm, Evangelischer Kirchenrat, St. Gallen, Depositum des Kunstmuseums St. Gallen.

wehte (Abb. 90), ist gewichen. Was Boßhardt darstellt, ist vielmehr die perfekt gemalte romantische Vorstellung eines Forschers, der in frühneuzeitlichem Kostüm den Pioniergeist der im 19. Jahrhundert aufkommenden Chemie vorwegnimmt.

Ein Lutherbild für St. Gallen

Als Weiterentwicklung der ‹Klosterpolitik› (Abb. 86 und 87) und des ‹Alchimisten› schuf Boßhardt ‹Luthers Begegnung mit den St. Galler Studenten in Jena› (Abb. 93 und 96). Das Werk wurde 1879 vom Kunstverein St. Gal-

Abb. 94 Johannes Keßler, Stich nach einem Ölgemälde, Graph. Slg. ZBZ.

Johannes Keßler (1502/03–1574)

Johannes Keßler war neben Vadian die bedeutendste Persönlichkeit in der St. Galler Reformation. Aus bescheidenen Verhältnissen stammend, studierte er bei Erasmus in Basel und 1522 in Wittenberg Theologie. Nach seiner Rückkehr schlug er ein Priesteramt aus, war als Laienprediger tätig und verdiente sich seinen Lebensunterhalt vorerst als Sattler, ab 1537 als Lehrer an der Lateinschule. Seine Chronik, die ‹Sabbata›, verfaßte er an den Feierabenden, daher der Name. Das Werk zeichnet sich unter den Reformations-Chroniken durch die persönliche Anteilnahme und weitreichende Detailschilderung aus, wovon namentlich die Begegnung mit dem als Ritter Jörg verkleideten Luther beredtes Zeugnis gibt.

Abb. 95 Detail aus Abb. 88. Die Nahaufnahme zeigt die spontane, lockere Pinselführung, die Boßhardt in seinen Studien angewandt hat.

len erworben, und seine ungewöhnliche Thematik mit ausgesprochenem Lokalbezug (vgl. Kasten) läßt vermuten, daß es sich um ein Auftragswerk gehandelt hat.

1866 und 1868 war Ernst Götzingers zweibändige Edition von Johannes Kesslers Sabbata[2] erschienen. Im Kapitel *«Wie mir M. Luther uf der strass gen Wittenberg begegnet ist»*[3], schildert Kessler eine Begebenheit, die sich 1522 auf seiner Reise zum Theologie-Studium in Wittenberg ereignet hat. Nach einem schweren Gewitter finden Kessler und sein Gefährte in Jena endlich Unterkunft in der Herberge ‹Zum Schwarzen Bären›. Als sie der Wirt in die Gaststube führt, finden sie *«ainen man by dem tisch allain sitzend und an [= ein] buchli vor im ligend»*. Obschon ihre Schuhe *«voll kat und wuost»* waren, lud sie der Fremde zu sich an den Tisch. Sie hielten ihn seiner Tracht nach für einen Ritter, denn er saß da *«in ainem roten schlepli [= Kopfbedeckung], in bloßen hasen [= Hosen]*

Abb. 96 Detail aus Abb. 93. Im Gegensatz zu den flüchtig gemalten Studien ist die Faktur in den vollendeten Gemälden von größter Detailtreue. Mit technischer Perfektion sind die verschiedenen stofflichen Reize von Leder, Glas, Holz und textilen Geweben imitiert.

und wammes, an [= ein] *schwert an der siten, mit der rechten hand uf des schwerts knopf, mit der anderen das hefte umbfangen*». Im folgenden Gespräch wollten sie von ihm wissen, ob Luther in Wittenberg sei. Der Ritter verneinte, gab aber vor, gehört zu haben, daß er bald nach Wittenberg zurückkehre. Nach einigen Ränken lüftete der Wirt das Geheimnis und offenbarte den beiden Studenten, daß ihr Gegenüber Luther selber sei.

Boßhardt hält sich genau an die Beschreibung Kesslers. Er zeigt eine holzgewölbte Gaststube, in welche die beiden Studenten mit schmutzigen Schuhen und Gepäck eingetreten sind und sich nun an Luthers Tisch niedergelassen haben. Dieser befand sich als Ritter verkleidet auf dem Rückweg von der Wartburg nach Wittenberg. Boßhardt stellt ihn wie in Kesslers Schilderung das Schwert umfangend dar. Seine Identität verheimlichend, hört er gelassen die Fragen an, die die beiden Studenten in jugendlicher Arglosigkeit stellen. Hinter dem Tisch stehend, blickt der schalkhafte Wirt wohlwissend auf die beiden jungen Schweizer hinab.

Abb. 97 (Kat. Nr. 65) Johann Caspar Boßhardt, Ein Brief, um 1880, Öl/Lw., Standort unbekannt, Fotografie des 19. Jahrhunderts, Privatbesitz Uster.

126

Abb. 98 (Kat. Nr. 64) Johann Caspar Boßhardt, Der erste Liebesbrief, 1880, Öl/Lw., 91,5 × 77,5 cm, Privatbesitz Zürich.

Wie in der ‹Klosterpolitik› sind Raum und Personen in eine harmonische Komposition gefügt. Boßhardts besondere Stärke, das Kolorit, ist meisterlich ausgeführt. In warmer Tönung umfangen Plattenboden und Wände die Figurengruppe, deren Kleider in dezenten Farben leuchten. Ein Detailvergleich zeigt, welch unerhört exakte Wiedergabe des Stofflichen im ausgeführten Gemälde dem flüchtig geführten Pinselstrich der Skizzen gegenübersteht (Abb. 95 und 96). Dieselbe akribische Genauigkeit läßt sich auch im lyrischen Porträt des ‹Pagen› (Abb. 88) und in den beiden Fassungen des ‹Liebesbriefes› (Abb. 97 und 98) wiederfinden. Einzig der ‹Reisläufer› (Abb. 89) weist eine eigenartige Mischung von lockerer und geglätteter Pinselführung auf. Während die Frau und das Kind hinter dem Herd nur flüchtig skizziert sind, scheinen am Pelz, auf dem der Krieger sitzt, alle Härchen einzeln sichtbar.

‹Zwingli und Kardinal Schiner›

Unter den Spätwerken sind wir über ‹Zwingli und Kardinal Schiner› durch Textzeugnisse am besten unterrichtet, nur das Gemälde selbst ist uns unbekannt. Ein letztes Mal bietet Boßhardt mit einigen Briefstellen Einblick in seine Arbeitsweise:

Dok. 19 1883–1886

«Ein geschichtliches Bild glücklich zu lösen, ist schwer, und es werden deshalb auch wenige gemacht» –
Boßhardt arbeitet an seinem letzten Werk
(Die Briefstellen sind zusammengestellt in Suter, Lebensgeschichte, S. 33)

[25. Dezember 1883]
«Seit kurzer Zeit arbeite ich an einem geschichtlichen Motiv: Zwingli und der Cardinal Schinner in Einsiedeln, ein dankbarer, nicht zu grosser Gegenstand. Es sind im Ganzen vier Figuren. Schinner ist eine interessante Erscheinung. Ich habe ein Porträt von ihm. Er und Zwingli sind die Haupt-, drei andere charakteristische Nebenfiguren, aber alle geschichtlich, ausgenommen ein italienischer Mönch, Begleiter des Cardinals, als hierarchischer Gegensatz.»

[27. Juli 1884 oder 1885]
«Das Bild wird gut, das ist die Hauptsache; es macht mir Arbeit, denn es ist reich an Farbe und bekommt eine frische, malerische Wirkung.»

[26. Februar 1886]
«Ich arbeite fleissig und bin jetzt ein grosses Stück vorangekommen. Ich glaube zuversichtlich, dass es eine meiner reifsten Arbeiten ist. Nun komme ich an den Cardinal und dann die Hauptfigur (Zwingli), die aber schon so sicher gestellt sind, dass dieselben weniger Zeit erfordern; einfache grosse Gewänder gehen schneller, nur die Köpfe machen noch Mühe. Ich brauchte viel Modell. Die Anstrengung und das viele Sitzen nöthigt mich, Abends grössere Spaziergänge zu machen, um Bewegung zu haben, die mir sehr nöthig ist und mir vom Arzte dringend angerathen wurde.»

[1. Mai 1886]
«Mit meinem Bilde bin ich nun dem Ende nahe. Ich habe mir rechte Mühe gegeben, dass die Arbeit zu glücklicher Wirkung gelangt ist. Malerisch frisch in der Farbenanlage, ist nun durch die Köpfe und deren Charakterdurchbildung auch das geistige Interesse hinzugekommen und fesselt das Auge des Beschauers. Ich habe noch Einiges daran zu vollenden, das Andere ist alles fertig. Ich habe Alles bei Seite geschoben, leider auch Nothwendiges. So eine Arbeit nimmt dem Maler den Schädel ein, dass er Tag und Nacht daran denkt, und die Geschichte nicht klar wird, bis die Sache fertig ist. Ein geschichtliches Bild glücklich zu lösen, ist schwer, und es werden desshalb auch wenige gemacht.»

In seinem Bemühen um stoffliche Richtigkeit soll Boßhardt laut Suter sogar dem Maler Weckesser in Rom den Auftrag gegeben haben, ihm ein *«ächtes Cardinalscostume»* zu verschaffen[4].

In Zürich angekommen, wurde Boßhardts letztes Hauptwerk im neu eingerichteten ‹Künstlergütli› ausgestellt. Ähnlich der Bildbesprechung von Gottfried Keller (Dok. 4), die Boßhardts Schaffen am Beginn bekanntgemacht hatte, erschien wenige Monate vor Boßhardts Tod auch von ‹Zwingli und Kardinal Schiner› eine eingehende Würdigung in der Neuen Zürcher Zeitung. Beim Korrespondenten E. S. handelt es sich wohl um den späteren Biographen Eduard Suter.

Dok. 20 1886 Oktober 15

Eine letzte umfangreiche Bildbesprechung – ‹Zwingli und Kardinal Schiner›
(Beilage zur Nr. 287 der NZZ vom 15. Oktober 1886)

«... Es fehlt aber auch an Neuem nicht. Das Komite hat sich bemüht, eine Anzahl Künstler zu bestimmen, ihre jüngsten Schöpfungen zur Ansicht zu bringen, von denen einige sich im Privatbesitz befinden. Dadurch vermehrt sich das Interesse der Ausstellung nicht wenig; denn wir begegnen nun einigen Künstlern, welche an den einheimischen Ausstellungen weit seltener vertreten zu sein pflegen, als die Verehrer es wohl wünschen möchten. Wir treffen auf bewährte Namen und Meister: R. Koller, A. Böcklin, E. Stückelberg, C. Boßhardt, F. Bocion, J. G. Steffan, den Bildhauer R. Kißling u. A. ...»

Nach Besprechung eines Tierstücks von Koller, zweier Kinderporträts von Stückelberg und Böcklins ‹Erwachen des Frühlings› folgt eine Beschreibung von Boßhardts ‹Zwingli und Kardinal Schinner›, die an Umfang jede der vorherigen um das Dreifache übertrifft:

«Unser zürcherischer Landsmann, der Historienmaler C. Boßhardt, gibt uns eine Darstellung im geschichtlichen Genre. Solche Motive machen selbstverständlich zur richtigen Würdigung der Intention des Künstlers eine etwas eingehendere Darlegung der Situation erwünscht. Er schildert uns die Begegnung zweier berühmter und einflußreicher Zeit- und Eidgenossen, des nachmaligen Reformators U. Zwingli und des thatkräftigen und vielgewandten Kardinal Matthäus Schinner, Bischofs von Sitten und gleichzeitigen Herrn im Wallis. Der Künstler zeigt Zwingli hier noch als den Vorläufer des später durchgekämpften Reformationswerkes. Es ist ja das Vorrecht des Künstlers, auch lose und zufällige Fäden zu einem Gebilde zu verknüpfen und aus dessen Grund eine lebendige Zeiterscheinung hervorsteigen zu lassen, die vielleicht mit der nackten Wirklichkeit sich nicht völlig deckt, aber deßhalb an ideeller innerer Wahrheit nichts einbüßt.

In einem Briefe Zwinglis vom Jahr 1525 ist erwähnt, daß er schon lange vor der eigentlichen Kirchenspaltung über die Gebrechen und Irrthümer der Kirche gegen vornehme Prälaten, Bischöfe und Kardinäle sich ausgelassen und die Nothwendigkeit einer Abstellung dargelegt habe, ansonst ‹die Mißbräuche mit großer Unruhe von selbst umfallen werden›. Er weist namentlich darauf hin, daß er dem Kardinal Schinner gegenüber acht Jahre früher zu Einsiedeln und später in Zürich, wie dem Kanzler des Kardinals, Dr. Michael Sander, ferner dem Pfleger des Stifts Einsiedeln, Diebold von Geroldseck und andern wohl bekannt sei, an der Hand der hl. Schrift bezeugt habe, das Papstthum besitze einen schlechten Grund, und daß Schinner sich öfters geäußert, wenn Gott ihm wieder (aus der damaligen Ungnade) zur Gnade des Papstes verhelfe, wolle er zur Besserung nicht müssig sein, was dann freilich sich nicht erwahrt habe.

Schinner war ein Großer der römischen Kirche. Er besaß auch deren weltlichen Ehrgeiz und die geistigen Mittel, ihn zu befriedigen. War er doch dazu der erste Eidgenosse, welcher (von Papst Julius II.) den Kardinalshut und den Purpur empfing, womit ja selbst die Möglichkeit, auch noch die päpstliche Tiare zu erringen, nicht ausgeschlossen war. Als geschickter Mann hatte er u. A. in den damaligen italienisch-französisch-schweizerischen Welthändeln sich erwiesen. Zwingli dagegen war und blieb ungeachtet seiner großen staatsmännischen Begabung der schlichte Diener seiner Kirche. Mochte er nun zur Rechtfertigung des eigenen Standpunktes auch der billigenden Haltung Schinners gedenken, so durfte er doch schwerlich bei dessen problematischem Charakter auf die Unterstützung des Landsmannes fest vertrauen. Für den Künstler aber mußte es etwas Anziehendes haben, die beiden so verschiedenen Männer, den Toggenburger und den Walliser, die sich näher kannten und zwischen denen es an Berührungspunkten nicht fehlte, einander auch in bildlicher Darstellung gegenüber zu stellen, hatten ihre Lebensläufe doch so manches Verwandte. Sie gingen als Bauern- oder Hirtensöhne, kraftvolle Kinder des Gebirgs, unmittelbar aus dem Volke hervor. Ihre Bildung, verbunden mit ihrer praktischen Begabung, hob sie weit über die Menge und die engen Grenzen der Heimat hinaus und verschaffte ihnen den maßgebenden Einfluß.

Das Gemälde Boßhardts fesselt durch klaren, harmonischen, vornehm einfachen Aufbau, durch edle Stilisirung und den ruhigen Ton meisterlicher Koloristik. Dabei ist es tüchtig gezeichnet, vortrefflich modellirt und in allen Theilen mit liebevollem Fleiße durchgearbeitet. Anknüpfend an Zwinglis Andeutungen versetzt uns der Künstler in das Bibliothekszimmer des Benediktinerstifts zu Einsiedeln, wo die Begegnung mit dem Kardinal vor sich geht, begnügt sich aber, die Bücherei mehr nur anzudeuten. Es mag um das Jahr 1517 sein. Im April 1516 war Zwingli von Glarus weg nach Einsiedeln als Leutpriester von seinem Gönner und Anhänger, dem Pfleger von Geroldseck berufen worden. Letzterer, sowie der Kanzler Sander sind nun, um mit Zwingli zu sprechen, die Zeugen der Begegnung. Die Anwesenden sind um einen Tisch gruppiert.

Zwingli, die Hauptfigur, stehend, in leicht vorgebeugter Haltung, wendet sich zu dem im Lehnstuhl sitzenden Kardinal, indem er mit der Rechten die offene Bibel auf den Tisch stützt, mit der Linken dagegen seine Auseinandersetzung mit augenscheinlicher Wärme demonstrativ bekräftigt. Schinner horcht derselben gespannt, nicht minder der hinter ihm mit verschränkten Armen stehende Kanzler, auf dessen Gesicht eine scharfe und eindringliche Auffassungsgabe nicht zu verkennen ist, während Geroldseck, hinter Zwingli sitzend, in aufmerksamer Rezeptivität den mehr gemächlichen Zuhörer bildet. Der Künstler hat sich bei Zwinglis Profil zwar an das bekannte Porträt desselben gehalten, jedoch die Züge verjüngt und veredelt. Die geistige Feinheit des Ovals bildet einen bemerklichen Gegensatz gegenüber dem derben Profil Schinners voll energischer Willenskraft. In der korrespondirenden und doch wechselnden Haltung der einzelnen Figuren und Köpfe sowie in der Individualisirung der letztern hat der Künstler viel Geschick gezeigt, auch bei den Nebenfiguren, die bloß durch die Gesichter wirken; nur Geroldseck befriedigt uns weniger. Der rothe, in Farbe und Plastik meisterhaft behandelte Kardinaltalar mit der Nuancirung der Farbe am weiß verbrämten Mäntelchen und am Barett wirft den Effekt über das ganze Bild und mildert so, samt dem hellen Farbenmuster des Tisch- und dem tiefern des Bodenteppichs das Düstere in den dunkeln Gewändern der Einsiedler Geistlichen. Das violette Gewand Sanders bildet den vermittelnden Übergang. Auch der weiche graugrüne oder graubräunliche Lokalton des Gemachs dient zur ruhigen Ausgleichung der farbigen Gesammtstimmung.

Der Sorgfalt, welche heutzutage bei einem solchen Gemälde auch im Nebensächlichen gefordert wird, ist der Maler mit gewissenhafter Beachtung des zeitgenössischen Bau- und Geräthestils, Spätgotik oder Renaissance, gerecht geworden.»

Anmerkungen:

[1] Suter, Lebensgeschichte, S. 33 f.
[2] Johannes Kessler, Sabbata, Chronik der Jahre 1523–39, hg. von Ernst Götzinger, 2 Bde. St. Gallen 1866 und 68. Wir zitieren nach der heute noch gültigen Edition von Emil Egli und Rudolf Schoch von 1902.
[3] Ebda. S. 76–80.
[4] Suter, Lebensgeschichte, S. 38, Anm. 46.

Boßhardt porträtiert:
Die «höheren Kreise» und seine Familie

Hatte sich Boßhardt auch schon früh dem ehrgeizigen Ziel verschrieben, Historienmaler zu werden, so war doch das Porträtfach die nicht zu unterschätzende Grundlage, um als Maler geregelte Einkünfte zu erzielen. Folgt man seinem Biograph Suter, so «*mußten ihm Lehrjungen und Schuster-Gesellen des Handwerksmeisters, bei dem er* [in Zürich] *Wohnung genommen hatte, für Modelle herhalten*».[1] Sodann bildeten Bildnisaufträge von Gönnern in Zürich eine erste Form der Förderung, als Boßhardt noch ganz in den Anfängen steckte[2]. Im zweiten Jahr seiner Düsseldorfer Ausbildungszeit ist er als «*Bildnismaler*» im Schülerverzeichnis der Malerklasse zu finden (vgl. Biographische Zeittafel, S. 145).

Die beiden frühen Selbstporträts (Abb. 1, 22) sind die ersten Gemälde, die wir von Boßhardt kennen. Das zweite nennt er im Zusammenhang mit dem Wunsch, den Eltern sein Talent unter Beweis zu stellen (Dok. 3, S. 30), wohl der sicherste Weg, um letzte Zweifel an der Richtigkeit, d.h. Einträglichkeit des gewählten Berufs zu zerstreuen.

Ein Blick auf die erhaltenen wie auch die nur durch Erwähnung belegten Porträts zeigt, daß Boßhardt zwar nicht ausgesprochen häufig, aber doch mit gewisser Regelmäßigkeit Bildnisse gemalt hat. Eine Unterbrechung ist am ehesten in den 50er Jahren, der Zeit der großen Historiengemälde, zu erkennen. 33 der 109 katalogisierten Werke sind Porträts, darunter vier Selbstbildnisse[3] und sieben Familienbilder[4]. Die übrigen sind Auftragsarbeiten und zeigen z.T. Persönlichkeiten, die zu Boßhardts Freundes- und Gönnerkreis gehörten (z.B. Heinrich Grunholzer, Abb. 67, Kat. Nr. 28). Da alle Bildnisse weder signiert noch datiert sind, kann ihre zeitliche Einordnung nur aufgrund verschiedener Indizien und stilistischer Vergleiche mit einiger Sicherheit vermutet werden.

Herkunft und Stellung der Porträtierten reichen vom Wirt aus dem Nachbardorf über Fabrikanten und Unternehmer bis zum Stadtpräsidenten (Kat. Nr. 82). Diese Entwicklungslinie spiegelt getreulich den gesellschaftlichen Aufstieg, der mit Boßhardts Weg zum anerkannten Künstler verbunden war – ein Aufstieg, um den er sich of-

Abb. 99 (Kat. Nr. 3) Johann Caspar Boßhardt, Bildnis von Kaspar Gujer (1790–1859), Wirt im ‹Hecht› zu Fehraltdorf, Öl/Holz, 34,5 × 27,5 cm, Privatbesitz Schönenwerd SO.

Abb. 100 (Kat. Nr. 9) Johann Caspar Boßhardt, Bildnis von Hans Heinrich Zangger (1792–1869), Industrieller und Politiker, 1847, Öl/Presskarton, 35,8 × 29,8 cm, Privatbesitz Uster.

Abb. 101 (Kat. Nr. 8) Johann Caspar Boßhardt, Bildnis von Barbara Rosenkranz-Zangger (1790–1876?), Schwester von Hans Heinrich Zangger (Abb. 100), Öl/Lw., 51,2 × 42 cm, Privatbesitz Uster.

fenbar auch bemüht hat. Sein Biograph fühlt sich jedenfalls verpflichtet, den «*Tadel über Boßhardts vorwiegende Beziehungen zu jenen höheren Kreisen*» zu entkräften: «*Denn selbstverständlich musste Boßhardt seine Blicke voraus dahin richten, wo Neigung und Mittel hervortraten, seine Kunst zu beschäftigen und zu lohnen. Diese Kunst erstreckte sich aber auch auf das Bildnismalen. Allerdings wusste Boßhardt den anzuschlagenden Ton zu finden, welcher dem Künstler den Zutritt zur Gesellschaft zu erleichtern pflegt, und durfte sich dieser Naturgabe freuen*».[5] Immerhin besinnt man sich in der Familie auf folgendes Detail: Wenn Boßhardt von München nach Pfäffikon kam, sei er stets vierspännig vorgefahren – jedoch wohl erst das letzte Stück des Weges.

Außer dem verschollenen Bildnis des Münchner Malerkollegen Grünewald (Kat. Nr. 79) sind keine Hinweise darauf vorhanden, daß Boßhardt neben seinen Schweizer Modellen auch Kunden in München porträtiert habe. Seine regelmäßigen Aufenthalte in der Schweiz haben demnach unter anderem zu Porträtsitzungen gedient, wie sie sein Auftraggeber und Gönner Ludwig Greuter in seinem Journal notiert (Dok. 6, S. 57). An drei aufeinanderfolgenden Tagen im Oktober 1852 heißt es dort: «*dem Maler Boßhardt gesessen*». In diesen drei Sitzungen hat Boßhardt wohl lediglich skizziert, um dann aufgrund dieser Vorarbeiten das Gemälde (Kat. Nr. 15), möglicherweise erst nach seiner Rückkehr nach München, auszuführen. Es ist nicht auszuschließen, daß Boßhardt in Mün-

Abb. 102 (Kat. Nr. 10) Johann Caspar Boßhardt, Mädchenbildnis, Zeichnung, 1847, Blst. auf transparentem, quadriertem Papier, 19 × 16 cm, Kunsthaus Zürich.

Abb. 103 (Kat. Nr. 11) Johann Caspar Boßhardt, Mädchenbildnis, Zeichnung, 1848, Blst./Papier, 24,5 × 20 cm, Privatbesitz Uster.

chen Photos seiner Porträtkunden zur Verfügung standen: sein Selbstporträt von ca. 1875 (Abb. 85) ist jedenfalls nach einer (vielleicht schon in jüngeren Jahren aufgenommenen?) Photographie gemalt.

Neben Skizze und Gemälde konnte noch die Aufgabe des Kopierens treten, wenn der Porträtierte sein Bildnis mehreren Empfängern zukommen lassen wollte. Dies war der Fall beim Ustermer Fabrikant Heinrich Zangger (Abb. 100). Gemäß Familienüberlieferung wurde das Original in Uster, drei weitere Kopien in München gemalt. Das legt die Vermutung nahe, daß jeder der vier Töchter Zanggers ein Exemplar zugedacht war. Ebenso sind vom Bildnis Joh. Heinr. Bodmer-Pestalozzis (Abb. 108) zwei identische Fassungen bekannt.

Die ersten von Boßhardts Porträts entstammen dem Umkreis seiner Heimatgemeinde. Da ist zunächst das Bildnis von *Kaspar Gujer* (Abb. 99), Wirt vom Gasthof Hecht im Nachbarort Fehraltorf. Das Gemälde, ein Brustbild im Dreiviertelprofil, ist laut rückwärtig angebrachtem Vermerk mit 1844 datiert, fällt also in die Zeit von Boßhardts Erholungsaufenthalt in Pfäffikon.

Der korpulente Gujer trägt unter dunklem Überrock eine geknöpfte Weste, ein weißes Hemd mit Brustnadel und hohem Kragen sowie eine schwarze Halsbinde. Man spürt Boßhardts Bestreben, die massige, flächig angelegte Gewandpartie durch Licht, Schatten und Faltenführung zu beleben. Das stark gerötete Gesicht ruht behäbig im hohen Kragen: die Mundpartie verrät keinerlei Regung, der Blick aus hellen Augen ist merkwürdig träge auf den Betrachter gerichtet. In der farbigen Behandlung des

Abb. 104 (Kat. Nr. 12) Johann Caspar Boßhardt, Mädchenbildnis, Zeichnung, 1848, Blst./Papier, Privatbesitz Uster.

Hauttons verrät sich Boßhardts Begabung zur feinen Nuancierung: deutlich ist das Bemühen, die Rötung der obersten Hautschicht wiederzugeben, doch fehlt es dem gestrichelten, mehrmaligen Farbauftrag an Transparenz. Die Schattenzonen spielen in feinen grünlichen Ockertönen; gewisse Partien an Stirn, Nase und Kinn sind stark mit Weiß gehöht, doch will sich kein rechter Glanz einstellen. Dieser wäre aber bei einem Porträt zu erwarten, das so offensichtlich in der Tradition der Bildnismalerei der Biedermeierzeit steht.

Wir wissen nicht, auf welche Weise Boßhardts Kontakte zu seinen ersten Auftraggebern zustandekamen. Der Pfäffiker J. C. Zimmermann (vgl. Biographische Zeittafel, S. 145 und Anm. 22) hatte wohl auch Anteil daran. Über Kaspar Gujer, dessen Sohn in die Fabrikantenfamilie Zangger in Uster einheiratete, führte wohl Boßhardts Weg nach Uster, wo sich andauernde freundschaftliche Beziehungen entwickelten. Von dort sind aus den Jahren um 1847 zwei erste Porträts erhalten, die *Heinrich Zangger* und seine Schwester *Barbara Rosenkranz-Zangger* (Abb. 100, 101) zeigen[6].

Trägt das Frauenbildnis, ähnlich wie das zuvor besprochene Porträt des Hechtwirts, noch durchaus den Charakter einer Anfängerarbeit, so gelingt es Boßhardt mit Zanggers Porträt deutlich, eine Persönlichkeit bildnerisch glaubhaft zu machen. Auch diese beiden Gemälde sind in Format, Ausdruck und Malweise dem Biedermeierbildnis verpflichtet. Unterschiede bestehen also wohl weniger in der Zielvorstellung Boßhardts als vielmehr zwischen Bemühen und Gelingen.

Betrachten wir zunächst das Bildnis Barbara Rosenkranz: Die Porträtierte sitzt, nach links gewendet und bis zur Schenkelhöhe sichtbar, auf einem rotbezogenen Polsterstuhl mit dunklem geschnitztem Rahmen. Ihre im Schoß zusammengelegten Hände halten ein Gebetbuch. Das Kleid aus einem fülligen, schwarzglänzenden Stoff trägt als einzigen Schmuck einen runden weißen Spitzenkragen mit gekreuztem, blauweißgemustertem Band. Aus gleichem Material ist die Haube gearbeitet, die den Kopf eng umschließt und unter dem Kinn mit einer Schleife gebunden ist. Das so gerahmte Gesicht blickt unter straff gescheiteltem glattem Haar sehr gerade, mit einer etwas angespannten Miene aus dem Bild heraus. Der kräftige Ton der Haut mit den geröteten Wangen, schmale Lippen, ein rundes Kinn, eine ebenmäßig gewölbte Stirn und

Abb. 105 (Kat. Nr. 29) Johann Caspar Boßhardt, Bildnis von Rosina Grunholzer-Zangger (1829–1881), Gattin von Heinrich Grunholzer (vgl. Abb. 67), um 1860/65, Öl/Lw., 70 × 60 cm, Privatbesitz Uster.

das noch dunkle Haar lassen die Verwandtschaft mit dem zwei Jahre jüngeren Zangger glaubhaft erscheinen.

Deutlich ist jedoch ein Unterschied in der künstlerischen Qualität der beiden Porträts zu bemerken. Die Plazierung des Modells links von der Mitte, die die in warmem Rot leuchtende Stuhllehne rechts zur Hälfte freiläßt, wirkt wenig geglückt. Der dadurch erzielte koloristische Effekt ist zwar reizvoll, aber stärker als nötig. Die Pinselführung verleiht dem Gesicht eine etwas hart wirkende Oberfläche, wie sie auch die spröden Knitterfalten des schwarzen Kleides kennzeichnet. Im ganzen entsteht der Eindruck einer Persönlichkeit von ausgesprochen verhaltener Ausstrahlung.

Ganz anders ist die Wirkung des Porträts von Heinrich Zangger. Das Brustbild von intimem Format zeigt einen Mann mit kräftigem dunklem Lockenhaar und frischer Gesichtsfarbe. Eine glatte Stirn und lebhafte hellbraune Augen unter dunklen Brauen unterstreichen die durchaus jugendliche Wirkung. Einzig der feine weiße Backenbart verrät, daß der Porträtierte die Lebensmitte überschritten hat. Er trägt einen schwarzen Zweireiher mit Samtkragen, darunter ein weißes Hemd mit Stehkragen und schwarzer Halsbinde. Die Haltung des Kopfes ist gelöst; der Blick, aus dem väterliche Fürsorge spricht, ruht auf dem Betrachter. Das runde, feste Kinn und die leicht verschwimmenden Wangen schmiegen sich in den Kra-

Abb. 107 (Kat. Nr. 67) Johann Caspar Boßhardt, Bildnis von Louisa Zwingli-Furrer (1853–1933), Gattin des Neffen von Boßhardt, um 1880, Öl/Lw., 35 × 30 cm, Privatbesitz Zürich.

gen, während um den kleinen Mund die Andeutung eines Lächelns spielt. Man gewinnt den Eindruck eines Mannes, der zu Herzlichkeit fähig ist.

Die glänzende Malweise auf glattem Grund modelliert kräftig, doch weniger hart als beim Porträt von Zanggers Schwester Barbara. Das lebhafte Kolorit hebt sich leuchtend ab vom erdig braunen Grund, der im Bereich von Kopf und linker Schulter in helles Goldoliv herüberspielt. Boßhardt erzielt eine vitale Ausstrahlung, die das Format deutlich übersteigt. Es muß daher als geschickt angesehen werden, daß der Ausschnitt großzügig gewählt ist. Zum Gelingen des Werkes hat offenbar die persönliche Beziehung Boßhardts zur Familie beigetragen. Zanggers Töchter waren etwa in Boßhardts Alter. Es entsteht der Eindruck, daß er sich in die Aufgabe, ein väterliches

Abb. 106 (Kat. Nr. 30) Johann Caspar Boßhardt, Bildnis von Elisabeth Zwingli-Boßhardt (1814–1870), Schwester des Künstlers, 1865, Öl/Lw., 29 × 24 cm, Privatbesitz Zürich.

Erinnerungsbild für sie zu schaffen, gut einfühlen konnte, daß er den väterlichen Blick auch auf sich gerichtet sah.

Aus den Jahren 1847 und 1848 sind drei Zeichnungen junger Mädchen überliefert (Abb. 102–104). Alle zeigen das Gesicht im strengen, nach links gewendeten Profil sowie die Partie von Hals, Kragen und Ausschnitt. Es sind typische Studienblätter, die weniger der Wiedergabe individuellen Ausdrucks dienen als vielmehr dem Erproben der zeichnerischen Umsetzung durch Umrißlinie und Schraffur. Zwei dieser Zeichnungen sind im Nachlaß der Familie Zangger verblieben; es ist also denkbar, daß die Töchter dem Maler als Modell saßen.

Die Kontakte Boßhardts nach Uster überdauerten diese ersten Porträtarbeiten. Mit dem fortschrittlich gesinnten Schwiegersohn Zanggers, *Heinrich Grunholzer*[7], verbanden ihn freundschaftliche Beziehungen. Seit 1860 Mitglied des Nationalrates, setzte sich Grunholzer sehr für Boßhardts Projekt zur künstlerischen Ausstattung des Bundeshauses ein. In dieser Zeit der 60er Jahre ließ er sich auch von Boßhardt porträtieren (Abb. 67). In gespannt aufrechter Haltung richtet der Dargestellte den festen Blick schräg am Betrachter vorbei. Über der horizontalen Brauenlinie erhebt sich eine mächtige Stirn, die wenig vom dunklen, glattanliegenden Haupthaar sehen läßt. Der hageren unteren Gesichtshälfte mit betont eingefallenen Wangen, langer schmaler Nase und edel gezeichnetem Mund versucht ein feiner weicher Bart etwas Fülle zu verleihen.

Am Bildnis Grunholzers fällt eine starke Konzentration im Gesichtsausdruck auf, wie sie für ein Auftragsporträt unüblich ist. Daran wird deutlich, daß Boßhardt Grunholzers Wesen nicht nur in Porträtsitzungen kennengelernt hat. Vielmehr scheint er die momentane Anspannung, in der sich geistige Präsenz, Ernsthaftigkeit und Engagement ausdrücken, als typischen Charakterzug Grunholzers erfahren zu haben. – Von schwacher Gesundheit, ist Grunholzer bereits 1873, erst 54jährig, verstorben.

Das Bildnis seiner Gattin *Rosina Grunholzer-Zangger* (Abb. 105) fällt in seiner malerischen Eigenart aus der Reihe der übrigen Boßhardt-Porträts. Ob es gleichzeitig mit demjenigen ihres Mannes entstand, scheint fraglich, zumal jenes oval, dieses aber rechteckig ist. Die Rahmen sind ähnlich, aber nicht identisch, und in der Familie weiß man, daß Boßhardt eines der beiden Porträts noch einmal nach München zum Einrahmen genommen hat. Es könnte also sein, daß er die ältere ovale Rahmung des Grunholzerporträts der des jüngeren rechteckigen Bildes von Frau Grunholzer anzugleichen suchte.

Wir sehen Rosina Grunholzer im ³/₄-Profil, den Blick ernst vor sich hin gerichtet. Ihr schwarzes Kleid schließt am Hals mit einer Gemmenbrosche und einem weißen Rüschenkragen. Das glatte, dunkle Haar ist gescheitelt und mit einem dunklen Band zurückgehalten. Auch ihr Porträt steht wie das ihres Mannes vor recht dunklem Grund. Im Gegensatz zu den warmen, goldigen Tönen des Pendants finden wir hier jedoch ein ausgesprochen kühles Kolorit. Der Hautton, im Licht von weißlich bis

Abb. 108 (Kat. Nr. 69) Johann Caspar Boßhardt, Bildnis von Emil Ulrich Zwingli (1876–1955), Großneffe von Boßhardt, um 1882/86, Öl/Lw., 31,5 × 24,5 cm, Privatbesitz Zürich.

Abb. 109 (Kat. Nr. 59) Johann Caspar Boßhardt, Bildnis von Johann Heinrich Bodmer-Pestalozzi (1812-1885), Kaufmann und Seidenfabrikant, um 1878, Öl/Lw., 70 × 60 cm, Privatbesitz Rüschlikon.

Abb. 110 (Kat. Nr. 60) Johann Caspar Boßhardt, Bildnis von Henriette Bodmer-Pestalozzi (1825–1906), um 1878, Öl/Lw., 70 × 60 cm, Privatbesitz Rüschlikon.

blaßrosa spielend, ist in kreidig-trockener Manier lasierend aufgesetzt. Er steht vor rauchigen und zum Teil tiefschwarzen Schattenpartien, die die ausgeprägten Züge weich modellieren. Die plastische Wirkung bei weichen Konturen bringt dieses Porträt stilistisch in die Nähe desjenigen von Louisa Zwingli (Abb. 107). Wie jenes gewinnt auch das Bildnis Rosina Grunholzer-Zangger intimen Ausdruck durch eine feine, nur eben angedeutete Neigung des Kopfes gegen den Betrachter.

Aus Boßhardts Familie sind uns nur drei Porträts erhalten, während unter anderem die beiden Elternbildnisse (Kat. Nr. 4,5) verloren sind. Eine Notiz auf dem Keilrahmen weist das Bild von Boßhardts Schwester *Elisabeth Zwingli* (Abb. 106) ins Jahr 1865. Die Frontalansicht

zeigt uns ein helles, offenes Gesicht, das um eine Nuance seitlich aus der Senkrechten geneigt ist. Das ergraute Haar wird von einer zarten schwarzen Spitzenhaube umschlossen, deren dekorative dunkelviolette Halsschleife eine dezente Farbigkeit des Bildes bewirkt. Der einseitig hervorblitzende weiße Blusenkragen unterstützt die Leuchtkraft des Kolorits. Das Gemälde zeugt von hoher malerischer Sorgfalt. Im sehr gleichmäßig ausgeleuchteten Gesicht sprechen insbesondere die Augen an. Sie ruhen gelassen, doch aufmerksam auf dem Betrachter. Leichte Asymmetrien verleihen ihnen zusätzliches Leben.

Zwei weitere Porträts, gegen zwanzig Jahre später entstanden, gelten der jüngeren Generation und zeigen die

Abb. 111 (Kat. Nr. 62) Johann Caspar Boßhardt, Bildnis von Ida Rieter-Rothpletz (1826–1896), um 1878, Öl/Lw., 70 × 60 cm, Privatbesitz Feldmeilen.

Abb. 112 (Kat. Nr. 61) Johann Caspar Boßhardt, Bildnis von Adolph Rieter-Rothpletz (1817–1882), Textilindustrieller, um 1878, Öl/Lw., 70 × 60 cm, Privatbesitz Feldmeilen.

Schwiegertochter und den Enkel von Boßhardts Schwester. Sie alle wohnten in Pfäffikon. Das hübsche Kinderbild von *Emil Ulrich Zwingli* (Abb. 108) zeigt mit den großen Augen und dem zierlichen Mund die Ähnlichkeit zur Mutter Louisa (Abb. 107). Boßhardts koloristische Begabung kommt zum Tragen, ohne auf Effekte auszugehen. Der Dreiklang des Kleides (erdiges Braun, ein weißer Kragen und das Venezianisch-Rot der großen Schleife) findet sich in reichem Spiel auf dem Gesicht des Knaben wieder. In großer malerischer Sicherheit ist der kindliche Teint durch spontane Weißhöhungen belebt.

Als besonders geglückt darf das Bildnis von *Louisa Zwingli* (Abb. 107) gelten. Auf den ersten Blick fällt die Stellung der Porträtierten ins Auge: die Profilansicht, leicht von hinten über die Schulter gesehen, ist unter den bekannten Bildnissen Boßhardts sonst nicht vertreten. Es fehlt hier allerdings jegliche Strenge, wie man sie sonst mit der Profilvorstellung verbindet. Im Vergleich zu den repräsentativen Porträts der Ehepaare Bodmer und Rieter (Abb. 109–112) etwa trägt das Gemälde vielmehr intimen Charakter, der in den subtilen Abweichungen vom klassischen Vollprofil begründet liegt. Da ist zunächst bemerkenswert, daß das Gesicht nach rechts gewendet ist, daß die Profillinie also nicht (wie bei den Mädchen-Zeichnungen Abb. 102–104) dem leichteren Fluß der zeichnenden Hand untergeordnet wird. Stattdessen scheint der charakteristische Ausdruck der Dargestellten die Seitenwahl bestimmt zu haben. In der Senkrechten spielt sodann eine leichte Drehung zwischen der vorgeschobenen Schulter und dem um ein weniges zurückgewendeten Kopf. Das Auge folgt dieser Rückwärtsdrehung, ohne aber den Blick des Betrachters zu erreichen.

Die junge Frau trägt ein dunkles Kleid, dessen hochschließender Kragen von einer Spitzenrüsche eingefaßt ist. Die Brosche, die den Kragen schließt, ist eben noch durch ihren golden reflektierenden Rand zu erkennen. Darüber erhebt sich vor dunklem Hintergrund der Kopf mit dem vollen braunen Haar, das am Hinterkopf zu einem schweren Zopf aufgesteckt ist. Die großen dunklen Augen unter kräftigen Brauen stehen in lebhaftem Kontrast zur fein, doch scharf geschnittenen Nase und einem kleinen Mund. Von großem malerischem Reiz ist die beleuchtete, eigentlich «leere» Gesichtspartie, die von der Schläfe herab bis zum Hals die Mitte des Bildes gibt und zwischen dem markanten Profil und der weichen Fülle des Haars vermittelt. An dieser «Leere» spürt man, daß wir es nicht mit einem Porträt zum Zweck der repräsentativen Vorstellung zu tun haben. Vielmehr zeigt sich der Maler als Beobachter dieses Gesichts, das ihm offenbar, wie die ganze Person, aus verschiedenen Blickwinkeln vertraut ist.

Es erstaunt daher nicht, die Dargestellte als die Frau von Boßhardts Neffen Ulrich Zwingli zu erkennen. Mit dem Tod seiner Schwester Elisbeth Zwingli 1873 waren ihr Sohn Ulrich und seine Familie die einzigen Verwandten des Künstlers. Boßhardt besuchte sie regelmäßig in Pfäffikon und erwog wohl auch, seinen Lebensabend bei ihnen zu verbringen.[8] Jedenfalls berichtet Suter, daß diese Verwandten dem im Alter kranken Boßhardt «alle denkbare Pflege und Aufmerksamkeit» erwiesen haben[9].

Boßhardts größter Porträt-Auftrag – jedenfalls der umfangreichste unter den erhaltenen Bildnissen – war wohl jener der *Ehepaare Bodmer-Pestalozzi und Rieter-Rothpletz,* ausgeführt ca. 1878 (Abb. 108–111). Es ist das Jahr der Eheschließung zwischen Bertha Bodmer und Fritz Rieter, Kindern aus Familien, die beide einen Namen als Textilfabrikanten und -kaufleute hatten. Die aus Winterthur stammende Familie Rieter-Rothpletz wohnte seit 1872 in Zürich in der für Otto Wesendonck erbauten Villa (heute Museum Rietberg). Das Ehepaar Bodmer spielte im kulturellen Leben Zürichs eine nicht unbedeutende Rolle. Johann Heinrich Bodmer war Mitglied der Künstlergesellschaft in Zürich und zudem Auftraggeber von Boßhardts letztem Historienbild ‹Zwingli und Kardinal Schiner in Einsiedeln› (Kat. Nr. 72). Als Hochzeitsgeschenk für ihre Kinder ließen die Elternpaare bei Boßhardt ihre Porträts malen – persönliche Erinnerungen für das junge Paar, gediegene Ausstattungsstücke in der neuen Haushaltung, und nicht zuletzt repräsentatives Zeugnis vom Zusammenschluß zweier Familien von gesellschaftlichem Rang.

Die großformatigen Brustbilder, die ursprünglich rechteckiges Format hatten, variieren eine einheitliche stilistische Vorstellung. Bei beiden Männern stehen Kopf und Rumpf auf einer Achse im leichten Dreiviertelprofil. Die Frauen dagegen haben den Oberkörper stärker gedreht, was die Linie der Schultern schmal erscheinen läßt. Beide kehren ihr Gesicht in eleganter Wendung wieder frontal zum Betrachter. Es bietet sich an, die Bilder so aufeinander zu beziehen, daß die Herren ihre Gattinnen in die Mitte nehmen. Damit wenden sich die Paare zueinander und sind zugleich über die Mitte hin verbunden. So angeordnet ergibt sich zudem eine lockere Bündelung der Blickrichtungen auf einen Betrachterstandpunkt hin; gemeinsam durchmessen die vier Augenpaare den Raum, in dem die Porträts hängen. Sie decken den Aktionsradius des jungen Haus- und Ehestandes, ebenso elterlichen Stolz und Fürsorge ausdrückend wie auch eine in der Herkunft begründete gesellschaftliche Verpflichtung.

Die malerische Ausführung nimmt es an Eleganz mit den Dargestellten auf. Der dezente moosgrüne Grund bewirkt bei den Frauenbildnissen, daß die kühle Zartheit des nicht mehr jungen Teints in einem pfirsichfarbenen Schimmer spielt. Auch beim individuellen Ausdruck der vier Personen hat Diskretion den Maßstab gesetzt. Das Spiel der Gesichtszüge ist auf ein Minimum reduziert, ohne jedoch eintönig zu wirken. Was wir bei Suter entschuldigend angedeutet finden (vgl. Anm. 5), erweist sich als ausgesprochene Begabung Boßhardts: Ganz offensichtlich wußte er auch malerisch den Ton zu treffen, der in diesen sogenannten «höheren Kreisen» gepflegt wurde. Die Porträts vermitteln den Eindruck einer Form von Repräsentation, die nichts zur Schau stellen muß, weil man sich der eigenen Stellung bewußt ist. Dieses Selbstbewußtsein, genährt ebenso aus Kultur wie aus Besitz, scheint vielmehr dazu zu neigen, seinen selbstgeschätzten Wert vor den Blicken Unberufener zu verbergen.

Abb. 113 (Kat. Nr. 66) Johann Caspar Boßhardt, Selbstbildnis mit Hut, um 1880/1885, Öl/Lw., 42,5 × 34 cm, Privatbesitz Zürich.

In krassem Gegensatz zu dieser Personencharakterisierung im Rahmen eines Auftrags steht Boßhardts spätes *Selbstporträt* (Abb. 113). Wir sehen hier am Ende seines Schaffens den Künstler, der sein Handwerk technisch beherrscht. Wir sehen zugleich, wie ihm die Malerei als Werkzeug im Dienst einer kritischen Betrachtung des eigenen Gesichts dient. Das Dreiviertelprofil zeigt unter der schattigen Hutkrempe einen zweifelnd fragenden «Blick zurück». Wie der Rand des Hutes den Verlauf der hochgezogenen Braue steigert – das ist von hohem kompositorischem Reiz. Dieser äußerliche Effekt erhält aber seriöses Gegengewicht in der unsentimentalen, gleichwohl expressiven Schilderung der Topographie dieses Gesichts mit seinen wenigen, doch tiefen Falten und dem verschatteten Auge. Durch Krankheit dem Alter nahegerückt, in einigen hochgesteckten Zielen durch den Wandel der Kunstauffassungen überholt, wohl auch persönlich einsam – so meinen wir Boßhardt mit seinen eigenen Augen sehen zu dürfen. Die Begegnung entläßt einen nicht unberührt, kennt man ihn doch aus den früheren Äußerungen, und auch noch aus dem etwa zehn Jahre zurückliegenden Selbstbildnis (Abb. 85), als einen durchaus von sich überzeugten Menschen.

Boßhardts Ansprüche an die Qualität seiner Arbeit waren hoch, streng, zielstrebig und meistenteils erfolgreich. Ist sein Werk schon generell von sorgfältiger Ausführung geprägt, so fällt dies ganz besonders bei den späten Arbeiten auf. Die ganze Bildfläche ist homogen durchgearbeitet, jedem Detail, jeder Farbwirkung wird die gleiche malerische Aufmerksamkeit zuteil. Dieses am Ideal der Klassik orientierte Vorgehen läßt jedoch im Betrachter den Wunsch nach Impulsivität, nach mehr spannungsvollem Leben wachwerden. Im Winterthurer Katalog der Ausstellung von 1887 figuriert das späte Selbstporträt als unvollendet, was zweifellos zutrifft, wenn man die Faktur mit anderen späten Bildern Boßhardts vergleicht. Dennoch hat man heute nicht den Eindruck, etwas in diesem Bild zu vermissen. Vielmehr liegt eine gewisse Tragik in der Einsicht, daß Boßhardt sehr wohl zu einer spontanen Pinselführung und damit zu einer «moderneren» Anwendung der gestalterischen Mittel fähig gewesen wäre.

Anmerkungen:

[1] Suter, Lebensgeschichte, S. 7.
[2] ebda.
[3] Abb. 1, 22, 85, 97.
[4] Abb. 105, 106, 107 sowie verschollen Kat. Nr. 4, 5, 68, evt. 83.
[5] Suter, Lebensgeschichte, S. 16.
[6] Zur Person dieser und der folgenden Dargestellten vgl. auch den Werkkatalog im Anhang.
[7] Näheres zur Person s.a. den Werkkatalog im Anhang.
[8] Suter, Lebensgeschichte, S. 33.
[9] ebda., S. 34.

Mythos der Geschichte

Boßhardts Bilder wollen historische Ereignisse sichtbar machen. In der Wahl der Themen sind sie vornehmlich auf das 15. und 16. Jahrhundert beschränkt, was Boßhardt eine stetig zunehmende Kenntnis von Kostüm und Mobiliar dieser Epoche ermöglicht hat. Die malerische Ausführung ist von akribischem Naturalismus und versucht, alle Einzelheiten und jeden stofflichen Reiz aufzuzeichnen. Die Bilder erwecken den Anschein, als öffnete sich uns ein Fenster in die Realität einer vergangenen Epoche.

Doch dieser Realismus bleibt äußerlich. Die Inhalte haben wenig mit dem zu tun, was sich drei und vier Jahrhunderte früher tatsächlich abgespielt hat: Waldmann war nicht der, den wir auf dem Gemälde erkennen; Wengis Tat forderte nicht den Opfermut, der uns vorgeführt wird; Niklaus von Flüh blieb im Ranft und erschien nicht auf der Tagsatzung, wie uns das Bild glauben macht. Von allen Gemälden Boßhardts kommt die ‹Begegnung Luthers mit den St. Galler Studenten› der historischen Tatsache am nächsten. Doch hier handelt es sich um eine Anekdote ohne Geschichtsmächtigkeit, eine äußerliche Begebenheit, deren äußerliche Erscheinung exakt zu verbildlichen möglich war. Wohl hat Boßhardt die Ereignisse, die er darstellen wollte, studiert und hat die dazu erschienene Literatur gelesen. Doch schon die Auswahl der Themen folgt den aktuellen Interessen. Was Boßhardt dargestellt hat, ist nicht für das Spätmittelalter und die frühe Neuzeit relevant, sondern für die Zeit zwischen 1848 und 1875.

Sein Umgang mit Geschichte beruht nicht auf der historisch-kritischen Methode, sondern auf einer Literatur, welche aus der Geschichte die Rechtfertigung für die gegenwärtig verfolgte Politik zieht. Das historisch korrekt gemalte Kostüm ist eine Verkleidung, welche vortäuscht, daß auch der Sinndeutung derselbe Wahrheitsanspruch zukomme.

Solche Malerei stilisiert vergangene historische Ereignisse zu Paradigmen. Boßhardt mythisiert die Vergangenheit zu Schlüsselszenen, welche die künftige Geschichte gleichsam vorwegnehmen, sie schon enthalten. Der historische Prozeß wird damit zu einem sinnhaften Kontinuum, in dem gegenwärtiges Geschehen dadurch legitimiert ist, daß sich in ihm die Vergangenheit wiederholt, einlöst und vollendet. Das gegenwärtige Geschehen ist in dieser Auffassung notwendig und richtig, weil es in der Vergangenheit vorformuliert ist. Hier bedient sich die Historienmalerei keiner anderen Methode, als es schon die christliche Typologie getan hat, die einem neutestamentlichen Ereignis eine vorausweisende Begebenheit aus dem Alten Testament zuordnet. Auch wenn sich die Historienmalerei als säkulares Medium verstand und Kaulbach proklamieren konnte, «Geschichte müssen wir malen, Geschichte ist die Religion unserer Zeit, Geschichte allein ist zeitgemäß», so blieben die rhetorischen Techniken dennoch die gleichen wie in der traditionellen christlichen Ikonographie: Was aktuell geschieht, muß geschehen, weil sich im aktuellen Ereignis eine transhistorische Wahrheit realisiert.

Boßhardt löste Figuren wie Waldmann, Hemmerlin, Kolumbus, Sickingen, Hutten oder Wengi aus ihrem einmalig geschehenen Zusammenhang heraus und stilisierte sie zu immer gültigen Mythen. Ihren Wahrheitsgehalt ziehen sie aus der scheinbaren Gewißheit, daß es einmal so gewesen sei. Um diese Gewißheit zu schaffen, nutzt Boßhardt das bildnerische Mittel der Detailtreue in der Darstellung von Kostüm und Räumlichkeit.

Boßhardts Geschichtsbilder verbinden mythische Symbolkraft und historische Rechtfertigung zu einer ausdrucksstarken Rhetorik der bürgerlichen Öffentlichkeit. Sie zeigen Helden des 15. und 16. Jahrhunderts, sprechen aber vom Zeitalter der Bundesverfassung, des Eisenbahnbaus und der Säkularisierung. Über den ästhetischen Wert von Boßhardts Historienmalerei mögen die Meinungen auseinandergehen – unzweifelhaft sind sie jedoch bedeutende Zeugnisse für den kulturellen Überbau der industriellen Revolution und des Aufbruchs in die Moderne.

Dok. 21 1887 Juli 3

«Über den Verbleib seiner schönen Studien und Skizzen ist hier nichts verlautet» –
Nachruf auf Boßhardt in München
(Nekrologe Münchener Künstler, Franz Reichhardt [...] Kaspar Boßhardt, in: Beilage der Allgemeinen Zeitung, München, Nr. 182, 3. Juli 1887, S. 2675.)

«Obwohl seiner ganzen Natur nach ein echter, treuer Sohn seiner Heimath, zählt Kaspar Boßhardt, geboren 1823 zu Pfäffikon (Zürich), doch zu den Münchener Künstlern, da er nicht allein über 40 Jahre in der Isarstadt verweilte, sondern auch als Maler mit seinem artistischen Credo sich zu den Dogmen der historischen Schule daselbst bekannte. Da er sich zuerst in Düsseldorf unter Schadow und Schirmer umgethan hatte, brachte er schon ein gewisses selbständiges Bewußtsein mit, welches theilweise zu seiner Anerkennung, aber auch zur Isolirung auf ihn wirkte. Erst trug er sich mit fernliegenden Stoffen: einem ‹Columbus vor der Königin Isabella und ihrem geistlichen Rathe›, einem ‹Thomas Morus› oder ‹Sickingens Tod› u. dgl. Dann aber warf er sich mit richtiger Einsicht auf die Geschichte der Schweiz und wählte patriotische Stoffe, denen die Sympathie der Heimath entgegenkam, während sein ehrliches Streben auch im ‹deutschen Ausland› die verdiente Anerkennung erhielt. Dazu verhalf ihm ‹Hans von Hallwyl, die Seinen vor der Schlacht bei Murten zum Kampfe anfeuernd›, noch mehr der wackere Bürgermeister ‹Wengi von Solothurn›, welcher sich vor die Kanone stellt, um den Bürgerkrieg abzuwenden. Das etwas theatralische Bild wurde durch Alberts Photographie, durch einen Holzschnitt in der Leipziger ‹Illustrirten Zeitung› (XXXVII. B., S. 465) und den ganz vortrefflichen Stich von H. Merz sehr populär. Da Boßhardt mit scrupulöser Gewissenhaftigkeit, sowohl im Studium der Costüme, Waffen und Localeigenthümlichkeiten, als auch in der Gruppierung, die er recht eigentlich wissenschaftlich aufzubauen liebte, zu Werke ging, so rückten seine Arbeiten nur langsam vorwärts. Mit der ‹Bündnerin im Schwabenkrieg› behandelte er die bekannte Anekdote, wie durch die Geistesgegenwart einer Engadinerin das Dorf Schleins, in welches eine feindliche Streife gedrungen war, der Plünderung und Zerstörung entging. Ueber dem Bestreben, alles wohl zu erwägen und an seinen gehörigen Platz zu bringen, jede Farbe, jedes Beiwerk sprechen und zum wirksamen Ausdruck gelangen zu lassen, verfiel Boßhardt einer rhetorischen Speculation, welche erkältend auf den Beschauer wirkte. Seine Darstellung erhielt, trotz der satten Färbung und der bis ins Kleinste gehenden Vollendung etwas Trockenes, Nüchternes, wie bei dem Zürcher Ludwig Vogel, es war alles mehr mühsam ausgeklügelt, statt primitiv empfunden. Boßhardt schuf einen ganzen Bilder-Cyklus aus der Schweizergeschichte – er sprach sehr gern von seinen ‹bedütenden Ufträgen› – wovon uns jedoch nichts weiteres kundbar wurde. Außerdem malte er mehrere Genrebilder, z. B. ‹Der Liebling› (1874, worauf er einen ‹Dompfaffen› darstellte, mit dem sich eben ein hübsches Mädchen beschäftigt); eine ‹Sennerin› (1875), ‹Politiker im Kloster› (1876); ein alchymistisches ‹Stillleben› [sic!]. Dann trat er unseres Wissens nicht mehr in die Öffentlichkeit und verklauste sich in der einsiedlerischen Stille seines Ateliers. Erst sein am 10. Februar erfolgter Tod brachte außerhalb des engen Kreises seiner wenigen Bekannten den Namen des Künstlers wieder in Erinnerung. Ueber den Verbleib seiner schönen Studien und Skizzen ist hier nichts verlautet.»

Dok. 22 1888

«...als Künstler und Mensch eine durchaus edle Natur.»
Der Nekrolog des Münchner Kunstvereins
(Rechenschaftsbericht der Vorstandschaft des Kunstvereines München für das Jahr 1887)

«Mit Kaspar Boßhardt ist ein Künstler aus dem Leben geschieden, der ohne ein hervorragendes Talent zu sein, doch alle Achtung verdient und besonders auf den Dank seiner engeren Heimath rechnen durfte. Boßhardt wurde am 1. April 1823 zu Pfäffikon im Canton Zürich geboren. Als Kind wohlhabender Eltern besuchte er die daselbst neu errichtete Sekundarschule, an der ein geistvoller deutscher Flüchtling des Lehramts waltete. Bei diesem empfing er die ersten richtungsbestimmenden Anregungen. Der Lehrer verstand es, die Neigung und Begabung seiner Schüler für das Zeichnen zu fördern und ließ es auch an der nöthigen Ermunterung nicht fehlen. Unter dem Einflusse dieses Lehrers entwickelte sich die Anlage des Schülers zu dem jugendlichen Wunsche, Maler zu werden. Obgleich die materiellen Vorbedingungen, zu einem solchen Ziele zu gelangen, nicht fehlten, kostete es doch etwelche Mühe, den berechnenden Vater zur Zustimmung für einen so ‹unpraktischen› Beruf zu bringen. Auf mehrfaches Zureden hin gab er aber doch seine Einwilligung. – Im Jahre 1838 ging der junge Boßhardt nach Zürich, wo er ohne viel Schule sich im Zeichnen und Malen übte und daneben in Ludwig Vogel ein Vorbild fand für seine schon damals sich geltend machende Neigung zu historischen Vorwürfen. Anfangs der 40ger Jahre siedelte er nach Düsseldorf über. Dieser Schritt war von entscheidender Bedeutung. Damals hatte K. F. Lessing eine neue historische Schule gegründet, die ihren Stoff vorzugsweise der Reformationsgeschichte entnahm; vor seinen Augen sah Boßhardt Lessings erste Bilder zum Hussitencyclus entstehen. Im Verkehr mit Schadow und Schirmer läuterte sich seine Auffassung historischer Vorgänge und damals entstand der Entwurf zu seinem ersten Bilde aus seiner vaterländischen Geschichte, zu ‹Waldmann's Todesgang›.
Nach glücklich überstandener Krankheit kehrte der Künstler zur Erholung in die ländliche Umgebung seiner Heimath zurück. Auf der Rückreise nach Düsseldorf machte er München einen Besuch. Die an Kunstschätzen und Kunstleben so reiche Stadt übte auf ihn einen so mächtigen Eindruck, daß er sich entschloß (1845), hier seine Künstlerlaufbahn fortzusetzen. Sein erstes begonnenes Bild wurde hier nun völlig umgearbeitet und vollendet. Die Regierung von Zürich kaufte das Bild und trug dadurch nicht unwesentlich bei zur Begründung des guten Rufes, den Boßhardt bald in seiner Heimath genoß. Der ermuthigende Erfolg spornte seinen Fleiß zu einer Reihe von Darstellungen aus seiner heimathlichen Geschichte an, sowie auch zu einzelnen aus fernerliegenden Stoffen. Es entstanden nach und nach, allerdings in größeren Intervallen: ‹Felix Hämmerli›, ‹Columbus vor Isabella von Castilien›, ‹Thomas Morus nimmt Abschied von seiner Tochter›, ‹Sickingen's Tod›, ‹Ulrich von Hutten's letzte Tage›, ‹Carl V. im Kloster St. Juste›, und ‹Niklaus Wenzi›[sic!], gestochen von Merz, wohl das beste Bild Boßhardt's. Dann folgten ‹Niklaus von der Flüe›, ‹Hallwyl bei Murten› und einige geschichtliche Darstellungen von mehr genrehaftem Charakter, wie die ‹Frau von Schleines›, [sic!], ‹Begegnung der St. Galler Studenten mit Luther› und von reinem Genre ‹der Alchymist›, ‹Politik im Kloster›, ‹der erste Liebesbrief›, ‹die Stickerin› etc. Sein letztes Werk war ‹Zwingli und Cardinal Schinner›. Boßhardt's Bilder gelangten fast ausnahmslos in den Besitz von Kunstliebhabern seiner engeren Heimath, einige wenige in Schweizerische Kunstsammlungen.
In den letzten Lebensjahren begann Boßhardt zu kränkeln und seine sonst so stattliche Figur erschien mehr und mehr gebeugt. Trotzdem arbeitete er mit gewohntem Ernst und Fleiß bis wenige Wochen vor seinem Tode, der am 10. Februar 1887 erfolgte.
Boßhardt war als Mensch und Künstler eine durchaus edle Natur. Nicht minder streng gegen sich selbst wie gegen Andere, blieb er treu seinen Freunden und anhänglich an seine Anverwandten in der Heimath, die er jedes Jahr Wochen und Monate lang besuchte. Als Künstler verwendete er auf seine Arbeiten peinliche Gewissenhaftigkeit und zähe Ausdauer und erreichte damit, was immer in seinen Kräften lag. Die Hochachtung Aller, welche ihm näher traten und denen er sein Inneres aufschloß, bleibt ihm über das Grab hinaus bewahrt.»

Biographische Zeittafel

Die folgende Übersicht stützt sich maßgeblich auf Eduard Suters Lebensbericht von Boßhardt, der als Neujahrsblatt der Zürcher Künstlergesellschaft für das Jahr 1888 erschienen ist[1]. Suter war ein Jugendgefährte Boßhardts und stammte wie dieser aus Pfäffikon[2].

1823 April 1
J. C. Boßhardt wird in Pfäffikon ZH als drittes Kind des Küfers Hans Heinrich Boßhardt (1784–1858; vgl. Kat. Nr. 5) und der Maria Boßhardt-Gubler (1786–1852; vgl. Kat. Nr. 4) geboren. Besuch der Volksschule.

1836
Eintritt in den ersten Jahrgang der neu errichteten Sekundarschule Pfäffikon unter der Leitung von Carl Kramer[3].

1838
Übersiedlung nach Zürich mit der Absicht, den Lithographenberuf zu erlernen[4].
Unterricht bei Friedrich Oberkogler[5], dann Schulung durch den Bildnismaler Johan Rudolf Obrist[6].
Boßhardt zeichnete im Studiensaal der Künstlergesellschaft nach Gipsvorlagen. Vorbild und Förderer war Ludwig Vogel (1788–1879; vgl. Kat. Nr. 6), namhafter Begründer der Historienmalerei in der Deutschschweiz. Die Bibliothek seines Kostgebers Weber[7] stand Boßhardt zur Verfügung. Er fühlte sich von den romantischen Autoren, insbesondere von Ludwig Uhland, angezogen[8].

um 1839/40
‹Selbstbildnis mit Barett› (Kat. Nr. 1).

1841 November
Eintritt in die Königliche Kunstakademie in Düsseldorf[9]. Im Schülerverzeichnis der Architekturklasse, wo «Unterricht in der Projektionslehre, Elemente der Baukunst und Perspektive»[10] vermittelt wurden, ist bei Boßhardt in der Spalte «Kunstfach» das Berufsziel «Maler» eingetragen. Boßhardts Anlage wird mit «gut», sein Fleiß mit «wenig», sein Betragen mit «lobenswerth» vermerkt.

Dezember 12
In einem Brief an Ludwig Vogel (Dok. 1) bedankt sich Boßhardt für dessen Hilfe und Empfehlung an den Akademieprofessor Wintergerst[11]. Boßhardt ist in die Malklasse Hildebrandts[12] aufgenommen.

1842 1. Quartal
Boßhardt besucht die «Vorbereitungs- oder Malerklasse» der Düsseldorfer Akademie[13]. Laut Eintragung im Schülerverzeichnis war Boßhardt noch «unentschieden», was die Wahl der malerischen Gattung betraf, während andere Mitschüler als Bildnis-, Genre- oder Geschichtsmaler aufgeführt sind. Anlage, Fleiß und Betragen in dieser Klasse sind «gut».

April 1
Boßhardt berichtet in einem Brief (Dok. 2) an einen Freund von seinen Fortschritten und erwähnt die bemerkenswertesten Künstlerpersönlichkeiten in Düsseldorf: «*Vor Allem ragt bei Weitem im Geschichtlichen Lessing*[14] *hervor. Als Componist und an Fruchtbarkeit ist Rethel*[15] *besonders zu bemerken, und an Wahrheit und Natur in der Farbe Hildebrandt und C. Sohn*[16]*, die beiden Professoren der Malerclassen.*»[17]

Dezember 24
Boßhardt teilt den Eltern seine beruflichen Ambitionen mit (Dok. 3). Er will Historienmaler werden. In Düsseldorf sucht er die Ausbildung zum Koloristen. Danach aber möchte er nach München übersiedeln, um unter

Kaulbach seine kompositorischen Fähigkeiten weiterzubilden.

1842/43
Im Schülerverzeichnis der zweiten Malerklasse führt Boßhardt die Bezeichnung «*Bildnismaler*»[18].
Selbstporträt mit dem Vermerk von nicht identifizierter Hand: «*Als Schüler der Akademie in Düsseldorf gemalt.*» (Kat. Nr. 2).

1843
In der zweiten Jahreshälfte wird er von einem nicht näher bezeichneten Nervenfieber befallen[19] und ist gezwungen, dem Unterricht während längerer Zeit fernzubleiben[20].

1843/44
Eingeschrieben in der Malerklasse II, Abteilung von Prof. Ferdinand Theodor Hildebrandt, mit der Fachbezeichnung «*Geschichtsmaler*» und der Bemerkung «*seit dem 2. Quart. d. J. abgegangen*»[21].

1844
Boßhardt verläßt Düsseldorf früher als ursprünglich beabsichtigt. Zur Erholung weilt er in Pfäffikon, wo ihm J. C. Zimmermann zu einem Atelier verhilft[22].
Bildnis des Hechtwirts von Fehraltorf, Kaspar Gujer (1790–1859) (Kat. Nr. 3).

Oktober 22
Der Regierungsrat des Kantons Zürich gewährt Boßhardt ein Stipendium von 350 Gulden für ein Jahr zur Unterstützung seiner weiteren Ausbildung mit Aussicht auf Wiederholung für ein zweites Jahr bei günstig lautenden Zeugnissen[23].

1845 Januar 19
Übersiedlung nach München, erste Eintragung im Polizeiregister der Stadt. Als Aufenthaltszweck ist vermerkt: Besuch der Akademie, Ausbildung. Ein offizieller Studiengang läßt sich jedoch heute nicht mehr nachweisen; vielmehr scheint Boßhardt seine Ausbildung selbständig vorangetrieben zu haben.
Während der folgenden Jahre verläßt Boßhardt München regelmäßig, um nach Hause bzw. nach Lindau (wohl Grenzübertritts-Ort) zu fahren. In München ist er an wechselnden Adressen gemeldet[24]. In München richtet sich Boßhardt von Anfang an als selbständiger Künstler ein. Die Aufenthalte in der Schweiz dienen dem Anknüpfen und der Pflege von Kontakten und persönlichen Beziehungen sowie für Studien im Zusammenhang mit geplanten Arbeiten[25].
Mitgliedschaft in verschiedenen Künstlervereinigungen; Kontakte zu in München lebenden Schweizer Malern, Schriftstellern und Universitätslehrern[26].

November 27
Der Kanton Zürich gewährt ein weiteres Jahresstipendium von 350 Gulden[27].

Dezember 22
Boßhardt wird auf Vorschlag des Malers Fried[28] vom Kunstverein München als ordentliches Mitglied aufgenommen[29].
Bildnis Ludwig Vogels (Kat. Nr. 6) gemalt für den Akademieprofessor Wintergerst in Düsseldorf.

1847
Porträt ‹Barbara Rosenkranz-Zangger› (Kat. Nr. 8) und ihres Bruders ‹Hans Heinrich Zangger› (Kat. Nr. 9).
‹Bürgermeister Waldmanns Abschied von seinen Mitgefangenen, 1489.› (Kat. Nr. 7).
Zeichnung ‹Mädchenbildnis› (Kat. Nr. 10).

1848
Zwei Mädchenbildnis-Zeichnungen (Kat. Nr. 11, 12).

Februar 11/12
Gottfried Keller bespricht Boßhardts ‹Waldmanns Abschied› in der Neuen Zürcher Zeitung (Dok. 4).

Februar 24
Die Zürcher Kantonsregierung beschließt, Boßhardts Gemälde ‹Waldmanns Abschied› für Fr. 1600.– anzukaufen und der Künstlergesellschaft zu schenken (Dok. 5)[30].

Mai 2 – Juni 10
Das Bild ‹Waldmanns Abschied› wird auf der Turnusausstellung des Schweizerischen Kunstvereins in Zürich gezeigt. Die Ausstellung zieht weiter nach Basel, St. Gallen, Schaffhausen.

Dezember 13
Gründung der Künstlergesellschaft Winterthur[31].

1849
‹Ulrich von Hutten auf der Insel Ufenau› (Kat. Nr. 13).

1850 März 1 – 1852 Februar 20
Boßhardt bezieht laut einer Serie von Quittungen vom Industriellen Ludwig Greuter-Reinhart, Winterthur (vgl. Kat. Nr. 15), einen Gesamtbetrag von 1500 Gulden[32].

1851 Mai 18
‹Hutten› (Kat. Nr. 13) in Zürich ausgestellt.

1852–1856
Die Agenda des Industriellen Ludwig Greuter (Dok. 6) bezeugt einen regen Kontakt mit Boßhardt.

1852
‹Christoph Columbus vor der Königin Isabella› (Kat. Nr. 14).

Oktober 23–25
Drei Porträtsitzungen mit Ludwig Greuter-Reinhart (Kat. Nr. 15).

1854
‹Tod des Franz von Sickingen› (Kat. Nr. 16). Das Bild kommt nach Winterthur in den Besitz Ludwig Greuters, wird aber im selben Jahr noch einmal in München ausgestellt.

1855
‹Gefangennahme des Chorherrn Felix Hemmerlin› (Kat. Nr. 17).

Mai 14
Brief von Catharina Werdmüller von Escher an Boßhardt (Dok. 8).

1856
‹Hemmerlin› auf der Turnusausstellung.

1857
‹Shakespeare als Wilddieb› (Kat. Nr. 18).

1858
‹Thomas Morus' Abschied von seiner Tochter› (Kat. Nr. 19); ‹Karl V. im Kloster S. Geronimo de Juste› (Kat. Nr. 20).

1859
‹Thomas Morus› und ‹Ulrich von Hutten› in Winterthur anläßlich der Versammlung des Schweizerischen Kunstvereins ausgestellt.
Karton zu ‹Schultheiß Niklaus Wengi› (Kat. Nr. 21).

um 1860
Vollendung des ‹Schultheiß Wengi› (Kat. Nr. 23; Dok. 9). Der Ästhetiker Friedrich Theodor Vischer behandelt Boßhardts ‹Wengi› als beispielhaftes koloristisches Historienbild (Dok. 10).

1860 Dezember 12
Als Anerkennung für sein Gemälde ‹Schultheiß Wengi› erhält Boßhardt die Ehrenmitgliedschaft der St. Lukasbruderschaft in Solothurn (Dok. 11).

1861
Vorlagezeichnung des ‹Schultheiß Niklaus Wengi› für den Stich von Merz (Kat. Nr. 24).

Dezember 28
Besprechung des ‹Wengi› in der «Illustrirten Zeitung», Leipzig, No. 965, 28. Dez. 1861, S. 464.
Karton zu ‹Niklaus von der Flüh auf der Tagsatzung zu Stans› (Kat. Nr. 25).

1863
Vollendung des ‹Niklaus von der Flüh› (Kat. Nr. 26).

Juni 21
Bildbesprechung zum ‹Niklaus von der Flüh› von Friedrich Pecht (Dok. 12).
‹Niklaus von der Flüh› in Winterthur ausgestellt.

1864
‹Der Reisläufer› (Kat. Nr. 27).

September
Erster Entwurf des ‹Hans von Hallwyl› (Kat. Nr. 32).

Dezember 25
Boßhardt bietet sich aus München einer unbekannten Persönlichkeit in Bern als Leiter für die Ausschmückung des Bundesrathauses an (Dok. 13).

1860/65
Bildnispaar von Heinrich und Rosina Grunholzer-Zangger (Kat. Nr. 28, 29).

1865
Boßhardts Vorschlag für eine Ausschmückung des Bundesrathauses wird von der eingesetzten Kommission nicht berücksichtigt. Der Maler ist über diesen Entscheid *«tief verstimmt»*. In einem Brief, in dem Resignation mitschwingt, beklagt er sich darüber, daß man ihm *«trügerische Hoffnungen»* auf einen Staatsauftrag gemacht habe (Dok. 14).
‹Bildnis der Schwester Boßhardts, Elisabeth Zwingli› (Kat. Nr. 30).
‹Niklaus von der Flüh› in Solothurn ausgestellt.

April
Antritt zur Italienreise: über Tirol und Etschtal nach Verona und Venedig; dort Zusammenkunft mit dem von Zürich her befreundeten Ästhetiker Friedrich Theodor Vischer; weiter nach Padua, Ferrara, Bologna, Florenz und Rom; dort Begegnung mit Arnold Böcklin[33] und dem Historienmaler August Weckesser[34].

1867 Dezember
‹Hans von Hallwyl› (Kat. Nr. 33) vollendet.

1868 Januar 9
Beprechung des Bildes ‹Hans von Hallwyl› in der Allgemeinen Zeitung, München.

Januar 22
Parodie auf das Bild ‹Hans von Hallwyl› mit dem Titel: *«Die Schlacht von Murten. Ein dramatischer Traum nach dem Bild von C. Bosshardt»* in den Basler Nachrichten, 22. Jan. 1868, S. 135 (Dok. 15).

Januar 26
Brief von Rudolf Koller[35] an Ernst Stückelberg[36]. Obwohl Koller selber mit Boßhardts Arbeiten *«nie Gutfreund war»*, hält er das Maß der Kritik am Hallwyl-Bild für unangebracht.

März 18
Brief von Rudolf Koller an Arnold Böcklin[37]. Koller bezeichnet Boßhardt im Zusammenhang mit der Hallwyl-Kritik als einen *«Menschen ohne Talent, der sich alle erdenkliche Mühe gibt»*.

Mai 4
Boßhardt wird vom Kunstverein Winterthur als Ehrenmitglied aufgenommen[38].

1869
‹Die mutige Bündnerin im Schwabenkrieg› (Kat. Nr. 34).

1870
Vertrag des Kunstvereins Winterthur mit Boßhardt, Weckessers ‹Reding› zu vollenden, falls der Maler an dessen Fertigstellung verhindert würde[39].

Mai 15
‹Hutten›, ‹Shakespeare als Wilddieb›, ‹Wengi› in Zürich ausgestellt.

Juni 19
In einem Brief an Karl Alfred Ernst[40] schreibt Boßhardt, daß er genug von der Historienmalerei habe und sich nun der Genremalerei zuwenden wolle (Dok. 16).

Juli 3–19
Ausstellung in Winterthur: ‹Porträt von Stadtpräsident Steiner›, ‹Sickingen›, ‹Hutten›, ‹Kolumbus› und ‹Thomas Morus›.

1871 Mai 21– Juni 11
‹Aus dem literarischen Leben des 18. Jahrhunderts›, ‹Die Bündnerin im Schwabenkrieg› auf der Turnusausstellung.

1872 Herbst
Reise ins Tirol: Interieur- und Genrestudien (Kat. Nr. 36–48). Eine andere Reise, deren Datum nicht bekannt ist, führte nach Feldkirch, Hall im Tirol, Sterzing, Regensburg und Rothenburg ob der Tauber[41].

September 4
‹Hemmerlin› in Zürich ausgestellt.

1874/75
‹Selbstbildnis› (Kat. Nr. 31).

1875
‹Der Liebling› (Kat. Nr. 49) auf der Turnusausstellung. ‹Politiker im Kloster› (Kat. Nr. 51); ‹Die Sennerin› (Kat. Nr. 50).

1876
Mai 15
Boßhardt bietet die zweite Fassung der ‹Politik im Kloster› (Kat. Nr. 52) dem Kunstverein Winterthur an und bittet Friedrich Imhoof-Blumer um Unterstützung[42] (Dok. 17).

Mai 31
Als im Winterthurer Kunstverein Bedenken gegen die ‹Politik im Kloster› laut werden, erläutert Boßhardt das Bild in einem Brief an Albert Hafner[43] (Dok. 18).

Dezember 1
Quittung von Boßhardt an «*Herrn Rothpletz*» für die letzte Zahlung eines Gemäldes ‹Häusliches Stilleben› (Kat. Nr. 53).

um 1877
‹Ein alchimistisches Stilleben› (Kat. Nr. 54); ‹Der Alchimist› (Kat. Nr. 56).

1877
‹Beim Alchimisten› (Kat. Nr. 55) auf der Turnusausstellung des Schweizerischen Kunstvereins.

um 1875–1880
‹Der heimkehrende Reisläufer› (Kat. Nr. 57); ‹Der Page› (Kat. Nr. 58).

um 1878
Vier Bildnisse der Schwiegerelternpaare von Bertha Bodmer und Fritz Rieter: Heinrich und Henriette Bodmer-Pestalozzi (Kat. Nr. 59, 60) und Adolph und Ida Maria Rieter-Rothpletz (Kat. Nr. 61, 62).

1879
‹Luthers Begegnung mit den St. Galler Studenten in Jena› (Kat. Nr. 63).

um 1880/1885
‹Unvollendetes Selbstbildnis mit Hut› (Kat. Nr. 66).

1880
‹Der erste Liebesbrief› (Kat. Nr. 64); ‹Ein Brief› (Kat. Nr. 65); ‹Bildnis von Louisa Zwingli-Furrer› (Kat. Nr. 67).

1882/86
‹Bildnis von Emil Ulrich Zwingli› (Kat. Nr. 69), Sohn von Louisa Zwingli.

1883
Beginn der Arbeit an ‹Zwingli und Kardinal Schiner in Einsiedeln› (Kat. Nr. 72); Studie: ‹Kopf von Ulrich Zwingli›[44] (Dok. 19).
Schweizerische Landesausstellung in Zürich: ‹Schultheiß Wengi von Solothurn› (Kat. Nr. 23).

1886 Oktober 15
‹Zwingli und Kardinal Schiner in Einsiedeln› (Kat. Nr. 72) ist im Kunstgütli in Zürich ausgestellt und wird in der Neuen Zürcher Zeitung besprochen (Dok. 20).

1887
Februar 9
Boßhardt stirbt in München.

Februar 13
Nachrufe in der Allgemeinen Zeitung, München, und in der NZZ.

Februar 15
Nachrufe in der Allgemeinen Schweizer Zeitung, Basel, und der Zürcher Post.

Februar 19
Nekrolog in der Volkszeitung für das zürcherische Oberland, Pfäffikon.

Februar 22
Vorstandssitzung des Kunstvereins Winterthur: Ein

schriftlich eingereichter Vorschlag für eine Ausstellung zu Ehren des jüngst verstorbenen Boßhardt findet Zustimmung, kann aber erst im Herbst realisiert werden.

April 4
Der Nachlaßverwalter Boßhardts, Emil Zwingli, sagt dem Kunstverein Winterthur seine Mitarbeit bei der Gestaltung einer Gedächtnisausstellung zu.

April 19 – Mai 1
In Zürich findet eine Ausstellung von nachgelassenen verkäuflichen Gemälden und Studien Boßhardts statt.

Juni 26 – Juli 10
Kunstverein Winterthur: Gedächtnisausstellung. Die Ausstellung umfaßte 73 Gemälde und eine Bleistiftzeichnung. Die Mehrzahl der großen Historienbilder war vertreten. Es fehlten ‹Hans von Hallwyl›, ‹Shakespeare als Wilddieb›, ‹Hemmerlin› und ‹Die mutige Bündnerin›. Bei der Hälfte der gezeigten Werke (37 Titel) handelt es sich um Ölstudien aus dem Nachlaß, die zum Verkauf ausgeschrieben waren.

Juli 3
Nekrolog in der Allgemeinen Zeitung, München (Dok. 21).

Oktober 27 – November 11
Zürich: Gemälde-Ausstellung zur Feier des hundertjährigen Jubiläums der Künstlergesellschaft: ‹Bürgermeister Waldmanns Abschied von seinen Mitgefangenen›.

Nekrolog im Rechenschafts-Bericht des Vorstandes des Kunstvereins München (Dok. 22).

1888
Die Zürcher Künstlergesellschaft widmet ihr Neujahrsblatt für das Jahr 1888 «*ihrem langjährigen und treuen Mitglied C. Bosshardt*». Die Lebensbeschreibung wird verfaßt von Eduard Suter.
Am Berchtoldstag (2. Januar) und der darauffolgenden Woche findet im Zürcher Künstlergut eine kleine Ausstellung von Gemälden Boßhardts aus Zürcher Privatbesitz statt.

März 26
Das Protokoll des Kunstvereins Winterthur zieht folgende Bilanz über das Vereinsjahr 1887:

Während dem Berichtsjahre fanden drei Ausstellungen statt:
I. Turnus-Ausstellung.
II. Ausstellung von Bildern u. Studien des verstorbenen Kunstmalers Boßhardt.
III. Weihnachtsausstellung.
Die Boßhardt-Ausstellung endete mit einem Verlust von 267,15 Franken[45].

1892 September 18 – Oktober 2
Ausstellung von Bildern Boßhardts aus Winterthurer Privatbesitz im Stadthaus Winterthur: ‹Männliches Porträt, Herr R. D.›, ‹Inneres einer Küche›, ‹Sickingen›, ‹Hutten›, ‹Kolumbus›.

Anmerkungen:

[1] Eduard Suter, Lebensgeschichte des schweizerischen Malers C. Boßhardt. Neujahrsblatt der Künstlergesellschaft in Zürich für 1888.
[2] Heinrich Eduard Suter, geb. 27. Nov. 1820 in Wädenswil, gest. 8. Dez. 1891 in Pfäffikon, Dr. jur. Oberrichter 1848, Regierungsrat 1861, Nationalrat 1863, Regierungspräsident 1866, Sekretär der Nordostbahndirektion 1872 -1889 (HBLS, Bd. 6 (1931), S. 619). – Der Hinweis auf die Jugendbekanntschaft zwischen Boßhardt und Suter stammt aus: Künstlergesellschaft in Zürich und Zürcherischer Kunstverein, Berichterstattung über das Jahr 1887, S. 14.
[3] Sekundarschule Pfäffikon, Visitationsbuch – Schülerverzeichnis 1836 –1936 (Archiv der Oberstufenschulgemeinde Pfäffikon). – Carl Kramer war Mitglied der Burschenschaft an der Universität Jena gewesen. Als politischer Flüchtling der liberalen Bewegung kam von Deutschland nach Zürich und übernahm die Sekundarlehrerstelle in Pfäffikon (Suter, Lebensgeschichte, S. 6).
[4] Wohnadressen in Zürich 17. Sept. 1838–25. März 1839: bei Heinrich Hotz von Bubikon, Kleine Stadt Nr. 245 (heute Augustinergasse Nr. 3) «im Strohhof»; dann Kleine Stadt Nr. 301 (Stadtarchiv Zürich: V Ec 20). – Suter, Lebensgeschichte, S. 7, setzt die Übersiedlung im Frühjahr 1838 an.
[5] Georg Christoph Friedrich Oberkogler (1774 –1856): Kupferstecher und Zeichnungslehrer. Langjähriges Mitglied der Zürcher Kunstgesellschaft. Er ist als Zeichenlehrer vieler zürcherischer Künstler bekannt (SKL, Bd. 2 (1908), S. 484f.).

6 Johan Rudolf Obrist: 1809 – Ende der 60er Jahre, vgl. F. O. Pestalozzi in: SKL, Bd. 2 (1908), S. 485.
7 4. April 1839 – 13. Okt. 1841: Kost und Logis bei Heinrich Weber (geb. 1817, Schuster), Kleine Stadt Nr. 301 (heute Kuttelgasse Nr. 5), im Haus «Weisse Henne» (Stadtarchiv Zürich: V Ec 20/Sch 20). – Suter, Lebensgeschichte, S. 8.
8 Suter, Lebensgeschichte, S. 6; Ludwig Uhland (1787–1862), Dichter und Germanist.
9 Kunstakademie Düsseldorf, Schülerverzeichnis 1841/42, Architekturklasse.
10 ebda.
11 Joseph Wintergerst (1783–1867), Lehrer der Elementarklasse an der Düsseldorfer Akademie. Seit 1824 dort Inspektor (Die Düsseldorfer Malerschule, S. 500).
12 Ferdinand Theodor Hildebrandt (1804–1874), ab 1826 Student in Düsseldorf, 1831 Hilfslehrer, ab 1836 Professor. Gehört zu den Vertretern der romantisch-poetischen Historien- und Genremalerei (Die Düsseldorfer Malerschule, S. 336).
13 Kunstakademie Düsseldorf, Schülerverzeichnis 1841/42, Vorbereitungs- oder Malerklasse.
14 Carl Ferdinand Lessing (1808–1880) ab 1826 Student in Düsseldorf, 1833 – 43 in der Meisterklasse der Akademie. Wird als das «*bedeutendste Talent*» seiner Zeit bezeichnet (Die Düsseldorfer Malerschule, S. 387).
15 Alfred Rethel (1816–1859), ab 1829/30 Student an der Akademie Düsseldorf, 1834 – 36 in der Meisterklasse (Die Düsseldorfer Malerschule, S. 425).
16 Carl Ferdinand Sohn (1805–1867), ab 1838 Professor für Malerei- und Zeichenkunst an der Akademie in Düsseldorf (Die Düsseldorfer Malerschule, S. 441).
17 Suter, Lebensgeschichte, S. 10.
18 Kunstakademie Düsseldorf, Schülerverzeichnis 1842/43, Zweite Malerklasse.
19 Suter, Lebensgeschichte, S. 12.
20 Kunstakademie zu Düsseldorf, Schülerverzeichnis 1842/43, Zweite Malerklasse.
21 Kunstakademie Düsseldorf, Schülerverzeichnis 1843/44, Malerklasse II.
22 Suter, Lebensgeschichte, S. 12 und Anm. 4. – J. C. Zimmermann (1797–1847) spielt eine zentrale Rolle in der Pfäffiker Fürsorgegeschichte. Von Beruf Textilfabrikant und -händler, war er Kirchenpfleger, Gemeinderat, Mitbegründer der Spar- und Leihkasse sowie der Gemeinnützigen Gesellschaft des Bezirks und Kantonsrat, außerdem Gönner der Sekundarschule (Bernhard A. Gubler, Gujerhaus – warum diese Bezeichnung? Maschinenschrift Pfäffikon ZH 1987).
23 Suter, Lebensgeschichte, S. 13. – Beschlußprotokoll des Regierungsrates des Kantons Zürich vom 24. Februar 1848, StAZ U 124 c 1.
24 Pol. Reg. München.
25 Suter, Lebensgeschichte, S. 13.
26 ebda., S. 17f.
27 ebda., S. 13. – Beschlußprotokoll des Regierungsrates des Kantons Zürich vom 24. Februar 1848, StAZ U 124 c 1.
28 Heinrich Jakob Fried (1802–1870), Maler und Lithograph aus Queichheim bei Landau, malte Bildnisse und historisch-romantische Bilder (Thieme-Becker, Bd. 12, S. 455).
29 Protokoll des Verwaltungsausschusses des Kunstvereins München vom 22. Dez. 1845. Stadtarchiv München, Vereine 253/1.
30 Beschlußprotokoll des Regierungsrates des Kantons Zürich vom 24. Februar 1848, StAZ U 124 c 1 (1848).
31 Fink, Kunstverein Winterthur; zur Feier des 75jährigen Bestehens 1848–1923, S. 12.
32 Die Belege in Privatbesitz, Pfaffhausen; aus den Quittungen geht nicht hervor, ob der Kredit evtl. in Gemälden abgegolten wurde. Der Umschlag, in dem sie sich befanden, trägt von nicht identifizierter Hand die vielleicht spätere Notiz «Sickingen Hutten – Bilder»; außerdem eine Addition mit der Summe f 2636.28.
33 Arnold Böcklin (1827–1901), Schweizer Maler.
34 August Weckesser (1821–1899), Winterthurer Historien- und Genremaler. Studierte 1841–48 in München, lebte ab 1858 in Rom; vgl. Suter, Lebensgeschichte, S. 26.
35 Rudolf Koller (1828–1905), Zürcher Tiermaler.
36 Ernst Stückelberg (1831–1903), Basler Maler; der Brief im SIK, Stück 1526.
37 Runkel, Böcklin Memoiren.
38 Prot. KVW.
39 P. Fink, Kunstverein Winterthur; Zur Feier des 75jährigen Bestehens 1848–1923, S. 12.
40 Karl Alfred Ernst (1817–1910), Winterthurer Kaufmann, Mitbegründer des Winterthurer Kunstvereins und dessen Konservator (HBLS, Bd. 3, S. 66).
41 Suter, Lebensgeschichte, S. 32.
42 Friedrich Imhoof-Blumer (1838–1920), Winterthurer Kaufmann und Münzforscher (HBLS, Bd. 4, S. 338).
43 Alfred Hafner (1826–1888), wichtige Persönlichkeit im Winterthurer Kulturleben, Stadtbibliothekar, Gründer des Historisch-antiquarischen Vereins (HBLS, Bd. 4, S. 50).
44 Suter, Lebensgeschichte, S. 33.
45 Protokolle Kunstverein Winterthur; Ordentliche Generalversammlung im Löwen.

Anhang

Werkkatalog

Christine Jenny

Bei den Maßangaben steht Höhe vor Breite.
* bei der Datierung bedeutet, daß das Werk in diesem Jahr erstmals ausgestellt wurde und kurz davor vollendet worden sein dürfte.

1 Selbstbildnis mit Barett um 1839/40

Abb.: 1; Text S. 14, 30.
Öl/Papier/Karton, 36 × 28,8 cm.
Rückwärtige Etikette mit Vermerk: «*39*».
Privatbesitz Zürich.
PROVENIENZ: Emil Zwingli (Nachweis 1887).
FOTONACHWEIS: Kunstdenkmälerinventarisation des Kantons Zürich (Foto: Kuno Gygax, Zürich).
AUSSTELLUNG:
Winterthur, 1887, Nr. 1.
LITERATUR:
Suter, Lebensgeschichte (1888), S. 7.
IDENTIFIZIERUNG: Das Bild befindet sich noch heute im Besitz der Familie des Nachlaßverwalters. Im Ausstellungskatalog der Gedächtnisausstellung in Winterthur 1887 ist als Nr. 1 ein «*Selbstportrait des Künstlers, Jugendarbeit*» im Besitz von Emil Zwingli verzeichnet. Die Identifizierung als Jugendbildnis Boßhardts ergibt sich aus dem Vergleich mit Kat. Nr. 2. Man beachte insbesondere die charakteristische Partie zwischen Augenbogen und Nasenrücken oder die Formung der Oberlippe. Laut Suter hat Boßhardt seine Zugehörigkeit zur «*freien Malergilde*» mit einem Künstlerbarett angedeutet, nachdem er in Zürich seine Ausbildung begonnen hatte[1].
ENTSTEHUNG: Das Gemälde zeigt Boßhardt als etwa 16/17jährigen Jüngling und steht formal noch stark unter dem Einfluß von Ludwig Vogels nazarenischer Linearität. Es fällt damit in die Ausbildungszeit in Zürich vor der Übersiedlung nach Düsseldorf und dürfte um 1839/40 entstanden sein.
ANMERKUNG:
[1] Suter, Lebensgeschichte, S. 7.

2 Selbstbildnis als Akademieschüler 1842/43

Abb.: 22; Text S. 30; Dok. 3.
Öl/Lw., 51,8 × 43 cm.
Vermerk auf Keilrahmen: «*Selbstporträt. Als Schüler der Akademie in Düsseldorf gemalt. C. Boßhardt 1843. 20 Jahre alt.*»
Heimatmuseum, Pfäffikon ZH.
PROVENIENZ: Emil Zwingli (Nachweis 1887).
FOTONACHWEIS: Kunstdenkmälerinventarisation des Kantons Zürich (Foto: Kuno Gygax, Zürich).
AUSSTELLUNG: Winterthur, 1887, Nr. 74.
LITERATUR:
Suter, Lebensgeschichte (1888), S. 11.
Gubler, Kdm ZH 3 (1978), S. 55.
Gubler, Ein unbekannter Oberländer (1979), S. 63f.
Gubler, Ein vergessener Schweizer Historienmaler (1980), S. 49, 51.
ENTSTEHUNG: In seinem Weihnachtsbrief[1] an die Eltern (1842) stellt Boßhardt ein «*Selbstporträt*» als Geschenk in Aussicht. Boßhardt ist 1842/43 in der Zweiten Malerklasse unter Carl Ferdinand Sohn (1805–1867) als Bildnismaler eingetragen[2]. Sein zweites Selbstporträt zeigt im Vergleich zum Jugendbildnis (Kat. Nr. 1) eine viel stärkere malerische Durchdringung und weniger ausgeprägte Linearität. Es steht deutlich unter dem Einfluß seines Lehrers[3].
ANMERKUNGEN:
[1] vgl. Dok. 3.
[2] Kunstakademie Düsseldorf Schülerverzeichnis; Zweite Malerklasse 1842/43, Nr. 16.
[3] vgl. etwa das Bildnis C. F. Lessing gemalt von Carl Ferdinand Sohn, 1833, Berlin DDR, Staatsbibliothek, Abb. 47 in: Die Düsseldorfer Malerschule.

3 Bildnis Kaspar Gujer (1790–1859) 1844

Abb. 99; Text S. 132f.
Öl/Holz; 34,5 × 27,5 cm.
Vermerk auf Rückseite (Blst.): «*Caspar Boßhardt 1844*»; Etikette auf der Rückseite beschriftet von Julius Guyer (1855–1939?): «*Kaspar Guyer/Hechtwirt in Fehraltorf/geb: 1790 gest: 1859/gemalt von Casp. Boßhard/von Pfäffikon in München.*»
Privatbesitz Schönenwerd.
FOTONACHWEIS: Kunstdenkmälerinventarisation des Kantons Zürich (Foto: Kuno Gygax, Zürich).
ZUM DARGESTELLTEN: Kaspar Gujer, geb. 10. Aug. 1790 in Fehraltorf, gest. 19. Sept. 1859 in Uster, war bis 1857 Wirt des Gasthofs Zum Hecht in Fehraltorf, den er von seinem Vater übernommen hatte. Sein Sohn Johann Kaspar war seit 1847 mit einer Tochter Hans Heinrich Zanggers von Uster (Kat. Nr. 9) verheiratet (Dt. Geschlb., Bd. 42 (1923), S. 133, 135).

4 Bildnis ‹Des Künstlers Mutter› vor 1853

Standort unbekannt.
PROVENIENZ: Emil Zwingli (Nachweis 1887).
AUSSTELLUNG:
Winterthur, 1887, Nr. 7.
ZUR DARGESTELLTEN: Maria Boßhardt, geborene Gubler, geb. 22. Jan. 1786, gest. 5. März 1852. Ihr Vater war der Vieharzt und Amtsrichter zu Kyburg, Hans Rudolf Gubler (Suter, Lebensgeschichte, S. 4; vgl. Stammbaum S. 174).

152

5 Bildnis ‹Des Künstlers vor 1859
Vater› (Zeichnung)

TECHNIK: Blst.
Standort unbekannt.
AUSSTELLUNG:
Winterthur, 1887, Nr. 73.
ZUM DARGESTELLTEN: Hans Heinrich Boßhardt, geb. 21. Okt. 1784, gest. 20. Okt. 1858, war Küfer und betrieb daneben einen Weinhandel mit Weinwirtschaft (Suter, Lebensgeschichte, S. 4; vgl. Stammbaum S. 174).

**6 Bildnis des Malers   1845
Ludwig Vogel (1788–1879)**

Standort unbekannt.
PROVENIENZ: Für Joseph Wintergerst gemalt.
LITERATUR:
Boetticher, Malerwerke (1895), S. 122.
ZUM DARGESTELLTEN: Ludwig Vogel, geb. 10. Juli 1788 in Zürich, gest. 20. Aug. 1879 in Zürich. Sohn eines Zuckerbäckers, trat Vogel zunächst ins väterliche Geschäft ein. 1808 begann er seine künstlerische Ausbildung an der Wiener Akademie, wo er sich dem Kreis um Pforr und Overbeck anschloß. Mit diesen ging er 1810 nach Rom, von wo er 1813 nach Zürich zurückkehrte. Vogel bevorzugte Themen aus der Geschichte der Eidgenossenschaft und ist Begründer und einer der bedeutendsten Vertreter der schweizerischen Historienmalerei. Er übte auf Boßhardt in dessen Frühzeit großen Einfluß aus und förderte seine Ausbildung durch Empfehlung an die Düsseldorfer Akademie (vgl. Dok. 1)[1].
ZUM BILDBESITZER: Joseph Wintergerst (1783–1867) war seit 1822 Lehrer für den Elementar-Unterricht an der Düsseldorfer Akademie[2]. An ihn hatte Ludwig Vogel seinen Schützling Boßhardt empfohlen[3].
ANMERKUNGEN:
[1] Brun in: SKL, Bd. 3, S. 394f.
[2] Die Düsseldorfer Malerschule (1979), S. 500.
[3] Suter, Lebensgeschichte, S. 9.

**7 Bürgermeister Waldmanns   1847
Abschied von
seinen Mitgefangenen**

Abb.: 25; Text S. 32–46; Dok. 4 und 5.
Öl/Lw., 116 × 143 cm.
Bezeichnung unten links (rot): «*C. Boßhard. München 1847.*»
Muraltengut, Zürich; Kunsthaus Zürich; Inv. Nr. 77.
ERWERB: Ankauf (für 1600 Fr. alter Währung) des Regierungsrates des Kantons Zürich 1848 als Geschenk an die Künstlergesellschaft.
FOTONACHWEIS: Kunstdenkmälerinventarisation des Kantons Zürich (Foto: Kuno Gygax, Zürich).
AUSSTELLUNGEN:
Zürich (Schw.K.A.), 1848, S. 6, Nr. 16.
Basel (Schw.K.A.), 1848, S. 8, Nr. 27.
St. Gallen (Schw.K.A.), 1848, S. 4, Nr. 20.
Schaffhausen (Schw.K.A.), 1848, S. 6, Nr. 21.
Winterthur, 1887, Nr. 23.
Zürich, 27. Okt.–13. Nov. 1887, Nr. 4.
LITERATUR UND QUELLEN:
Keller, Waldmanns Abschied (1848), Dok. 4.
Beschlußprotokoll des Regierungsrates des Kantons Zürich (24. Feb. 1848), Dok. 5.
Geilfus, Helvetia (1853), S. 232.
Njbl. K. Z., N. F. 18 (1858), S. 8.
Verzeichnis der Gemälde-Sammlung der Künstlergesellschaft in Zürich (1869), S. 16, Kat. Nr. 177.
Njbl. K. Z., N. F. 31 (1871), S. 15.
Nekrolog KVM (1888), S. 69.
Suter, Lebensgeschichte (1888), S. 14–16.
Tscharner, Die bildenden Künste in der Schweiz (1889), S. 81.
Brun, Verzeichnis (1891), S. 10, Nr. 37.
Boetticher, Malerwerke (1895), S. 122.
Brun, Die Schweiz im 19. Jahrhundert (1900), S. 543.
Holland in: ADB, Bd. 47 (1903), S. 138.
Hiestand in: SKL, Bd. 1 (1905), S. 183.
Heer, Schweizerische Malerei (1906), S. 68.
Vollmer in: Thieme/Becker, Bd. 4 (1910), S. 404.
Strickler, Verdienstvolle Männer (1936), S. 18.
Heimatbuch der Gemeinde Pfäffikon ZH, Bd. 1 (1962), S. 394.
Reinle, Die Kunst des 19. Jahrhunderts (1962), S. 299.
Zelger, Heldenstreit (1973), S. 93.
Gubler, Ein unbekannter Oberländer (1979), S. 63f.
Gubler, Ein vergessener Schweizer Historienmaler (1980), S. 50f.

**8 Bildnis Barbara Rosen-   um 1847
kranz-Zangger (1790–1876?)**

Abb.: 101; S. 133.
Öl/Lw., 51,2 × 42 cm.
Vermerk auf Keilrahmen links (Blst.): «*Frl. Grunholzer Uster*»; auf Keilrahmen Oberleiste Etikette mit blauem Rankenrahmen, darauf in Tinte: «*Frl. Grunholzer Uster.*»
Privatbesitz Uster.
PROVENIENZ: Frl. L. Grunholzer (Nachweis 1887).
FOTONACHWEIS: Kunstdenkmälerinventarisation des Kantons Zürich (Foto: Kuno Gygax, Zürich).
AUSSTELLUNG:
Winterthur, 1887, Nr. 5.
LITERATUR:
Gubler, Kdm ZH 3 (1978), S. 421f.
IDENTIFIZIERUNG: Die Identifikation der Dargestellten beruht auf mündlicher Mitteilung der heutigen Eigentümerin (das Bild ist in Familienbesitz geblieben). Gubler setzt das Bild mit Nr. 5, «*Weibliches Portrait*», der Winterthurer Ausstellung von 1887 gleich. Es folgt dort auf das Bildnis ihres Bruders, Hans Heinrich Zangger (Kat. Nr. 9) und ist im Besitz von Frl. L[uisa] Grunholzer [1855–1907], der Großnichte der Dargestellten (Dt. Geschlb., Bd. 48 (1926), Abb. nach S. 422).
ZUR DARGESTELLTEN: Barbara Rosenkranz-Zangger, geb. 21. Feb. 1790, gest. um 1876, war die Schwester von Hans Heinrich Zangger (Kat. Nr. 9) (Dt. Geschlb., Bd. 48 (1926), S. 423).

**9 Bildnis Hans Heinrich   1847
Zangger (1792–1869)**

Abb.: 100; Text S. 132–135.
Öl/Presskarton, 35,8 × 29,8 cm.
Rückwärtige Etikette mit Vermerk: «*Original 1847 in Uster, 3 Copien in München ge-*

malt. Original»; kleine achteckige Etikette: *«KCPL»;* auf Rahmenoberleiste Vermerk (Blst.) *«Or».*
Privatbesitz Uster.
PROVENIENZ: Frl. L. Grunholzer (Nachweis 1887).
FOTONACHWEIS: Kunstdenkmälerinventarisation des Kantons Zürich (Foto: Kuno Gygax, Zürich).
AUSSTELLUNG:
Winterthur, 1887, Nr. 4.
LITERATUR:
Gubler, Kdm ZH 3 (1978), S. 422.
ZUM DARGESTELLTEN: Hans Heinrich Zangger, geb. 13. Juni 1792 in Nossikon, gest. 12. Juni 1869 in Uster. Zangger hatte bei seinem Onkel, dem die Mühle Nossikon gehörte, das Müllerhandwerk gelernt. Mit dem Erwerb und Ausbau der Mühle von Kirchuster im Jahr 1824 wird er zu einem der Begründer der Baumwollspinnerei in Uster. Seit seiner Teilnahme an der Freiheitsbewegung von 1830 findet man ihn in politischen Ämtern, als Großrat 1831–1866, daneben 1852–1863 als Nationalrat. Seine Tochter Rosina (Kat. Nr. 29) wurde die Gattin von Heinrich Grunholzer (Kat. Nr. 28). Die Tochter Anna Babette (1821–1860) heiratete Johann Kaspar Gujer von Fehraltorf, Sohn des Kaspar Gujer (Kat. Nr. 3) (HBLS, Bd. 7 (1934), S. 626; Kdm ZH 3 (1978), S. 421; Dt. Geschlb., Bd. 48 (1926), S. 439).
Das Bild wurde offenbar in vier Fassungen gemalt, von denen zwei bekannt sind (vgl. Kat. Nr. 9.1– 9.3).

**9.1 Kopie: Bildnis Hans   1847
    Heinrich Zangger (1792–1869)**
Text S. 134f.
Öl/Preßkarton, 29,8 × 35,8 cm.
Rückwärtig Etikette mit Vermerk *«Copie»;* auf Rahmenoberleiste Vermerk (Blst.) *«Cop».*
Privatbesitz Uster.
Das Bild wurde offenbar in vier Fassungen gemalt, von denen zwei bekannt sind (vgl. Kat. Nr. 9, 9.2 und 9.3).

**9.2 Kopie: Bildnis Hans   1847
    Heinrich Zangger (1792–1869)**
Text S. 134f.
Standort unbekannt.
Zwei von wahrscheinlich vier Fassungen dieses Bildes sind bekannt (Kat. Nr. 9 und 9.1).

**9.3 Kopie: Bildnis Hans   1847
    Heinrich Zangger (1792–1869)**
Text S. 134f.
Standort unbekannt.
Zwei von wahrscheinlich vier Fassungen dieses Bildes sind bekannt (Kat. Nr. 9 und 9.1).

10 Mädchenbildnis (Zeichnung)   1847
Abb.: 102; Text. S. 135.
Blst. auf transparentem Papier, quadriert, 19 × 16 cm.
Bezeichnung unten links: *«C. Boßhardt. München, den 3. Juni 1847.»* Graphische Sammlung Kunsthaus Zürich, Inv. Nr. N7k.
FOTONACHWEIS: Kunsthaus Zürich.

11 Mädchenbildnis (Zeichnung)   1848
Abb.: 103; Text S. 135.
Blst./Papier, 24,5 × 20 cm (oval).
Bezeichnung unten rechts: *«C. Bosshard. 1848»;* beim Kragen Monogramm *«CB»;* ursprünglich diagonal am Ausschnitt verlaufend signiert und datiert (ausradiert).
Privatbesitz Uster.
PROVENIENZ: Grunholzer Nachlaß.
FOTONACHWEIS: Kunstdenkmälerinventarisation des Kantons Zürich (Foto: Kuno Gygax, Zürich).
ZUR PROVENIENZ: Die Porträtzeichnung befindet sich im Nachlaß der Familie Grunholzer-Zangger in Uster, die eng mit Boßhardt befreundet war (vgl. Kat. Nr. 8, 9, 28, 29).

12 Mädchenbildnis (Zeichnung)   1848
Abb.: 104; Text S. 135.
Blst./Papier.
Bezeichnet unten rechts: *«C. Boßhard 1848»,* ursprünglich diagonal am Ausschnitt verlaufend signiert und datiert (ausradiert).
Privatbesitz Uster.
PROVENIENZ: Grunholzer Nachlaß.
FOTONACHWEIS: Kunstdenkmälerinventarisation des Kantons Zürich (Foto: Kuno Gygax, Zürich).
ZUR PROVENIENZ: vgl. Kat. Nr. 11.

**13 Ulrich von Hutten   1849
    auf der Insel Ufenau**
Abb.: 38, 39; Text S. 47–59; Dok. 6.
Öl/Lw., 97,5 × 86 cm.
Bezeichnung unten links (rot): *«C. Bosshard. 1849.»;* auf Rahmen vorn, oben Mitte: *«Jacta est alea»;* auf Keilrahmen oben links: *«Li»,* oben Mitte *«Lindengut»* (Schrift des 19. Jahrhunderts); Etikette auf Rückseite: *«Eigentümerin Frau Elisabeth Ernst-Sulzer, Villa Salute, Ruvigliana/Ti.»*
Privatbesitz Pfaffhausen.
PROVENIENZ: Ludwig Greuter-Reinhart, Winterthur; Emil Ziegler-Egg, Winterthur (Nachweis 1870)[1]; Eduard Sulzer-Ziegler, Winterthur (Nachweis 1887).
FOTONACHWEIS: Kunstdenkmälerinventarisation des Kantons Zürich (Foto: Kuno Gygax, Zürich).
AUSSTELLUNGEN:
Zürich, 18. Mai 1851, S. 14, Nr. 86.
Winterthur, 1859, S. 2, Nr. 21:
Zürich (Tonhalle), 15. Mai 1870, S. 15, Nr. 114.
Winterthur (Kunsthalle), 3.–19. Juli 1870, S. 14, Nr. 174.
Winterthur, 1887, Nr. 20.
Winterthur (Stadthaus), 18. Sept.–2. Okt. 1892, Nr. 16.
LITERATUR UND QUELLEN:
Greuter Q (1. März, 27. April 1850), Privatbesitz Pfaffhausen.
Brief J. C. Boßhardt an Karl Alfred Ernst (19. Juni 1870), Dok. 16.
Nekrolog KVM (1888), S. 69.
Suter, Lebensgeschichte (1888), S. 19.

Tscharner, Die bildenden Künste in der Schweiz (1889), S. 81.
Holland in: ADB, Bd. 47 (1903), S. 139.
Heer, Schweizerische Malerei (1906), S. 68.
Strickler, Verdienstvolle Männer (1936), S. 18.
Reinle, Die Kunst des 19. Jahrhunderts (1962), S. 299.
Heimatbuch der Gemeinde Pfäffikon ZH, Bd. 1 (1962), S. 394.

ENTSTEHUNG: Laut Mitteilung des heutigen Bildbesitzers wurde ‹Hutten› vom Industriellen Ludwig Greuter (1774–1857) in Auftrag gegeben. Das Bild ist 1849 datiert und erscheint 1851 auf der Ausstellung der Zürcher Künstlergesellschaft im Gegensatz zu anderen Werken ohne Preisangabe, es ist also bereits in Privatbesitz. Im Jahr vor der Vollendung des Hutten-Bildes hat Ludwig Greuter das herrschaftliche Haus Lindengut in Winterthur (heute Heimatmuseum) erworben. In diesem Haus ist das Hutten-Bild spätestens 1870 nachgewiesen[2]. Am 1. März 1850 quittiert Boßhardt Greuter 250 Gulden als Teilzahlung des Gesamtbetrages von 600 Gulden[3]. Der Betrag ist möglicherweise auf das Hutten-Bild zu beziehen.

ANMERKUNGEN:
[1] vgl. Ausstellung Winterthur, 1870, S. 14, Nr. 174.
[2] Ausstellung in Winterthur (Kunsthalle), 3.–19. Juli 1879, Nr. 174. Der Besitzer Emil Ziegler-Egg ist mit Ludwig Greuter verwandt und war 1854 in Greuters Firma eingetreten. 1867 hat er das Lindengut übernommen. Das Bild ist bis heute im Familienbesitz verblieben.
[3] Greuter Q (1. März, 27. April 1850), Privatbesitz Pfaffhausen.

14 Christoph Kolumbus vor der Königin Isabella und ihren geistlichen Räten seine Pläne entwickelnd 1852

Abb.: 42; Text S. 47, 51–55; Dok. 6.
Öl/Lw., 106 × 142 cm.
Bezeichnung unten links (rot): «*C. Boßhard. München 1852.*»
Heimatmuseum Pfäffikon ZH.
PROVENIENZ: Ludwig Greuter-Reinhart? (Nachweis 1852). – Gustav Conrad Egg-Wäffler, Winterthur (Nachweis 1870[1]). – Auktionshaus Germann, Zürich (1986). – Galerie Limmat AG, Zürich (1986).
FOTONACHWEIS: Kunstdenkmälerinventarisation des Kantons Zürich (Foto: Kuno Gygax, Zürich).

AUSSTELLUNGEN:
Winterthur (Kunsthalle), 3.–19. Juli 1870, S. 14, Nr. 175.
Winterthur, 1887, Nr. 22.
Winterthur (Stadthaus), 18. Sept.–2. Okt. 1892, Nr. 17.

LITERATUR UND QUELLEN:
Greuter Ag 1852/53 (14. Okt. 1852), Dok. 6.
Nekrolog Allg. Ztg. (1887).
Nekrolog KVM (1888), S. 69.
Suter, Lebensgeschichte (1888), S. 19.
Tscharner, Die bildenden Künste in der Schweiz (1889), S. 81.
Holland in: ADB, Bd. 47 (1903), S. 138.
Heer, Schweizerische Malerei (1906), S. 68.
Strickler, Verdienstvolle Männer (1936), S. 18.
Reinle, Die Kunst des 19. Jahrhunderts (1962), S. 299.
Gubler, Ein vergessener Schweizer Historienmaler (1980), S. 52.
Berichterstattung über den Ankauf durch die Antiquarische Gesellschaft Pfäffikon ZH am 10. Februar 1987 im Tages-Anzeiger, Zürcher Oberländer, Der Landbote, Anzeiger von Uster, Uster Nachrichten; am 16. Februar 1987 in NZZ.

ENTSTEHUNG: Das Gemälde ist 1852 datiert. Am 13. Oktober 1852 begann Boßhardt seinen Besuch bei Ludwig Greuter, welcher am 14. Oktober in seiner Agenda verzeichnet: «mit dito [Boßhardt] sein tableau Columbus betrachtet.» Greuter hat in den folgenden Tagen (23.–25. Okt.) mit Boßhardt drei Porträtsitzungen (vgl. Kat. Nr. 15) notiert. Vom März 1851 bis Februar 1852 datieren mehrere Zahlungen von Ludwig Greuter an Boßhardt, welche umgerechnet einen Gesamtbetrag von 1500 Gulden ergeben[2].

ANMERKUNGEN:
[1] Ausstellung in Winterthur (Kunsthalle), 3.–19. Juli 1870, Nr. 175.
[2] Greuter Q: 15 Quittungen von Boßhardt (11. März 1851–20. Feb. 1852) und dazu Zahlungsaufstellung von Ludwig Greuter (1851/52).

15 Bildnis Ludwig Greuter-Reinhart (1774–1857) 1852

Text S. 131; Dok. 6.
Standort unbekannt.
DOKUMENTATION: Drei Porträtsitzungen am 23., 24. und 25. Okt. 1852[1].
ZUM DARGESTELLTEN: Ludwig Greuter-Reinhart, geb. 3. Okt. 1774, gest. 22. April 1857, war Textilindustrieller und Großkaufmann in Winterthur und Islikon TG. Er führte das vom Vater Bernhard Greuter (1745–1822)[2] begründete Unternehmen fort, welches rohe und bedruckte Baumwollstoffe herstellte und vertrieb. Seit 1848 bewohnte er mit seiner Familie das Lindengut, einen der bedeutendsten Landsitze Winterthurs (heute Heimatmuseum). Greuter war ein wesentlicher Förderer und Gönner Boßhardts in den Jahren zwischen 1850 und 1856.

ANMERKUNGEN:
[1] Greuter Ag, 1852/53, Dok. 6.
[2] HBLS, Bd. 3 (1926), S. 738.

16 Tod des Franz von Sickingen 1854*

Abb. 45, 46; Text S. 47–59; Dok. 6, 7.
Öl/Lw., 150 × 210 cm.
Auf Leinw. Stempel «*Malerleinwand Fabrik/von/A. Schutzmann/in/München*»; auf Keilrahmen in blauem Stift «*Lindengut*».
Stiftung Greuterhof, Islikon; Depositum aus Privatbesitz Pfaffhausen.
PROVENIENZ: Ludwig Greuter, Winterthur (Nachweis 1854). – Emil Ziegler-Egg, Winterthur (Nachweis 1870). – Eduard Sulzer-Ziegler, Winterthur (Nachweis 1887).
FOTOGRAFIE, 19. Jh.: Privatbesitz Uster mit dem Vermerk oben links (Tinte): «*Dem Freunde Grunholzer von C. Boßhard Maler*»; oben Mitte in einer anderen Schrift (blauer Farbstift): «*Sickingen.*»
FOTONACHWEIS: Kunstdenkmälerinventarisation des Kantons Zürich (Foto: Kuno Gygax, Zürich).

AUSSTELLUNGEN:
München (Allgemeine Deutsche Kunstausstellung), 1854[1].
Winterthur (Schulhaus), 1854[2].
Winterthur (Kunsthalle), 3.–19. Juli 1870, S. 14, Nr. 173.
Winterthur, 1887, Nr. 21.

Winterthur (Stadthaus), 18. Sept.–2. Okt. 1892, Nr. 15.

LITERATUR UND QUELLEN:
Greuter Ag. 1854/55/56, 3., 8. und 15. Mai 1854 (Dok. 6).
Greuter Q, Vertragsentwurf (Dok. 7).
Vischer, Eine Reise (1860), S. 324 (Dok. 10).
Brief J. C. Boßhardt an Karl Alfred Ernst (19. Juni 1870) (Dok. 16).
Seubert, Die Künstler aller Zeiten und Völker, Bd. 4 (1870), S. 50.
Seubert, Allgemeines Künstler-Lexikon, Bd. 1 (1882), S. 156.
Müller, Biographisches Künstler-Lexikon der Gegenwart (1882), S. 68.
Nekrolog Allg. Ztg. (1887).
Nekrolog KVM (1888), S. 69.
Suter, Lebensgeschichte (1888), S. 20.
Tscharner, Die bildenden Künste in der Schweiz (1889), S. 81.
Müller/Singer, Allgemeines Künstler-Lexikon, Bd. 1 (1895), S. 195.
Boetticher, Malerwerke (1895), S. 122.
Holland in: ADB, Bd. 47 (1903), S. 138.
Heer, Schweizerische Malerei (1906), S. 68.
Strickler, Verdienstvolle Männer (1936), S. 18.
Reinle, Die Kunst des 19. Jahrhunderts (1962), S. 299.
Gubler, Ein unbekannter Oberländer (1979), S. 63f.

ENTSTEHUNG UND AUFTRAGGEBERSCHAFT: Suter gibt die Vollendung des Gemäldes mit 1854 an. In diesem Jahr sei es in München auf der Allgemeinen Deutschen Kunstausstellung gezeigt worden und habe großes Aufsehen erregt[3].
Verschiedene Einträge in Ludwig Greuters Agenda (Dok. 6) sowie ein Kostenbeleg für ein Gemälde legen nahe, daß es sich beim Sickingen-Bild um eine Auftragsarbeit für Ludwig Greuter handelt: Am 17. April 1854 notiert Ludwig Greuter die Ankunft Boßhardts in Winterthur, am 3. Mai sieht Greuter zum erstenmal *das Gemälde von Boßhart* im Schulhaus, am 8. Mai richtet er sich *an Zollikofer & Hoz in Romanshorn wegen den Spesen des Gemäldes* und am 15. Mai trifft er sich *wegen Kosten deß Gemäldes* mit Boßhardt. Im Zusammenhang mit dieser Sitzung ist ein Vertragsentwurf entstanden, welcher Boßhardt im Falle vom Verkauf des Gemäldes den Mehrwert zusichert und den Preis inklusive Spesen mit 2636.28 Franken angibt (Dok. 7).
In all diesen Belegen wird nur von einem «*Gemälde*» gesprochen. Daß es sich dabei um den ‹Sickingen› handeln muß, wird am 27. Nov. 1854 wahrscheinlich. An diesem Tag erwähnt Greuters Agenda (Dok. 6) einen «*Freypaß fürs Gemälde von München*», welches im Sommer zur Ausstellung nach München zurückgeschickt worden war und nun zum zweitenmal in die Schweiz geführt wurde. Greuter hatte im übrigen selber am 18. Juli 1854 die Ausstellung in München besucht. Zwischen dem 19. und 26. März 1855 wurde dann offenbar das ‹Sickingen›-Gemälde, nun als solches erwähnt, in Winterthur einer restauratorischen Behandlung unterzogen.

ANMERKUNGEN:
[1] Nachweis Suter, Lebensgeschichte, S. 20, und Boetticher, S. 122.
[2] Greuter Ag. 1854/55/56 (3. Mai 1854), Dok. 6.
[3] Suter, Lebensgeschichte, S. 20.

17 Gefangennahme des Chorherrn Felix Hemmerlin 1855

Abb.: 48; Text S. 61 – 63.

Öl/Lw., 164 × 107 cm.
Bezeichnung unten rechts (rot): «*C. Boßhardt. 1855. München.*»
Kunsthaus Zürich, Inv. Nr. 228.
EINGANG: 1855 als Geschenk von Altbürgermeister Johann Jakob Heß (1791–1857) an die Künstlergesellschaft Zürich.
FOTOGRAFIE, 19. Jh.: Privatbesitz Uster mit dem Vermerk oben Mitte (blauer Farbstift) «*Hämmerlin v. C. Boßhart*».
FOTONACHWEIS: Kunsthaus Zürich.

AUSSTELLUNGEN:
Winterthur (Schw.K.A.), 1856, S. 3, Nr. 6.
St. Gallen (Schw.K.A.), 1856, S. 4, Nr. 13.
Zürich (Tonhalle), 4. Sept. 1872, S. 31, Nr. 305.

LITERATUR:
Njbl.K.Z., N.F.18 (1858), S. 9.
Nekrolog KVM (1888), S. 69.
Suter, Lebensgeschichte (1888), S. 20f.
Tscharner, Die bildenden Künste in der Schweiz (1889), S. 81.
Brun, Verzeichnis (1891), S. 10, Nr. 38.
Boetticher, Malerwerke (1895), S. 122.
Brun, Die Schweiz im 19. Jahrhundert (1900), S. 543.
Holland in: ADB, Bd. 47 (1903), S. 139.
Hiestand in: SKL, Bd. 1 (1905), S. 183.
Vollmer in: Thieme / Becker, Bd. 4 (1910), S. 404.
Strickler, Verdienstvolle Männer (1936), S. 18.
Gubler, Ein unbekannter Oberländer (1979), S. 63f.

AUFTRAGGEBERSCHAFT: Laut Suter handelt es sich um ein Auftragsbild für Johann Jakob Heß.

18 Shakespeare als Wilddieb 1857

Abb.: 47; Text S. 61 – 63.

Öl/Lw., 92 × 128 cm.
Bezeichnung unten links: «*C. Boßhardt. 1857.*» Rückseitige Etikette unten links: «*Shakespeare als Wilddieb von Joh. Bosshardt in Pfäffikon...* [unleserlich] *9.11.1887*»; auf Rahmen in blauer Schrift [schwer leserliche] Zahl, möglicherweise «*7*»; auf Leinwand Stempel: «*Malerleinwand... [unleserlich] A. Schutzmann in München.*»
Privatbesitz Waldburg (BRD).
PROVENIENZ: Heinrich Bodmer-Stockar, Zürich (Nachweis 1870). – Oberst Arnold Vögeli-Bodmer, Zürich (Nachweis 1888).
FOTONACHWEIS: Eigentümer.

AUSSTELLUNG:
Zürich (Tonhalle), 15. Mai 1870. S. 15, Nr. 115.

LITERATUR:
Suter, Lebensgeschichte (1888), S. 23.
Strickler, Verdienstvolle Männer (1936), S. 18.

AUFTRAGGEBERSCHAFT: Das Gemälde ist 1870 im Besitz von Heinrich Bodmer-Stockar (1796–1875) nachgewiesen. Heinrich Bodmer-Stockar stand mit zahlreichen Zürcher Malern, wie Salomon Corrodi, Joh. Jakob Ulrich und Ludwig Vogel, in engem Kontakt. Besondere Freude habe es ihm bereitet, junge Talente ausbilden zu lassen und ihre Entwicklung zu verfolgen; so soll er Boßhardts Ausbildung maßgeblich unterstützt haben[1]. Als Mitglied des Münchener Kunstvereins besuchte er München regelmäßig und dürfte, seinem Prinzip, nur Gemälde zu erwerben, an denen er im Atelier des Künstlers Gefallen gefunden hatte, folgend, auch dieses Bild direkt bei Boßhardt erworben haben. Im Besitz der gleichen Familie befand sich «Der heimkehrende Reisläufer» (Kat. Nr. 57).

ANMERKUNG:
[1] Zur Unterstützung von Boßhardts Ausbildung durch Heinrich Bodmer-Stockar vgl. Stucki, Die Geschichte der Familie Bodmer von Zürich 1543–1943 (1943), S. 274 – 280; 505f.; zu seinen Besuchen in München: vgl. G. H., Erinnerungen aus dem Lebensabende des Herrn Heinrich Bodmer-Stockar (1796–1875) (1875), S. 16; zu Boßhardts Bekanntschaft mit ihm: vgl. Suter, Lebensgeschichte (1888), S. 36, Anm. 11.

19 Thomas Morus' Abschied von seiner Tochter 1858

Text S. 63; Dok. 16.
Öl/Lw., 103 × 128 cm.
Standort unbekannt.
PROVENIENZ: Baron v. Sulzer-Wart, Winterthur (Nachweis 1870, 1887).
AUSSTELLUNGEN:
Winterthur, 1859, Nr. 24.
Winterthur (Kunsthalle), 3.–19. Juli 1870, Nr. 176.
Winterthur, 1887, Nr. 24.
LITERATUR:
Nekrolog Allg. Ztg. (1887).
Nekrolog KVM (1888), S. 69.
Suter, Lebensgeschichte (1888), S. 20, S. 37, Anm. 21.
Tscharner, Die bildenden Künste in der Schweiz (1889), S. 81.
Holland in: ADB, Bd. 47 (1903), S. 138.
Strickler, Verdienstvolle Männer (1936), S. 18.
Gubler, Ein vergessener Schweizer Historienmaler (1980), S. 52.
DATIERUNG: Ausstellung Winterthur 1887.
BILDGEGENSTAND: «*Canzler Thomas Morus wird als Verurtheilter in den Tower geführt, im Augenblick, als dessen Tochter die Wache durchbricht und zu ihm eilt.*» (Suter, S. 20).

20 Karl V. im Kloster San Geronimo de Juste 1858

Text S. 63.
Öl/Lw., 70 × 60 cm.
Standort unbekannt.
PROVENIENZ: Friedrich Imhoof-Hotze, Winterthur (Nachweis 1887, Suter 1888).
AUSSTELLUNG: Winterthur, 1887, Nr. 27.
LITERATUR:
Nekrolog KVM (1888), S. 69.
Suter, Lebensgeschichte (1888), S. 20, S. 37, Anm. 20.
Tscharner, Die bildenden Künste in der Schweiz (1889), S. 81.
Heer, Schweizerische Malerei (1906), S. 68.
Strickler, Verdienstvolle Männer (1936), S. 18.
Reinle, Die Kunst des 19. Jahrhunderts (1962), S. 299.
Gubler, Ein vergessener Schweizer Historienmaler (1980), S. 52.
DATIERUNG: Suter, S. 20.
BILDGEGENSTAND: «*Der kaiserliche Einsiedler sitzt in einer offenen Halle, anscheinend in die Betrachtung eines an die Wand gegenüber gelehnten Heiligenbildes vertieft. Das Landschaftliche selbst ist mit Geist behandelt.*» (Suter, S. 20)
AUFTRAGGEBERSCHAFT: «*Dem Auftraggeber[1] hatte das ihm vorgeschlagene Motiv, weil es auf ein Stimmungsbild hinzielte, im Grunde nicht ganz zugesagt. Indess die begeisterte Schilderung, welche der Künstler von der ihm vorschwebenden Composition entwarf, die den müde gewordenen Weltbeherrscher vor eine spanische Vega (Landschaft) stellte, gewann ihn dafür. Die Ausführung befriedigte jedoch nicht ganz... Boßhardts Freunde waren etwas betreten. Doch welchem Maler würden alle Würfe gelingen? Der geniale Tonkünstler unter jenen[2], mit den kleinen Mängeln und Leiden des menschlichen Lebens nicht unvertraut, half über die Spannung hinweg. Nachdem er das Bild lange schweigend betrachtet hatte, erhob sich der lose Schalk mit der ernst und feierlich vorgetragenen, etwas boshaften Bemerkung: In Zukunft sollte Bosshardt seine Bilder nur noch sprechen! Der Kunstfreund schätzte den Künstler und dessen Talent deshalb nicht weniger. Ja, er selbst war es, der das Missgeschick grosssinnig nachher wieder ausglich.*» (Suter, S. 20)

ANMERKUNGEN:
[1] evtl. Friedrich Imhoof-Hotze, der spätere Bildbesitzer.
[2] wohl Theodor Kirchner (1823–1903), vgl. Suter, Lebensgeschichte S. 36, Anm. 11.

21 Schultheiß Niklaus Wengi (Karton) 1859

Abb. 56; Text S. 87; Dok. 9.
Standort unbekannt.
PROVENIENZ: Hr. Fierz-Landis, Zürich (Nachweis Suter 1888).
FOTOGRAFIE, 19. Jh.: Privatbesitz Uster mit dem Vermerk (blauer Farbstift) oben Mitte: «*Wengi (Erster Entwurf) v. C. Boßhart.*»
LITERATUR:
Suter, Lebensgeschichte (1888), S. 21, 27, Anm. 25.
Holland in ADB, Bd. 47 (1903), S. 138.
AUFTRAGGEBERSCHAFT: Ein Brief von François Wille aus München vom 6. Feb. 1859 (Privatbesitz Feldmeilen) gibt Auskunft über den Auftraggeber: «*Der Maler Bosshard scheint ein höchst tüchtiger Mann und braver Kerl, er muss sich ziemlich durchschlagen, Baumann kann nach dem Carton zu urteilen, sehr zufrieden sein mit seinem bei ihm bestellten Gemälde.*» Es handelt sich um Johann Conrad Baumann-Diezinger, Seidenkaufmann in Zürich (Gubler, Kat. Kunstmuseum Olten).
Der 1888 bezeugte Besitzer des Kartons ist Carl Fierz-Landis, geb. 1852, Finanzmann und Eisenbahnpolitiker in Zürich. Er könnte das Bild von seinem Vater Heinrich Fierz (1813–1877), Textilgroßkaufmann, geerbt haben.

22 Schultheiß Niklaus Wengi (Kolorierte Fotografie) 1859/60

Kolorierte Fotografie des Kartons (vgl. Kat. Nr. 21) auf Holz aufgezogen, 18,5 × 22,8 cm.
Kunstmuseum Winterthur, Inv. Nr. 269.
Geschenk 1864 von Pfarrer Portmann an den Kunstverein Winterthur.
ZUSCHREIBUNG: Ihre sorgfältige Ausführung und frühe Entstehung (vor 1864) machen wahrscheinlich, daß die Kolorierung der Fotografie eigenhändig von Boßhardt vollzogen wurde.

23 Schultheiß Niklaus Wengi   1860*

Abb.: 57; Text S. 69–78; Dok. 9–12.
Öl/Lw., 115,5 × 138,5 cm.
Bezeichnung unten rechts (rot): «*C. Boßhardt.*»; Etikett auf Keilrahmen unten links: «*Inventar/Nr. 1841.*»
Kunstmuseum Olten, Inv. Nr. X.1.
PROVENIENZ: Johann Conrad Baumann-Diezinger (Nachweis seiner Auftraggeberschaft 1859, vgl. Kat. Nr. 21).
FOTONACHWEIS: SIK Nr. 46996.

AUSSTELLUNGEN:
München, 1860 (vgl. Dok. 10).
Zürich, Aarau, November 1860 (vgl. Solothurner-Blatt, 28. Nov. 1860).
Solothurn, 1860 (vgl. Dok. 11).
Zürich (Tonhalle), 15. Mai 1870, S. 15, Nr. 116.
Zürich (Schw. Landesausstellung) 1883, S. 8, Nr. 72.
Winterthur, 1887, Nr. 26.

LITERATUR UND QUELLEN:
Briefstellen Boßhardts (um 1860), Dok. 9.
Vischer, Eine Reise (1860), Dok. 10.
Ehrenmitgliedschaftsurkunde (12. Dez. 1860), Dok. 11.
Leipziger «Illustrirte Zeitung», Bd. 37 (28. 12. 1861), S. 464f.
Pecht, Münchener Kunstbericht (21. Juni 1863), Dok. 12.
Salvisberg, Illustrierter Katalog der Schweizerischen Landesausstellung Zürich (1883), S. 4, Nr. 72, S. 129 (S. 114, Abb. 72).
Seubert, Die Künstler aller Zeiten und Völker, Bd. 4 (1870), S. 50.
Müller, Biographisches Künstler-Lexikon der Gegenwart (1882), S. 68.
Seubert, Allgemeines Künstler-Lexikon, Bd. 1 (1882), S. 156.
Nekrolog KVM (1888), S. 68.
Suter, Lebensgeschichte (1888), S. 21–23.
Tscharner, Die bildenden Künste in der Schweiz (1889), S. 81.
Boetticher, Malerwerke (1895), S. 122.
Müller/Singer, Allgemeines Künstler-Lexikon, Bd. 1 (1895), S. 195.
Holland in: ADB, Bd. 47 (1903), S. 138f.
Hiestand in: SKL, Bd. 1 (1905), S. 183.
Heer, Schweizerische Malerei (1906), S. 68.
Vollmer in: Thieme/Becker, Bd. 4 (1910), S. 404.
Strickler, Verdienstvolle Männer (1936), S. 18.

Reinle, Die Kunst des 19. Jahrhunderts (1962), S. 299.
Heimatbuch der Gemeinde Pfäffikon ZH, Bd. 1 (1962), S. 394.
Zelger, Heldenstreit (1973), S. 93f.
Gubler, Ein unbekannter Oberländer (1979), S. 63f.
Gubler, Ein vergessener Schweizer Historienmaler (1980), S. 49, 51.
Gubler, Kat. Kunstmuseum Olten (1983), S. 78f.
ENTSTEHUNG: Das Bild ist undatiert, die Arbeit am Karton (vgl. Kat. Nr. 21) 1859 belegt. Das vollendete Gemälde wurde 1860 in München erstmals gezeigt. Im gleichen Jahr führte seine Präsentation in Solothurn zur Ehrenmitgliedschaft Boßhardts in der Solothurner «Lucas-Gilde» (Dok. 11).
Müller erwähnt 1882, daß das Wengi-Gemälde 1875 bei Kufstein verunglückt und nur noch im Stich von Merz erhalten sei. Worauf sich diese Angabe stützt ist unbekannt und entspricht jedenfalls nicht der realen Überlieferung.

24 Schultheiß Niklaus Wengi   1861
(Zeichnung)

Abb. 59; Text S. 78.
Blst., laviert, weißgehöht, Himmel blau getönt/getöntes Papier auf Trägerkarton montiert; 48,8 × 57,7 cm.
Bezeichnung im Bild rechts unten: «*C. Boßhardt»*; auf Trägerkarton links unten: «*C. Boßhardt.*»
Kunstmuseum St. Gallen.
EINGANG: 1887 als Schenkung der Erben Carl Arnold von Gonzenbach (Kupferstecher).
FOTONACHWEIS: Kunstdenkmälerinventarisation des Kantons Zürich (Foto: Kuno Gygax, Zürich).
IDENTIFIZIERUNG ALS VORLAGE FÜR MERZ: Das Blatt trägt zwei Signaturen: 1. in der Zeichnung (Verweis auf die Bildinvention); 2. auf dem Trägerkarton (Verweis auf die Urheberschaft der Zeichnung). Die Zeichnung ist formal als Vorlage für den Reproduktionsstich von Caspar Heinrich Merz (1806–1875) angelegt und gelangte über dessen Biographen, Carl Arnold von Gonzenbach[1] (1806–1885) in den Besitz des Kunstmuseums St. Gallen.

DATIERUNG: Bereits im Dezember 1860 war der Nachstich von Wengi von Merz geplant[2]. Von Gonzenbach setzt den Arbeitsbeginn von Merz um 1861/62 an. Die Datierung der Zeichnung fällt damit auf 1860/61.
ANMERKUNGEN:
[1] Gonzenbach, Carl von, Personalien von Caspar Heinrich Merz von St. Gallen, in: Njbl. K.Z., N.F. 37 (1877), S. 16.
[2] vgl. (Leipziger) Illustrirte Zeitung, Nr. 965 (28. Dezember 1861), S. 565.

25 Karton: Niklaus von der   1861
Flüh auf der Tagsatzung
zu Stans

Standort unbekannt.
LITERATUR:
Suter, Lebensgeschichte (1888), S. 23.
ZUR ENTSTEHUNG: vgl. Kat. Nr. 26.

26 Niklaus von der Flüh auf   1863*
der Tagsatzung zu Stans

Abb.: 63; Text S. 78–81, 108; Dok. 12.
Öl/Lw., 213,5 × 306,5 cm.
Polizeidepartement, Solothurn; Depositum des Kunstmuseums Solothurn.
EINGANG: Geschenk von Johann Hänggi an den Kunstverein Solothurn.
PREIS: ca. 8000 Fr. (Nachweis Solothurner-Blatt, 8. Dez. 1860).
FOTONACHWEIS: Kunstdenkmälerinventarisation des Kantons Zürich (Foto: Leonardo Bezzola, Bätterkinden).

AUSSTELLUNGEN:
München (KVM), um den 21. Juni 1863 (Nachweis: Pecht).
Solothurn, 1865, Nr. 4.
Solothurn, 14. Sept.–5. Okt. 1879, Nr. 30.
Winterthur, 1887, Nr. 25.

LITERATUR:
Pecht, Münchener Kunstbericht (21. Juni 1863), S. 586f. (Dok. 12).
Die Schweizergeschichte in Bildern (1871), Reproduktionsgrafik.
Nekrolog KVM (1888), S. 69.
Suter, Lebensgeschichte (1888), S. 19, 23f., 36, Anm. 15.
Tscharner, Die bildenden Künste in der Schweiz (1889), S. 81.
Boetticher, Malerwerke (1895), S. 122.

Müller/Singer, Allgemeines Künstler-Lexikon, Bd. 1 (1895), S. 195.
Holland in: ADB, Bd. 47 (1903), S. 138.
Die Schweiz (1903), Reproduktionsgrafik.
Hiestand in: SKL, Bd. 1 (1905), S. 183.
Strickler, Verdienstvolle Männer (1936), S. 18.
Reinle, Die Kunst des 19. Jahrhunderts (1962), S. 299.
Zelger, Heldenstreit (1973), S. 94.
Gubler, Ein unbekannter Oberländer (1979), S. 63f.
Gubler, Ein vergessener Schweizer Historienmaler (1980), S. 50f.

AUFTRAGGEBERSCHAFT LAUT SUTER: Anläßlich der erfolgreichen Ausstellung des ‹Niklaus Wengi› in Solothurn (1860) wünschte der Industrielle und Handelsherr Johann Hänggi von Nunningen (geb. 1791) von Boßhardt eine Kopie des Werkes. Boßhardt schlug Hänggi jedoch ein neues Werk vor, die Tagsatzung zu Stans, welche ebenfalls ein Großereignis für die Solothurner Geschichte darstellte. Nachdem Hänggi eingewilligt hatte, soll Boßhardt vom Solothurner Archivar Amiet Notizen über das Ereignis bezogen und in Stans Vorstudien angefertigt haben. Am 14. Juni 1861 teilte er mit, daß der Karton fertig sei. Am 23. Oktober 1862 kündigte er die baldige Vollendung des Gemäldes an. Um den 21. Juni 1863 wurde das Werk im Münchner Kunstverein ausgestellt und vom bedeutenden Kunstkritiker Friedrich Pecht (1814–1903) öffentlich behandelt (vgl. Dok. 12).

27 Der Reisläufer 1864

Abb.: 72; Text S. 99.
Öl/Lw., 61 × 70 cm.
Bezeichnung unten links: «*C. Bosshardt. 1864.*»
Eigentümer unbekannt.
FOTONACHWEIS: Sotheby's, Zürich.
LITERATUR:
Arts Sales Index (1976): Sotheby's London 19. 5. 1976: «Soldier's tale», £ 700, $ 1260.

28 Bildnis Heinrich Grunholzer-Zangger (1819–1873) um 1860/65

Abb.: 67; Text S. 84, 135.
Öl/Lw., 72 × 59 cm (oval, auf ovalem Keilrahmen). Privatbesitz Uster.
PROVENIENZ: Frl. L. Grunholzer (Nachweis 1887).
FOTONACHWEIS: Kunstdenkmälerinventarisation des Kantons Zürich (Foto: Kuno Gygax, Zürich).
AUSSTELLUNG:
Winterthur, 1887, Nr. 17.
LITERATUR:
Gubler, Kdm ZH 3 (1978), S. 421f.
Gubler, Ein unbekannter Oberländer (1979), S. 63f.
Gubler, Ein vergessener Schweizer Historienmaler (1980), S. 51.
DATIERUNG: Das undatierte Gemälde zeigt Heinrich Grunholzer etwa im Alter von 40–45 Jahren. Stilistisch steht das Werk dem ‹Bildnis Elisabeth Zwingli-Boßhardt› (Kat. Nr. 30) von 1865 nahe. Diese Umstände machen eine Datierung zwischen 1860 und 1865 wahrscheinlich.
ZUM DARGESTELLTEN: Heinrich Grunholzer-Zangger, geb. 18. Feb. 1819 in Trogen, gest. 18. Juli 1873 in Uster, war nach seiner Ausbildung am Seminar Küsnacht Lehrer in Thalwil und Bauma. Während des «Straußenhandels», des restaurativen Aufstandes gegen die radikale Zürcher Regierung im Jahr 1840, engagierte er sich auf seiten der fortschrittlichen Regierung. Die Stelle als Direktor des bernischen Lehrerseminars in Münchenbuchsee mußte er seiner freisinnigen Haltung wegen 1852 unter der neuen konservativen Regierung verlassen. Bis 1858 war er Lehrer an der Kantonsschule Zürich und am Seminar Küsnacht und trat dann in das Geschäft des Schwiegervaters Hans Heinrich Zangger (Kat. Nr. 9) in Uster ein. Grunholzer bekleidete verschiedentlich politische Ämter und war Nationalrat seit 1860, zog sich aber aus gesundheitlichen Gründen Ende der 60er Jahre aus allen Ämtern zurück. 1864 hatte sich Grunholzer vergeblich dafür eingesetzt, daß Boßhardt den Auftrag zur Ausschmückung des Bundesrathauses erhielt. (HBLS, Bd. 3 [1926], S. 782; NZZ, Nr. 364, 365 [21. Juli 1873]; Koller, Heinrich Grunholzer [1876]).

29 Bildnis Rosina Grunholzer-Zangger (1829–1881) um 1860/65

Abb.: 105; Text S. 135f.
Öl/Lw., 70 × 60 cm.
Leinwand und Keilrahmen rechteckig (Originalzustand), gerahmt mit ovalem Passepartout; rückwärtig zwei gleiche Etiketten: «*Konrad Barth & Comp./Vergolderwaaren-Geschäft/München*»; umlaufend Blst.-Ziffern «*I, II, 3–20*», sowie auf Oberleiste kopfstehend die Zahl (Blst.) «78».
Privatbesitz Uster.
PROVENIENZ: Frl. L. Grunholzer (Nachweis 1887).
FOTONACHWEIS: Kunstdenkmälerinventarisation des Kantons Zürich (Foto: Kuno Gygax, Zürich).
AUSSTELLUNG: Winterthur, 1887, Nr. 18.
LITERATUR:
Gubler, Kdm ZH 3 (1978), S. 421f.
Gubler, Ein vergessener Schweizer Historienmaler (1980), S. 51.
ZUR DARGESTELLTEN: Barbara Rosina Grunholzer, geborene Zangger, geb. 24. März 1829 in Uster, gest. 19. März 1881 in Uster, ist die Tochter von Hans Heinrich Zangger (Kat. Nr. 9) und die Gattin von Heinrich Grunholzer-Zangger (Kat. Nr. 28) (Dt. Geschlb., Bd. 48 [1926], S. 438).

30 Bildnis Elisabeth Zwingli-Boßhardt (1814–1870) 1865

Abb.: 106; Text S. 136.
Öl/Lw., 29 × 24 cm.
Vermerk auf Keilrahmen (Bleistift): «*Portrait d. Schwester d. Malers/C. Boßhardt 1865/gemalt.*»
Privatbesitz Zürich.
PROVENIENZ: Emil Zwingli (Nachweis 1887).
FOTONACHWEIS: Kunstdenkmälerinventarisation des Kantons Zürich (Foto: Kuno Gygax, Zürich).
AUSSTELLUNG: Winterthur, 1887, Nr. 8.
ZUR DARGESTELLTEN: Elisabeth Boßhardt, geb. 20. Nov. 1814, gest. ca. 1870, war die Älteste der Geschwister J. C. Boßhardts und heiratete 1840 Johann Ulrich Zwingli; die Familie wohnte in Pfäffikon. Mit ihrem Sohn Emil und dessen Familie pflegte Boßhardt in seinen späteren Jahren regen Kontakt (vgl. Stammbaum S. 174).

31 Selbstbildnis   um 1874/75
J. C. Boßhardt (1823–1887)
s. nach Kat. Nr. 49.

**32 Hans von Hallwyl und die   1864
schweizerische Vorhut vor
der Schlacht bei Murten (Karton)**
Abb.: 69; Text S. 93, 98.
Standort unbekannt.
FOTOGRAFIE, 19. Jh.: Privatbesitz Uster mit dem Vermerk (blauer Farbstift): *«Erster Entwurf der Composition (Schlacht bei Murten) für das Museum in Basel von C. Boßhardt in München Septbr 1864.»*
LITERATUR:
Suter, Lebensgeschichte (1888), S. 26.

**33 Hans von Hallwyl und die   1867
schweizerische Vorhut vor
der Schlacht bei Murten**
Abb.: 70; Text S. 93–98.
Öl/Lw., 152 × 218 cm.
Bezeichnung rechts unten: *«C. Boßhardt 1867.»*
Kunstmuseum Basel, Kat. Nr. 124.
Auftragsarbeit des Basler Kunstvereins für 11 000 Franken.
FOTOGRAFIE, 19. Jh.: Privatbesitz Uster mit dem Vermerk oben links (blauer Farbstift): *«Hans von Hallwil vor der Schlacht bei Murten, 22. Juni 1476 nach dem Ölbilde, gemalt von J. C. Boßhard für das Basler Museum, vollendet Decbr: 1867.»*
FOTONACHWEIS: Kunstmuseum Basel.
AUSSTELLUNGEN:
Winterthur, 1868. (Nachweis: alte Inventarkarte des Kunstmuseums Basel).
Zürich, 1868. (Nachweis: ebda.)
LITERATUR UND QUELLEN:
Die alte Inventarkarte des Kunstmuseums Basel verweist auf: «Protokoll I pag. 138 u. 163, ferner p. 131, 134, 136, 137, 145, 164.»
Förster, Das Baseler Museum, in: Beilage zur Allg. Ztg. (9. Jan. 1868), S. 131. Die Identifikation des Autors nach: BN, 25. Jan. 1868, S. 158.
Museum (Nachdruck von Förster in: Beilage zur Allg. Ztg., 9. Jan. 1868), in: BN, 18. Januar 1868, S. 108.
Die Schlacht von Murten, Ein dramatischer Traum nach dem Bild von C. Boßhardt, in: BN, 22. Jan. 1868, S. 135f.
Brief von Rudolf Koller an Ernst Stückelberg, Zürich (26. Jan. 1868), Transkription im SIK, Stück 1526.
Museum (Entgegnung auf die Kritik in den BN, 22. Jan. 1868), in: BN, 25. Januar 1868, S. 158.
Der Schweizer Historienmaler C. Boßhardt, in: Kunst-Chronik (31. Jan. 1868), S. 66.
Rudolf Koller an Arnold Böcklin. Hornau d. 18. März [18]68, in: Runkel, Böcklin-Memoiren (1910), S. 159f.
Seubert, Die Künstler aller Zeiten und Völker, Bd. 4 (1870), S. 50.
Müller, Biographisches Künstler-Lexikon der Gegenwart (1882), S. 68.
Seubert, Allgemeines Künstler-Lexikon, Bd. 1 (1882), S. 156.
Nekrolog Allg. Ztg. (1887).
Nekrolog KVM (1888).
Suter, Lebensgeschichte (1888), S. 25f.
Tscharner, Die bildenden Künste in der Schweiz (1889), S. 81.
Müller/Singer, Allgemeines Künstler-Lexikon, Bd. 1 (1895), S. 195.
Boetticher, Malerwerke (1895), S. 122.
Holland in: ADB, Bd. 47 (1903), S. 138.
Heer, Schweizerische Malerei (1906), S. 68.
Vollmer in: Thieme/Becker, Bd. 4 (1910), S. 404.
Pupikofer, Die Entwicklung der Kunst in der Schweiz (1914), S. 448.
Strickler, Verdienstvolle Männer (1936), S. 19.
Heimatbuch der Gemeinde Pfäffikon ZH, Bd. 1 (1962), S. 394.
Zelger, Heldenstreit (1973), S. 94.
Hauser, Johann Caspar Bosshard (21. 6. 1976).
Gubler, Ein unbekannter Oberländer (1979), S. 63f.
Gubler, Ein vergessener Schweizer Historienmaler (1980), S. 52f.

ENTSTEHUNG: Boßhardt ist von einem Vertreter des Basler Kunstvereins, der ihn in München aufgesucht hatte, mit dem Entwurf des Hallwyl-Bildes beauftragt worden. Am 20. Dezember 1864 schreibt Boßhardt, daß er im Begriff sei, den Karton auf die Leinwand zu vergrößern. Vor dieser Arbeit war Boßhardt zum Vertragsabschluß mit dem Karton nach Basel gereist. Am 24. Februar 1865 ist die Komposition nach einigen Veränderungen fertig untermalt. Vom April 1865 bis Dezember 1865 unterbricht Boßhardt die Arbeit am Hallwyl mit seiner Italienreise. Von dieser zurückgekehrt, äußert er am 24. Dezember 1865 Enttäuschung über seine Komposition und nimmt radikale Änderungen vor. Am 10. Juli 1866 kündigt er den Arbeitsabschluß auf den Spätherbst an und will das Gemälde bis Neujahr abgeben. Bis zur Vollendung (das Gemälde ist 1867 datiert) verstreicht noch mehr als ein Jahr. Im Januar 1868 wird es zum erstenmal im Kunsthaus Basel ausgestellt und löst eine heftige Polemik in der Basler Presse aus (Suter, S. 25f.)

**34 Die mutige Bündnerin im   1869
Schwabenkrieg**
Abb.: 74; Text S. 99–101, 105.
Öl/Lw., 101 × 134,5 cm.
Bezeichnung links unten (rot): *«1869. C. Boßhardt.»*
Kunstmuseum St. Gallen, Inv. Nr. G Dep. 1894.1; Depositum der Gottfried-Keller-Stiftung, Bern.
EINGANG: 1894 zum Preis von 3000 Franken.
PROVENIENZ: Johann Heinrich Moser (1805–1874) (Nachweis 1869).
FOTOGRAFIE, 19. Jh. Privatbesitz Uster mit dem Vermerk (Blst.): *«Die Bündnerin im Schwabenkrieg (Schleins 1499), nach einem für Hn. Moser in Schaffhausen gemalten Bilde von Hn. C. Boßhardt* [schlecht zu lesen, wohl *«d. 8. Oktber:»*] *1869.»*
FOTONACHWEIS: Kunstdenkmälerinventarisation des Kantons Zürich (Foto: Kuno Gygax, Zürich).
AUSSTELLUNGEN:
Zürich (Schw. K.A.), 1871, S. 14, Nr. 165.
St. Gallen (Schw. K.A.), 1871, S. 14, Nr. 165.
Basel (A. Schweizer Künstler), 1884 (Nachweis: Boetticher).
LITERATUR:
Seubert, Allgemeines Künstler-Lexikon, Bd. 1 (1882), S. 157.
Nekrolog Allg. Ztg. (1887).
Nekrolog KVM (1888), S. 69.
Suter, Lebensgeschichte (1888), S. 29, 37, Anm. 42.

Tscharner, Die bildenden Künste in der Schweiz (1889), S. 81.
Boetticher, Malerwerke (1895), S. 122.
Holland in: ADB, Bd. 47 (1903), S. 139.
Katalog der Erwerbungen der Gottfried-Keller-Stiftung von 1891–1904 (1904), S. 14, Kat. Nr. 19.
Hiestand in: SKL, Bd. 1 (1905), S. 183.
Vollmer in: Thieme/Becker, Bd. 4 (1910), S. 404.
Pupikofer, Entwicklung der Kunst in der Schweiz (1914), S. 448.
Strickler, Verdienstvolle Männer (1936), S. 18.
Zelger, Heldenstreit (1973), S. 94.
Kunstmuseum St. Gallen, Katalog (1977), Kat. Nr. 73.

35 Aus dem literarischen Leben des 18. Jahrhunderts 1871*

Standort unbekannt.
Preis: Im Katalog der Schw.KA. von 1871 zum Preis von 1840 Franken ausgeschrieben.

AUSSTELLUNGEN:
Zürich (Schw.KA.), 21. Mai –11. Juni 1871, Nr. 162.
St. Gallen (Schw.KA.), 18. Juni – 9. Juli 1871, Nr. 162.

LITERATUR:
Boetticher, Malerwerke (1895), S. 122.

BILDINHALT: «*Ein junger Dichter, in einem Salon zweien Damen vorlesend.*» (Boetticher)

36 Studie: ‹Gothisches Zimmer in Feldkirch› um 1872

Text. S. 105.
Standort unbekannt.
PROVENIENZ: Emil Zwingli, Boßhardt Nachlaß (Nachweis 1887).

AUSSTELLUNG:
Winterthur, 1887, Nr. 42 (eingerahmt).

ENTSTEHUNG: Das Werk dürfte zusammen mit anderen Studien auf der Tirolreise 1872 entstanden sein.

NACHLASS: Das Werk gehört zum Nachlaß Boßhardts. Im Frühjahr 1887 bat der Winterthurer Kunstverein Emil Zwingli, den Neffen von Boßhardt, die (Öl-)Skizzen aus Boßhardts Nachlaß an der Winterthurer Gedächtnis-Ausstellung zu zeigen[1]. Die Studien machten die Hälfte der Exponate aus und erscheinen als Nummern 36 bis 72 im Katalog. Bis auf eines (Nr. 36) waren sämtliche dieser Werke verkäuflich. Zwingli ließ 21 der Studien einheitlich rahmen (breite schwarze Profilleiste mit goldener Lichtkante)[2].

ANMERKUNGEN:
[1] Prot.KVW. (4. April 1887); vgl. auch Suter, Lebensgeschichte S. 38.
[2] vgl. Etikette auf dem Rahmen von Kat. Nr. 38, 44.

37 Studie: ‹Archiv im Rathaus Hall› um 1872

Abb.: 75; Text S. 105, 119.
Öl/Lw., 54,5 × 75,7 cm.
Bezeichnung unten links: «*C. Bosshardt*»; Vermerk auf Keilrahmen: «*Rathaus Hall, Tyrol*».
Heimatmuseum Pfäffikon ZH.
PROVENIENZ: Emil Zwingli, Boßhardt Nachlaß (Nachweis 1887).
FOTONACHWEIS: Kunstdenkmälerinventarisation des Kantons Zürich (Foto: Kuno Gygax, Zürich).

AUSSTELLUNG:
Winterthur, 1887, Nr. 39.

ENTSTEHUNG: Das Bild dürfte auf der Tirolreise 1872 entstanden sein.

NACHLASS: Das Werk gehörte 1887 zum Nachlaß (vgl. Kat. Nr. 36), wurde offensichtlich nicht verkauft, verblieb vorerst im Familienbesitz und gelangte schließlich an die Antiquarische Gesellschaft Pfäffikon ZH.

38 Studie: ‹Archiv im Rathaus Hall› um 1872

Abb.: 77; Text S. 105, 119.
Öl/Lw., 66 × 53 cm.
Vermerk auf Keilrahmen oben links (Blst.): «*40*»; oben Mitte (Blst.) «*Rathaus*» [Sterzing gestrichen] «*Hall, Tyrol*»; oben rechts Etikette: «*4*»; Rahmung original, Etikette: «*6, Besteller: Zwingli*».
Privatbesitz Zürich.
PROVENIENZ: Emil Zwingli, Boßhardt Nachlaß (Nachweis 1887).
FOTONACHWEIS: Kunstdenkmälerinventarisation des Kantons Zürich (Foto: Kuno Gygax, Zürich).

AUSSTELLUNG:
Winterthur, 1887, Nr. 40.

ENTSTEHUNG: Das Bild dürfte während der Tirolreise 1872 entstanden sein.

NACHLASS (vgl. Kat. Nr. 36): Die Studie besitzt die Rahmung, welche Emil Zwingli anfertigen ließ und ist im Besitz der Familie des Nachlaßverwalters geblieben.

39 Der Alchimist um 1872–77

Abb.: 90; Text S. 105.
Öl/Lw., 83,3 × 67 cm.
Bezeichnung unten links: «*C. Bosshardt*»; Etikette, die sich zwischen Keilrahmen und Leinwand befand: «*30/Alchimist/ƒ 300.–/30.*»
Heimatmuseum, Pfäffikon ZH.
PROVENIENZ: Emil Zwingli, Boßhardt Nachlaß (Nachweis 1887).
FOTONACHWEIS: Kunstdenkmälerinventarisation des Kantons Zürich (Foto: Kuno Gygax, Zürich).

AUSSTELLUNG:
Winterthur, 1887, Nr. 30.

ENTSTEHUNG: Von den drei Gemälden gleichen Themas ist die Version von Pfäffikon aufgrund ihrer Etikette mit der Nr. 30 der Winterthurer Ausstellung von 1887 identifizierbar. Das Bild aus Boßhardts Nachlaß blieb bei seinem Preis von 300 Franken (vgl. Etikette) offensichtlich unverkäuflich und ging über die Familie Zwingli in das Eigentum des Heimatmuseums Pfäffikon über.

ZUM NACHLASS: vgl. Kat. Nr. 36.

40 Studie: ‹Bauernstube aus Sterzing› um 1872

Abb.: 78; Text S. 107.
Öl/Lw., 50 × 66 cm.
Bezeichnung unten links (braun): «*C. Bosshardt.*»
Kunsthaus Zürich, Inv. Nr. 463.
EINGANG: 1887 für Fr. 315.– erworben[1].
PROVENIENZ: Emil Zwingli, Boßhardt Nachlaß (Nachweis 1887).
FOTONACHWEIS: Kunsthaus Zürich.

AUSSTELLUNG:
Winterthur, 1887, Nr. 52 (?).

LITERATUR:
Brun, Verzeichnis (1891), S. 10, Nr. 39.
ZUM NACHLASS: vgl. Kat. Nr. 36.
ANMERKUNG:
[1] Künstlergesellschaft in Zürich und Zürcherischer Kunstverein. Berichterstattung über das Jahr 1887 (1888), S. 13: Ankäufe: «Casp. Bosshardt, Studie (alte Bauernstube), Fr. 315 aus den disponiblen Albumbeiträgen.»

41 Studie: ‹Interieur aus Sterzing, Tirol› um 1872

Abb.: 81; Text S. 107.
Öl/Lw., 50,5 × 69,5 cm.
Bezeichnung unten links (braun): «*C. Bosshardt.*»; Vermerk auf Keilrahmen (Blst.): «*Sterzing, Tyrol*», «*C. Bosshard.*»; Etiketten: KV Winterthur/51; KV Winterthur/Inv. 267.
Kunstmuseum Winterthur, Inv. Nr. 267.
EINGANG: Vom Kunstverein erworben, wohl 1887 und nicht 1886 wie auf der Inventarkarte vermerkt.
PROVENIENZ: Emil Zwingli, Boßhardt Nachlaß (Nachweis 1887).
FOTONACHWEIS: SIK, Nr. 32042.
AUSSTELLUNG:
Winterthur 1887, Nr. 58.
IDENTIFIZIERUNG: Die Studie besitzt nicht die Rahmung mit schwarzer Profilleiste, welche Emil Zwingli für einen Teil des Nachlasses anfertigen ließ (vgl. Kat. Nr. 36). Die Studie ist daher und aufgrund des Vermerks auf dem Keilrahmen «Sterzing, Tyrol» identifizierbar mit dem «Interieur Sterzing Tyrol», welche unter Nr. 58 als «uneingerahmt» und verkäuflich im Ausstellungskatalog Winterthur 1887 figuriert.

42 Studie: ‹Schloss Greifenstein bei Sterzing› um 1872

Standort unbekannt.
PROVENIENZ: Emil Zwingli, Boßhardt Nachlaß (Nachweis 1887).
AUSSTELLUNG:
Winterthur, 1887, Nr. 37 (eingerahmt).
ZUM NACHLASS: vgl. Kat. Nr. 36.

43 Studie: ‹Schloss Greifenstein bei Sterzing› um 1872

Standort unbekannt.
PROVENIENZ: Emil Zwingli, Boßhardt Nachlaß (Nachweis 1887).
AUSSTELLUNG:
Winterthur, 1887, Nr. 38 (eingerahmt).
ZUM NACHLASS: vgl. Kat. Nr. 36.

44 Studie: ‹Interieur aus Sarntheim, Tirol› um 1872

Abb.: 79; Text S. 106.
Öl/Lw., 43 × 60,5 cm.
Bezeichnung unten links (rot): «*C. Bosshardt.*»; Vermerk auf Keilrahmen oben Mitte (Blst.): «*Sarntheim, Tyrol*»; Etikette: Kunstverein Winterthur/Inv. Nr./266.
Kunstmuseum Winterthur, Inv. Nr. 266.
EINGANG: Vom Kunstverein erworben, wohl 1887 und nicht 1886 wie auf der Inventarkarte vermerkt.
PROVENIENZ: Emil Zwingli, Boßhardt Nachlaß (Nachweis 1887).
FOTONACHWEIS: SIK, Nr. 32123.
AUSSTELLUNG:
Winterthur, 1887, Nr. 44 oder 48 (eingerahmt).
Das Gemälde ist mit der schwarzen Profilleiste gerahmt, welche Emil Zwingli in München für einen Teil des Nachlasses anfertigen ließ (vgl. Kat. Nr. 36). Unter den gerahmten Studien in der Gedächtnis-Ausstellung in Winterthur beziehen sich Nr. 44 und 48 auf Sarntheim.

45 Studie: ‹Gothisches Zimmer im Schloss Sarntheim› um 1872

Standort unbekannt.
PROVENIENZ: Emil Zwingli, Boßhardt Nachlaß (Nachweis 1887).
AUSSTELLUNG:
Winterthur, 1887, Nr. 44 oder 48 (eingerahmt).
ZUM NACHLASS: vgl. Kat. Nr. 36.

46 Studie: ‹Ofen im Tyrol› um 1872

Standort unbekannt.
PROVENIENZ: Emil Zwingli, Boßhardt Nachlaß (Nachweis 1887).
AUSSTELLUNG:
Winterthur, 1887, Nr. 69 (uneingerahmt).
ZUM NACHLASS: vgl. Kat. Nr. 36.

47 Studie: ‹Saaleingang› um 1872

Abb.: 82; Text S. 107.
Öl/Lw., 43 × 32,5 cm.
Bezeichnung unten rechts: «*C.B.*»; Vermerk auf Keilrahmen oben links: «*67*» (blau); «*KB [... unleserlich]*» (Blst.); «*52*» (blau); rechts: «*B 15*» (Blst.).
Privatbesitz Zürich.
PROVENIENZ: Emil Zwingli, Boßhardt Nachlaß (Nachweis 1887).
FOTONACHWEIS: Kunstdenkmälerinventarisation des Kantons Zürich (Foto: Kuno Gygax, Zürich).
AUSSTELLUNG:
Winterthur, 1887, Nr. 67 (uneingerahmt).
Die anspruchslose Studie ist uneingerahmt im Familienbesitz des Nachlaßverwalters geblieben (zum Nachlaß vgl. Kat. Nr. 36).

48 Studie: ‹Fensternische› um 1872

Abb.: 83.
Öl/Lw., 46 × 33,5 cm.
Bezeichnung unten links: «*C.B.*»; Vermerk auf Keilrahmen oben links (blau): «*66*»; oben (Blst.) «*KB...2...11.. [unleserlich]*».
Privatbesitz Zürich.
PROVENIENZ: Emil Zwingli, Boßhardt Nachlaß (Nachweis 1887).
FOTONACHWEIS: Kunstdenkmälerinventarisation des Kantons Zürich (Foto: Kuno Gygax, Zürich).
AUSSTELLUNG:
Winterthur, 1887, Nr. 66.
Die anspruchslose Studie ist uneingerahmt im Familienbesitz des Nachlaßverwalters geblieben (zum Nachlaß vgl. Kat. Nr. 36).

49 Der Liebling   1873*

Preisangaben: 850 fl. (München 1873); 1400 Franken (Basel 1875). Standort unbekannt.

AUSSTELLUNGEN:
München (Local-A.), 1873.
Basel (Schw.KA.), 1875, Nr. 138.

LITERATUR:
Kunst-Chronik (24. Okt. 1873), S. 27: Lokalausstellung der Münchener Künstler.
Seubert, Allgemeines Künstler-Lexikon, Bd. 1 (1882), S. 157.
Nekrolog Allg. Ztg. (1887).
Boetticher, Malerwerke (1895), S. 122.
Holland in: ADB, Bd. 47 (1903), S. 139.

BILDINHALT: «*Ein recht innig empfundenes Bildchen brachte der Schweizer Historienmaler Casp. Boßhardt in seinem ‹Liebling› (850 fl.). Dieser Liebling ist aber niemand anders als ein allerliebster Dompfaff, mit dem sich eben ein hübsches Mädchen zärtlich beschäftigt. Wer den Werth eines Bildes nicht mit dem Meterstab in der Hand mißt, kann nicht umhin, dem Künstler seine volle Anerkennung zu zollen*» (Kunstchronik 24. Okt. 1873, S. 27).

31 Selbstbildnis   um 1874/75
      J. C. Boßhardt (1823–1887)

Abb.: 85; Text S. 111, 132, 140.
Öl/Lw., 68,5 × 55,5 cm (oval).
Kunstmuseum Winterthur, Inv. Nr. 171.
EINGANG: 1875 als Geschenk von Friedrich Imhoof-Hotze an den Kunstverein Winterthur.
FOTONACHWEIS: Kunstdenkmälerinventarisation des Kantons Zürich (Foto: Hans Humm, Zürich).

AUSSTELLUNGEN:
Winterthur, 1887, Nr. 11.
Winterthur (Städtisches Museum), 1879, S. 4, Nr. 8.

LITERATUR UND QUELLEN:
Brief von J. C. Boßhardt an Friedrich Imhoof-Blumer (1876), Dok. 17.
Suter, Lebensgeschichte (1888); S. 37, Anm. 38.
Hablützel, Festschrift des Kunstvereins Winterthur (1898), S. 40.

Kunstverein Winterthur, Katalog (1958), Nr. 89.

DATIERUNG: Das Bildnis ist undatiert und gelangte am 17. Dez. 1875 durch Schenkung von Friedrich Imhoof-Hotze (1807–1893) in den Besitz des Kunstvereins Winterthur (Prot. V.KVW). Imhoof-Hotze gab dabei zu Protokoll, er habe beim «*augenblicklich unbeschäftigten*» Künstler in München das Selbstbildnis bestellt und dieses sei «*seither eingetroffen*». Die Entstehung des Gemäldes kann somit nicht weit zurückliegen.
Dem Gemälde liegt eine Fotografie zugrunde, welche Boßhardt im Malprozeß nur geringfügig veränderte. Andererseits bot das Gemälde die Vorlage für den Bildnisstich, welcher der Lebensbeschreibung Suters beigelegt ist.

50 Die Sennerin   1875

PROVENIENZ: Emil Zwingli, Boßhardt Nachlaß (Nachweis 1887).
Standort unbekannt.

LITERATUR:
Nekrolog Allg. Ztg. (1887).
Holland in: ADB, Bd. 47 (1903), S. 139.

DATIERUNG: 1875 (Nekrolog).

ZUM NACHLASS: vgl. Kat. Nr. 36.

51 Politiker im Kloster   1875

Abb.: 86; Text S. 111–117; Dok. 18.
Öl/Lw., 64 × 81 cm.
Bezeichnung rechts unten: «*C. Bosshardt 1875.*»
Sammlung Georg Schäfer, Euerbach (BRD).
PROVENIENZ: «Part. Heyne in Dresden, seit 1880» (Boetticher).
FOTONACHWEIS: Sammlung Georg Schäfer.

AUSSTELLUNGEN:
«Wien. int. KA. 71 [?].
Münch. KV. 76.
Paris. WA. 78.
Münch. int. KA. 79[1].
Dresd. ak. KA. 80» (Boetticher).
Berlin, Le salon imaginaire (1968), Kat. Nr. 13, Abb. S. 47.

LITERATUR[2]:
Müller, Biographisches Künstler-Lexikon der Gegenwart (1882), S. 68.
Nekrolog Allg. Ztg. (1887).
Nekrolog KVM (1888), S. 69.
Suter, Lebensgeschichte (1888), S. 29.
Boetticher, Malerwerke, Bd. 1 (1895), S. 122.
Müller/Singer, Allgemeines Künstler-Lexikon, Bd. 1 (1895), S. 195.
Holland in: ADB, Bd. 47 (1903), S. 138.

ANMERKUNGEN:
[1] vgl. zweite Beilage zur Allg. Ztg. München (13. Feb. 1887).
[2] Auf die Euerbacher Fassung wird die Literatur bezogen, die den Bildtitel «Politiker im ...» führt; auf die Winterthurer Fassung jene Literatur mit dem Titel «Politik im ...» (Kat. Nr. 52).

52 Politik im Kloster   1876*

Abb.: 87; Text S. 105, 107, 111–117; Dok. 17, 18.
Öl/Lw., 64 × 77,5 cm.
Bezeichnung im Bild rechts am Sockel der Ofenbank (rot): «*C. Bosshard*»; auf Keilrahmen rechts unten Etikette (mit roter Umrandung): «*Kunstverein Winterthur 52*»; auf Rahmen: «*Erste Münchener Vergolder-Genossenschaft*»; auf unterem Keilrahmen mit roter Farbe: «*Kunstverein*».
Kunstmuseum Winterthur, Inv. Nr. 175.
EINGANG: 1876 vom Kunstverein Winterthur für 3000 Franken[1] erworben.
FOTONACHWEIS: Kunstdenkmälerinventarisation des Kantons Zürich (Foto: Hans Humm, Zürich); SIK sw.Neg. 59794.

AUSSTELLUNGEN:
München (KVM), 1876 (vgl. Dok. 17).
Winterthur, 1887, Nr. 32.
Winterthur (Städtisches Museum), 1879, S. 4, Nr. 9.

LITERATUR (vgl. auch Kat. Nr. 51) UND QUELLEN:
Brief J. C. Boßhardt an Albert Hafner (31. Mai 1876), Dok. 18.
Brief J. C. Boßhardt an Friedrich Imhoof-Blumer (1876), Dok. 17.
Münchener Kunstverein, in: Kunst-Chronik (12. 6. 1876), S. 661.
Suter, Lebensgeschichte (1888), S. 29, 37, Anm. 40.

Hablützel, Festschrift des Kunstvereins Winterthur (1898), S. 40.
Hiestand in: SKL, Bd. 1 (1905), S. 183.
Fink, Annalen Kunstverein Winterthur (1923), S. 14.
Gubler, Ein vergessener Schweizer Historienmaler (1980), S. 53.

ANMERKUNG:
[1] Hablützel, Festschrift des Kunstvereins Winterthur (1898), S. 40.

53 Häusliches Stilleben   1876

Standort unbekannt.
PROVENIENZ: Hr. Rothpletz[1].
DOKUMENTATION: Quittung von Boßhardt an Hr. Rothpletz (1. Dez. 1876): «Von Herrn Hr. Rothpletz sechshundert Franken als lezte [sic!] Zahlung für ein Gemälde, häusliches Stillleben [sic!], richtig empfangen zu haben bescheinigt mit bestem Danke./ München dt. 1/December/1876. C. Boßhardt/Maler.»

ANMERKUNG:
[1] vgl. Quittung von J. C. Boßhardt an Herrn Rothpletz (1. Dez. 1876), Stadtbibliothek Winterthur.

**54 Ein alchimistisches   um 1877
      Stilleben**

Standort unbekannt.
LITERATUR:
Holland in: ADB, Bd. 47 (1903), S. 139.
ENTSTEHUNG: Das Bild dürfte als Vorbereitung zu den beiden Fassungen des ‹Alchimisten› (Kat. Nr. 55, 56) gedient haben.

55 Beim Alchimisten   1877*

Abb.: 91; Text S. 109.
Öl/Lw., 64 × 77 cm.
Museum zu Allerheiligen Schaffhausen, Inv. Nr. 47.
FOTONACHWEIS: Kunstdenkmälerinventarisation des Kantons Zürich (Foto: Museumsfoto).
AUSSTELLUNGEN:
Schweizer. K.A., 1877 (Nachweis: Bötticher).
Winterthur, 1887. Kat. Nr. 29.

LITERATUR:
Nekrolog Allg. Ztg. (1887).
Nekrolog KVM (1888), S. 69.
Suter, Lebensgeschichte (1888), S. 30.
Tscharner, Die bildenden Künste in der Schweiz (1889), S. 81.
Boetticher, Malerwerke (1895), S. 122.
Müller/Singer, Allgemeines Künstler-Lexikon, Bd. 1 (1895), S. 195.
Holland in: ADB, Bd. 47 (1903), S. 139.
Hiestand in: SKL, Bd. 1 (1905), S. 183.
Vollmer in: Thieme / Becker Bd. 4 (1910), S. 404.
Strickler, Verdienstvolle Männer (1936), S. 18.

IDENTIFIZIERUNG: Das Gemälde existiert in zwei eng verwandten Versionen (vgl. Kat. Nr. 56), deren Identifikation in der Literatur nicht eindeutig zu erbringen ist. Suter, Hiestand und Vollmer beziehen sich explizite auf das Schaffhauser Bild, machen aber keine Angaben zur Datierung. Bötticher hingegen kennt keinen Standort, gibt aber die Präsentation des «Alchimisten» an der Schweiz. Kunstausstellung 1877 an. Die Turnus-Ausstellung fand in diesem Jahr in der Tat auch in Schaffhausen statt[1], so daß ein Ankauf aus diesem Anlaß durch den Schaffhauser Kunstverein möglich ist. Auf die Zürcher Fassung wird in keiner Publikation explizite Bezug genommen; sie erscheint 1887 auch nicht im Katalog der Gedächtnis-Ausstellung von Winterthur[2].

ANMERKUNGEN:
[1] Jaccard, Turnus, S. 442.
[2] Bei Nr. 30 handelt es sich um den Alchimisten von Pfäffikon ZH (Kat. Nr. 39).

56 Der Alchimist   um 1877

Abb.: 92; Text S. 109.
Öl/Lw., 64 × 81 cm.
Bezeichnung unten links (rot): «C. Bosshardt.»
Kunsthaus Zürich, Inv. Nr. 657.
EINGANG: 1898, Legat Schultheß-v. Meiß.
FOTONACHWEIS: Kunsthaus Zürich.
LITERATUR:
vgl. Kat. Nr. 55.
Brun, Verzeichnis (1891), S. 10, Nr. 40.

**57 Der heimkehrende   um 1875–80
      Reisläufer**

Abb.: 89; Text S. 127.
Öl/Lw., 78 × 63,5 cm.
Bezeichnung unten links «C. Bosshardt.»
Gemeindehaus Pfäffikon ZH. Gemeinde Pfäffikon ZH.
PROVENIENZ: Heinrich Bodmer-Trümpler, Zürich (Nachweis Suter 1888).
FOTONACHWEIS: Kunstdenkmälerinventarisation des Kantons Zürich (Foto: Kuno Gygax, Zürich).
LITERATUR:
Suter, Lebensgeschichte (1888), S. 29, Anm. 41.
Tscharner, Die bildenden Künste in der Schweiz (1889), S. 81.
Heimatbuch der Gemeinde Pfäffikon, Bd. 2, 1983, Abb. n. S. 169.
ENTSTEHUNG: Das Bild ist nicht datiert. Stilistisch zeigt es Ähnlichkeiten mit den Werken ‹Der Alchimist› (Kat. Nr. 55, 56), vor allem in der Behandlung der Stofflichkeit, und ‹Der erste Liebesbrief› (Kat. Nr. 64). Somit dürfte es in der Zeit zwischen 1875 und 1880 entstanden sein.
PROVENIENZ: Das Bild ist 1888 im Besitz von Heinrich Bodmer-Trümpler (1836–1896), Kaufmann, wohnhaft in der Villa Seeburg in Zürich[1]. Laut Mitteilung einer Nachfahrin von Heinrich Bodmer-Trümpler (1986) blieb das Gemälde im Familienbesitz bis zur Auflösung des Haushaltes in der Villa ‹Seeburg› und wurde am 8. Juni 1970 für die Gemeinde Pfäffikon ZH zu einem Preis von 900 Franken angekauft.

ANMERKUNG:
[1] vgl. Stucki, Die Geschichte der Familie Bodmer von Zürich 1543–1943 (1943), S. 280–284, 513.

58 Der Page   1875–80

Abb.: 88; Text S. 127.
Öl/Lw., 30 × 23 cm.

Auf Keilrahmen-Unterleiste Etikette mit blauem Rankenrahmen (wie bei Porträt B. Zangger, Kat. Nr. 8), zur Hälfte weggerissen. Zu erkennen großer Anfangsbuchstaben «G», gleiche Schrift wie Porträt B.

Zangger. Unter Etikette (Blst.) auf Keilrahmen Zahl, wohl «1.–».
Privatbesitz Uster.
PROVENIENZ: Fr. Dr. Ritter (Nachweis 1887).
AUSSTELLUNG: Winterthur, 1887, Nr. 35.
DATIERUNG: Das Bild ist nicht datiert. Stilistisch zeigt es Verwandtschaft mit Boßhardts Spätphase (1875–1880).
IDENTIFIZIERUNG: Das Bild ist nicht signiert. Gubler hat es mit der Nr. 35, ‹Page›, damals im Besitz von Frau Dr. Ritter [Rosa Ritter-Grunholzer (1853–1923)] der Winterthurer Ausstellung 1887 indentifiziert. Die Einreihung unter die Genrebilder in der Ausstellung mag sich daraus erklären, daß der Knabe ein «historisches» Kostüm trägt und seine Haltung nicht einer Porträtsitzung entspricht.

59 Bildnis Joh. Heinrich um 1878 Bodmer-Pestalozzi (1812–1885)

Abb.: 109; Text S. 137f.

Öl/Lw., 70 × 60 cm (ursprünglich rechteckig, um 1910 auf oval abgeändert)[1].
Privatbesitz Rüschlikon.
FOTONACHWEIS: Kunstdenkmälerinventarisation des Kantons Zürich (Foto: Kuno Gygax, Zürich).
ENTSTEHUNG: Laut Mitteilung eines Nachkommen (1986) wurden die vier Porträts der beiden Schwiegerelternpaare Bodmer-Pestalozzi (Kat. Nr. 59, 60) und Rieter-Rothpletz (Kat. Nr. 61, 62) für das Brautpaar Bertha Bodmer und Karl Friedrich (Fritz) Rieter angefertigt. Die Ehe wurde am 28. Mai 1878 geschlossen. Das Bildnis Joh. Heinrich Bodmer-Pestalozzi ist in zwei Fassungen überliefert (vgl. Kat. Nr. 59.1).
ZUM DARGESTELLTEN: Joh. Heinrich Bodmer-Pestalozzi, genannt Henry, geb. 14. Juni 1812, gest. 22. April 1885, war Kaufmann und Seidenfabrikant in Zürich. Er war Mitglied der Künstlergesellschaft in Zürich und Auftraggeber von Boßhardts letztem Historiengemälde ‹Zwingli und Kardinal Schinner in Einsiedeln› (Kat. Nr. 72)[2].
ANMERKUNGEN:
[1] laut Vermerk auf der Rückseite einer Fotografie des Originalzustandes in Privatbesitz Feldmeilen.
[2] Stucki, Die Geschichte der Familie Bodmer von Zürich 1543–1943 (1943), S. 303–306.

59.1 Bildnis Joh. Heinrich um 1878 Bodmer-Pestalozzi (1812–1885)

Text S. 132.

Öl/Lw., 70 × 60 cm (oval; ursprünglich rechteckig).
Privatbesitz Tolochenaz VD.

Das Bild ist in zwei Fassungen überliefert (vgl. Kat. Nr. 59).

60 Bildnis Henriette um 1878 Bodmer-Pestalozzi (1825–1906)

Abb.: 110; Text S. 137f.

Öl/Lw., 70 × 60 cm (ursprünglich rechteckig, um 1910 auf oval abgeändert; Foto des Originalzustandes in Privatbesitz Feldmeilen).
Privatbesitz Rüschlikon.
FOTONACHWEIS: Kunstdenkmälerinventarisation des Kantons Zürich (Foto: Kuno Gygax, Zürich).
ENTSTEHUNG: vgl. Kat. Nr. 59.
ZUR DARGESTELLTEN: Elisabeth Henriette Bodmer, geborene Pestalozzi, geb. 6. Aug. 1825, gest. 3. Feb. 1906, ist die Gattin von Joh. Heinrich Bodmer (Kat. Nr. 59). Sie ist als aktive Förderin des Zürcher Musiklebens bekannt[1].
ANMERKUNG:
[1] Ritter, Zum Gedächtnis an Frau Henriette Bodmer, geb. Pestalozzi (1906); Stucki, Die Geschichte der Familie Bodmer von Zürich 1543–1943 (1943), S. 303–306.

61 Bildnis Adolph Rieter- um 1878 Rothpletz (1817–1882)

Abb.: 112; Text S. 137f.

Öl/Lw., 70 × 60 cm (ursprünglich rechteckig, um 1910 auf oval abgeändert; Foto des Originalzustandes in Privatbesitz Feldmeilen).
Privatbesitz Feldmeilen.
FOTONACHWEIS: Kunstdenkmälerinventarisation des Kantons Zürich (Foto: Kuno Gygax, Zürich).
ENTSTEHUNG: vgl. Kat. Nr. 59.
ZUM DARGESTELLTEN: Adolph Rieter-Rothpletz, geb. 1817, gest. 1882, war Textilindustrieller in Winterthur. Seit 1872 war die Familie in Zürich ansässig, wo Rieter die Villa Wesendonck von ihrem Erbauer erworben hatte.

62 Bildnis Ida Maria Rieter- um 1878 Rothpletz (1826–1896)

Abb.: 111; Text S. 137f.

Öl/Lw., 70 × 60 cm (ursprünglich rechteckig, um 1910 auf oval abgeändert; Foto des Originalzustandes Privatbesitz Feldmeilen).
Privatbesitz Feldmeilen.
FOTONACHWEIS: Kunstdenkmälerinventarisation des Kantons Zürich (Foto: Kuno Gygax, Zürich).
ENTSTEHUNG: vgl. Kat. Nr. 59.

Die Dargestellte ist die Gattin von Adolph Rieter-Rothpletz (Kat. Nr. 61).

63 Luthers Begegnung mit den 1879* St. Galler Studenten in Jena

Abb.: 93, 96; Text S. 123–125.

Öl/Lw., 75 × 97 cm.
Bezeichnung rechts unten (rot): «*C. Bosshardt.*»
Evangelischer Kirchenrat, St. Gallen; Depositum des Kunstmuseums St. Gallen, Inv. Nr. G 1879.2.
EINGANG: Ankauf durch den Kunstverein St. Gallen anläßlich der Turnusausstellung von 1879 für 3132.50 Fr.
FOTONACHWEIS: Kunstdenkmälerinventarisation des Kantons Zürich (Foto: Kuno Gygax, Zürich).

AUSSTELLUNGEN:
Schw. KA., 1879 (Nachweis: Inventarblatt Kunstmuseum St. Gallen).
Winterthur, 1879 (Nachweis: Prot. KVW, 3. März 1879).
Winterthur, 1887. Kat. Nr. 28.

LITERATUR:
Nekrolog KVM (1888), S. 69.
Suter, Lebensgeschichte (1888), S. 30.

Tscharner, Die bildenden Künste in der Schweiz (1889), S. 81.
Holland in: ADB, Bd. 47 (1903), S. 139.
Hiestand in: SKL, Bd. 1 (1905), S. 183.
Vollmer in: Thieme/Becker Bd. 4 (1910), S. 404.
Pupikofer, Die Entwicklung der Kunst in der Schweiz (1914), S. 448.
Strickler, Verdienstvolle Männer (1936), S. 19.
Heimatbuch der Gemeinde Pfäffikon ZH Bd. 1 (1962), S. 394.
Zelger, Heldenstreit (1973), S. 94.
Gubler, Ein vergessener Schweizer Historienmaler (1980), S. 53.

ENTSTEHUNG: Die dargestellte Episode wurde durch die Edition von Johannes Kellers Sabbatha 1866 für eine bildliche Verarbeitung erschlossen. Im März 1879 befand sich das Luther-Bild als «neuestes Gemälde» Boßhardts im Besitz des Kunstvereins St. Gallen[1]. Boßhardt pflegte seine Hauptwerke unmittelbar nach ihrer Fertigstellung der möglichen Kundschaft vorzustellen, womit eine Datierung um 1878/79 wahrscheinlich ist[2].

ANMERKUNGEN:
[1] Prot. KVW (3. März 1879) in: Prot. KVW, IV (1877–1889), S. 41.
[2] im Widerspruch zum Protokoll des Winterthurer Kunstvereins (vgl. Anm. 1) nennt die Inventarkarte des Kunstmuseums St. Gallen als Herkunft die Turnus-Ausstellung 1879, die aber erst am 14. Mai in Zürich begann (vgl. Jaccard, Turnus, S. 442).

64 Der erste Liebesbrief   1880
Abb.: 98; Text S. 127.
Öl/Lw., 91,5 × 77,5 cm.
Bezeichnung unten rechts: «*C. Bosshardt. 1880.*»; Vermerk auf Keilrahmen mit blauem Farbstift: «*CB 16*».
Privatbesitz Zürich.
PROVENIENZ: Emil Zwingli, Boßhardt Nachlaß (Nachweis 1887; vgl. Kat. Nr. 36).
FOTONACHWEIS: Kunstdenkmälerinventarisation des Kantons Zürich (Foto: Kuno Gygax, Zürich).
AUSSTELLUNG: Winterthur, 1887, Nr. 34.
LITERATUR: Nekrolog KVM (1888), S. 69.

Suter, Lebensgeschichte (1888), S. 38 (letzte Anmerkung).

ENTSTEHUNG: Laut. mündlicher Aussage (1986) des heutigen Bildbesitzers soll es sich bei dem Werk um ein Auftragsbild handeln. Der Besteller sei jedoch mit der Endfassung nicht zufrieden gewesen, so daß das Bild in Boßhardts Atelier blieb.

65 Ein Brief   um 1880
Abb.: 97; Text S. 127.
Öl/Lw.
Standort unbekannt.
FOTOGRAFIE, 19. Jh.: Privatbesitz Uster mit dem Vermerk: «*Ein Brief*»; unten rechts (Blst.): «*C. Boßhardt. der l Frau Grunholzer.*»
AUSSTELLUNG: München (o.J.) (Nachweis Boetticher).
LITERATUR: Boetticher, Malerwerke (1895), S. 122.

ENTSTEHUNG UND DATIERUNG: Laut Boetticher ist ein Gemälde Boßhardts mit dem Titel «Ein Brief» in München ausgestellt worden (über Ort und Zeit der Ausstellung macht Boetticher keine Angaben)[1]. Ein direkter Verkauf des Bildes in Deutschland liegt daher nahe.
Boßhardt sandte eine Fotografie des Werkes, das er selber mit «*Ein Brief*» betitelt, an Rosina Grunholzer. Weil in der Widmung («*C. Boßhardt der l Frau Grunholzer*») deren Gatte Heinrich nicht erwähnt wird, ist zu folgern, daß Boßhardt die Fotografie zwischen den Todesdaten der beiden Ehegatten gesandt hat, d.h. zwischen 1873 und 1881 (vgl. Kat. Nr. 28, 29)[2].
Eine zweite leicht veränderte Fassung des Bildes ist 1880 datiert (vgl. Kat. Nr. 64).

ANMERKUNGEN:
[1] Auf der Gedächtnis-Ausstellung in Winterthur 1887 ist das Werk nicht vertreten, und auch bei Suter ist es nicht erwähnt.
[2] Eine weitere Gemäldefotografie (Sickingen) aus demselben Nachlaß widmete Boßhardt «*Dem Freunde Grunholzer*».

**66 Unvollendetes   um 1880/85
Selbstbildnis mit Hut**
Abb.: 113; Text S. 140.
Öl/Lw., 42,5 × 34 cm.

Privatbesitz Zürich.
PROVENIENZ: Emil Zwingli (Nachweis 1887).
FOTONACHWEIS: Kunstdenkmälerinventarisation des Kantons Zürich (Foto: Kuno Gygax, Zürich).
AUSSTELLUNG: Winterthur, 1887, Nr. 12.
LITERATUR: Suter, Lebensgeschichte (1888), S. 29, 37, Anm. 39.

DATIERUNG: Das unvollendete Bildnis ist weder signiert noch datiert und stellt den ca. 60jährigen Johann Caspar Boßhardt dar. Das Bild ist identisch mit der Nr. 12 der Winterthurer Gedächtnisausstellung von 1887. Es zeigt bezüglich der Raumaufteilung Verwandtschaft mit dem Bildnis von Adolf Rieter-Rothpletz (Kat. Nr. 61), und bezüglich der Malweise mit dem Werk ‹Der erste Liebesbrief› (Kat. Nr. 64) und dürfte zwischen 1880 und 1885 entstanden sein.

**67 Bildnis Louisa Zwingli-   um 1880
Furrer (1853–1933)**
Abb.: 107; Text S. 136–138.
Öl/Lw., 35 × 30 cm.
Auf Keilrahmen ovaler Stempel: «*ADRIAN BREGGER (?)/Vignette/Zeichenrequisiten/München.*»
Privatbesitz Zürich.
FOTONACHWEIS: Kunstdenkmälerinventarisation des Kantons Zürich (Foto: Kuno Gygax, Zürich).

ZUR DARGESTELLTEN: Das Bild stellt laut mündlicher Mitteilung des heutigen Bildbesitzers seine Großmutter Louisa Zwingli-Furrer dar (geb. 26. April 1853, gest. 1. April 1933). Frau Zwingli ist die Gattin von Boßhardts Neffe Emil Zwingli, der in regem Kontakt mit seinem alternden, alleinstehenden Onkel stand und dessen Nachlaßverwalter wurde (vgl. Stammbaum S. 174).

DATIERUNG: Das Werk ist nicht datiert. In bezug auf die Beleuchtung, die Haltung und die Kleidungsart der Dargestellten zeigt es Verwandtschaft mit dem Porträt von Ida Maria Rieter-Rothpletz (Kat. Nr. 62). Dies legt eine Datierung um 1880 nahe. Zu diesem Zeitpunkt war die Dargestellte 27 Jahre alt.

68 ‹Des Künstlers Nichte›   1885
Standort unbekannt.
PROVENIENZ: Emil Zwingli (Nachweis 1887).
AUSSTELLUNG:
Winterthur, 1887, Nr. 10.
IDENTIFIZIERUNG: Es könnte sich um ein Kinderbildnis einer der beiden Töchter von Emil und Louisa Zwingli-Furrer handeln, die Boßhardts Großnichten waren. Die Töchter von Boßhardts Bruder Hans Rudolf waren bereits 1867 bzw. 1871 verstorben (vgl. Stammbaum S. 174).

**69 Bildnis Emil Ulrich   1882/86
Zwingli (1876–1955)**
Abb.: 108; Text S. 137.
Öl/Lw., 31,5 × 24,5 cm.
Vermerk auf Keilrahmen (Blst.): «*C. Boshard Schillerstr. 27*»; Stempel: «*Schachinger & Herrmann/ Malerrequisiten & Zeichenutensilien/ München/ Kistenmannstr.*»
Privatbesitz Zürich.
FOTONACHWEIS: Kunstdenkmälerinventarisation des Kantons Zürich (Foto: Kuno Gygax, Zürich).
AUSSTELLUNG: Winterthur, 1887, Nr. 9.
DATIERUNG: Laut mündlicher Auskunft (1986) vom Sohn des Dargestellten handelt es sich um ein Bildnis des sechsjährigen Emil Ulrich Zwingli (1876–1955), Boßhardts Großneffen. Im Verzeichnis der Winterthurer Ausstellung figuriert unter den «Portraits» als Nr. 9 das Bildnis «Des Künstlers Neffe» im Besitz von Emil Zwingli. Es dürfte sich um dasselbe Bildnis handeln. Im Widerspruch zur Aussage des heutigen Bildbesitzers ist das Bildnis der Winterthurer Ausstellung mit 1886 datiert, als der Knabe 10 Jahre alt war.
ZUM DARGESTELLTEN: Emil Ulrich Zwingli, geb. 23. Jan. 1876, gest. 4. April 1955, ist der Sohn von Boßhardts Neffen Emil Zwingli und Louisa Zwingli-Furrer (vgl. Kat. Nr. 67 und Stammbaum S. 174).

**70 Bildnis   um 1870–1880
‹Herr Nationalrat Bühler›**
Öl/Lw., 72 × 61 cm.
Bezeichnung unten links (rot): «*C. Bosshardt.*»
Auf Keilrahmen Etikette: «*46*»; darunter «*Pfäffikon*».
Privatbesitz Rapperswil.
PROVENIENZ: Johann Heinrich Bühler-Honegger (Nachweis 1887).
AUSSTELLUNG: Winterthur, 1887, Nr. 19.
DATIERUNG: aufgrund des Alters des Dargestellten.
ZUM DARGESTELLTEN: Johann Heinrich Bühler-Honegger (1833–1929) war Nationalrat, Teilhaber der Maschinenfabrik Rüti und Mitbegründer der Schweizerischen Südostbahn in Rapperswil (HBLS, Bd. 2 (1924), S. 398).

**71 Studie: ‹Kopf von   1883–1886
Ulrich Zwingli›**
Standort unbekannt.
PROVENIENZ: Emil Zwingli, Boßhardt Nachlaß (Nachweis 1887; vgl. Kat. Nr. 36).
AUSSTELLUNG: Winterthur, 1887, Nr. 36.
ENTSTEHUNG: Diese Studie dürfte als Vorbereitung für Boßhardts letztes Historiengemälde ‹Zwingli und Kardinal Schinner in Einsiedeln› gedient haben (vgl. Kat. Nr. 72).

**72 Zwingli und Kardinal   1886
Schinner in Einsiedeln**
Text S. 127–129.
Standort: unbekannt.
PROVENIENZ: Henriette Bodmer-Pestalozzi (Nachweis Suter 1888) (vgl. Kat. Nr. 60).
AUSSTELLUNG:
Zürich (Künstlergut), Oktober 1886 (Nachweis: NZZ, Beilage zu Nr. 287 v. 15. Okt. 1886).
LITERATUR:
Kunstausstellung im Künstlergut zu Zürich in: NZZ, Beilage zu Nr. 287 (15. Okt. 1886).
Nekrolog KVM (1888), S. 69.
Suter, Lebensgeschichte (1888), S. 19, 27, 33f, 38, Anm. 46f.
Tscharner, Die bildenden Künste in der Schweiz (1889), S. 81.
Hiestand in: SKL, Bd. 1 (1905), S. 183.
Strickler, Verdienstvolle Männer (1936), S. 18.
Reinle, Die Kunst des 19. Jahrhunderts (1962), S. 299.
Zelger, Heldenstreit (1973), S. 95.
Gubler, Ein vergessener Schweizer Historienmaler (1980), S. 53.
ZUR ENTSTEHUNG: vgl. Dok. 19, 20.

73 Die Vorlesung
Standort unbekannt.
LITERATUR:
Suter, Lebensgeschichte (1888), S. 29.
Strickler, Verdienstvolle Männer (1936), S. 18.

74 ‹Der Gewissensrath›
Standort unbekannt.
LITERATUR:
Suter, Lebensgeschichte (1888), S. 29.

75 Die Stickerin
Standort unbekannt.
PROVENIENZ: Salomon Volkart, Winterthur (Nachweis 1887).
AUSSTELLUNG:
Winterthur, 1887, Nr. 33.
LITERATUR:
Nekrolog KVM (1888), S. 69.

76 Küche
Standort unbekannt.
PROVENIENZ: Frl. J. Ziegler (Nachweis 1887).
AUSSTELLUNG:
Winterthur, 1887, Nr. 31 (als Genrebild eingestuft).
Winterthur (Stadthaus), 18. Sept.–2. Okt. 1892, Nr. 14: «Inneres einer Küche» (identisch?).

77 Bildnis ‹Herr Rector Dändliker› (1822–1873)
Standort unbekannt.
PROVENIENZ: Frau Dändliker (Nachweis 1887).
AUSSTELLUNG:
Winterthur, 1887, Nr. 14.
Winterthur (Stadthaus), 18. Sept.–2. Okt. 1892, Nr. 13.

ZUM DARGESTELLTEN: Johann Jakob Dändliker, geb. 14. Sept. 1822 in Hombrechtikon, gest. 5. Aug. 1873, war ab 1840 Sekundarlehrer in Pfäffikon. Seit 1854 unterrichtete er am Gymnasium Winterthur und wurde 1868 dessen Rektor. Das Technikum in Winterthur geht hauptsächlich auf seine Initiative zurück (HBLS, Bd. 2 (1924), S. 661).

78 Bildnis ‹Frau Rector Dändliker›
Standort unbekannt.
PROVENIENZ: Fr. Dändliker (Nachweis 1887).
AUSSTELLUNG: Winterthur, 1887, Nr. 15.
Die Dargestellte ist die Gattin von Johann Jakob Dändliker (Kat. Nr. 77).

79 Bildnis ‹Maler Grüne[n]wald›
Text S. 131.
Standort unbekannt.
PROVENIENZ: Emil Zwingli (Nachweis 1887).
AUSSTELLUNG: Winterthur, 1887, Nr. 2.
ZUM DARGESTELLTEN: Jacob Grünenwald, geb. 30. Sept. 1821 bei Göppingen, gest. 26. Sept. 1896 in Stuttgart, war Maler und erhielt seine Ausbildung 1840–1853 an der Stuttgarter Kunstschule. Seit 1853 in München ansässig, malte er hier unter dem Einfluß von Pilothy und Kaulbach zunächst monumental, seit Anfang der 60er Jahre mittlere und kleine Formate vorwiegend genrehaften oder anekdotischen Inhalts. 1877 erhielt er einen Ruf an die Stuttgarter Akademie. Wie Boßhardt war er mit den schwäbischen Malern Anton Braith und Christian Mali befreundet und hielt beim Tod Boßhardts die Grabrede[1].
ANMERKUNG:
[1] Zu Grünenwald vgl.: LMM, Bd. 2 (1982), S. 56f.; Volkszeitung für das zürcherische Oberland (19. Februar 1887), S. 1; zu seinen schwäbischen Malerfreunden vgl. Suter, Lebensgeschichte (1888), S. 18.

80 Bildnis ‹Herr Moser›
Standort unbekannt.
PROVENIENZ: Emil Zwingli (Nachweis 1887).

AUSSTELLUNG:
Winterthur, 1887, Nr. 3.
Beim Dargestellten könnte es sich um Johann Heinrich Moser (1805–1874) von Charlottenfels SH handeln, den Erwerber des Bildes ‹Bündnerin im Schwabenkrieg› (Kat. Nr. 34).

81 Bildnis ‹Herr Scheuchzer›
Standort unbekannt.
PROVENIENZ: Stadtrat Ziegler (Nachweis 1887).
AUSSTELLUNG: Winterthur, 1887, Nr. 6.
Über die Identität des Dargestellten ist nichts bekannt.

82 Bildnis ‹Herr Stadtpräsident Steiner› (1803–1870)
Standort unbekannt.
PROVENIENZ: Städtisches Museum, Winterthur (Nachweis 1870, 1887).
AUSSTELLUNG:
Winterthur (Kunsthalle), 3.–19. Juli 1870, Nr. 172.
Winterthur, 1887, Nr. 16.
LITERATUR:
Suter, Lebensgeschichte (1888), S. 29, 37, Anm. 38.
ZUM DARGESTELLTEN: Karl Eduard Steiner, geb. 4. Jan. 1803, gest. 30. April 1870, war von 1850–1857 Stadtpräsident von Winterthur (HBLS, Bd. 6 (1931), S. 536).

83 Weibliches Porträt
Standort unbekannt.
PROVENIENZ: Emil Zwingli (Nachweis 1887).
AUSSTELLUNG:
Winterthur, 1887, Nr. 13 (verkäuflich).

84 Akt mit erhobenem Arm
Öl/Lw., 50 × 61 cm.
sign.
Standort unbekannt.
LITERATUR:
Internationales Jahrbuch der Gemäldeauktionen (1930), S. 26: «*Boßhardt. Caspar. geb. 1823, Lwd. 50 × 61. sig., Drouot* [Auktionshaus: Drouot, Hotel] *26.X.29 Nr. 6; M. 510.*»

85 Studie: ‹Stickerin›
Standort unbekannt.
PROVENIENZ: Emil Zwingli, Boßhardt Nachlaß (Nachweis 1887; vgl. Kat. Nr. 36).
AUSSTELLUNG:
Winterthur, 1887, Nr. 55 (eingerahmt).

86 Studie: ‹Stickerin›
Standort unbekannt.
PROVENIENZ: Emil Zwingli, Boßhardt Nachlaß (Nachweis 1887; vgl. Kat. Nr. 36).
AUSSTELLUNG:
Winterthur, 1887, Nr. 56 (eingerahmt).

87 Studie: ‹Kopf einer alten Frau›
Standort unbekannt.
PROVENIENZ: Emil Zwingli, Boßhardt Nachlaß (Nachweis 1887; vgl. Kat. Nr. 36).
AUSSTELLUNG:
Winterthur, 1887, Nr. 68 (uneingerahmt).

88 Studie: ‹Zimmer im Schloss Elgg›
Standort unbekannt.
PROVENIENZ: Emil Zwingli, Boßhardt Nachlaß (Nachweis 1887; vgl. Kat. Nr. 36).
AUSSTELLUNG:
Winterthur, 1887, Nr. 51 (eingerahmt).
LITERATUR:
Suter, Lebensgeschichte (1888), S. 16 (indirekt).

89 Studie: ‹Theil eines Zimmers im Schloss Elgg›
Standort unbekannt.
PROVENIENZ: Emil Zwingli, Boßhardt Nachlaß (Nachweis 1887; vgl. Kat. Nr. 36).
AUSSTELLUNG:
Winterthur, 1887, Nr. 53 (eingerahmt).
LITERATUR:
Suter, Lebensgeschichte (1888), S. 16 (indirekt).

90 Studie: ‹Winterthurer Ofen im Schloss Elgg›
Standort unbekannt.
PROVENIENZ: Emil Zwingli, Boßhardt Nachlaß (Nachweis 1887; vgl. Kat. Nr. 36).

AUSSTELLUNG:
Winterthur, 1887, Nr. 45 (eingerahmt).
LITERATUR:
Suter, Lebensgeschichte (1888), S. 16 (indirekt).

91 Studie: ‹Erdgeschoss›
Standort unbekannt.
PROVENIENZ: Emil Zwingli, Boßhardt Nachlaß (Nachweis 1887; vgl. Kat. Nr. 36).
AUSSTELLUNG:
Winterthur, 1887, Nr. 60 (uneingerahmt).

92 Studie: ‹Erdgeschoss›
Standort unbekannt.
PROVENIENZ: Emil Zwingli, Boßhardt Nachlaß (Nachweis 1887; vgl. Kat. Nr. 36).
AUSSTELLUNG:
Winterthur, 1887, Nr. 62 (uneingerahmt).

93 Studie: ‹Kreuzgewölbe›
Standort unbekannt.
PROVENIENZ: Emil Zwingli, Boßhardt Nachlaß (Nachweis 1887; vgl. Kat. Nr. 36).
AUSSTELLUNG:
Winterthur, 1887, Nr. 61 (uneingerahmt).

94 Studie: ‹Gewölbe›
Standort unbekannt.
PROVENIENZ: Emil Zwingli, Boßhardt Nachlaß (Nachweis 1887; vgl. Kat. Nr. 36).
AUSSTELLUNG:
Winterthur, 1887, Nr. 49 (eingerahmt).

95 Studie: ‹Corridor›
Standort unbekannt.
PROVENIENZ: Emil Zwingli, Boßhardt Nachlaß (Nachweis 1887; vgl. Kat. Nr. 36).
AUSSTELLUNG:
Winterthur, 1887, Nr. 59 (uneingerahmt).

96 Studie: ‹Hausflur›
Standort unbekannt.
PROVENIENZ: Emil Zwingli, Boßhardt Nachlaß (Nachweis 1887; vgl. Kat. Nr. 36).
AUSSTELLUNG:
Winterthur, 1887. Nr. 57 (eingerahmt).

97 Studie: ‹Treppenflur›
Standort unbekannt.
PROVENIENZ: Emil Zwingli, Boßhardt Nachlaß (Nachweis 1887; vgl. Kat. Nr. 36).
AUSSTELLUNG:
Winterthur, 1887, Nr. 43 (eingerahmt).

98 Studie: ‹Steintreppe›
Standort unbekannt.
PROVENIENZ: Emil Zwingli, Boßhardt Nachlaß (Nachweis 1887; vgl. Kat. Nr. 36).
AUSSTELLUNG:
Winterthur, 1887, Nr. 63 (uneingerahmt).

99 Studie: ‹Holztreppe›
Standort unbekannt.
PROVENIENZ: Emil Zwingli, Boßhardt Nachlaß (Nachweis 1887; vgl. Kat. Nr. 36).
AUSSTELLUNG:
Winterthur, 1887. Nr. 65 (uneingerahmt).

100 Studie: ‹Thürnische›
Standort unbekannt.
PROVENIENZ: Emil Zwingli, Boßhardt Nachlaß (Nachweis 1887; vgl. Kat. Nr. 36).
AUSSTELLUNG:
Winterthur, 1887, Nr. 71 (uneingerahmt).

101 Studie: ‹Zimmer›
Standort unbekannt.
PROVENIENZ: Emil Zwingli, Boßhardt Nachlaß (Nachweis 1887; vgl. Kat. Nr. 36).
AUSSTELLUNG:
Winterthur, 1887, Nr. 64 (uneingerahmt).

102 Erkerstübchen
Öl/Lw., 75 × 56 cm.
Standort unbekannt.
PROVENIENZ: Salomon Volkart, Winterthur (Nachweis Suter 1888).
LITERATUR:
Suter, Lebensgeschichte (1888), S. 30, 38, Anm. 44.
Strickler, Verdienstvolle Männer (1936), S. 18.

103 Studie: ‹Fensternische›
Standort unbekannt.
PROVENIENZ: Emil Zwingli, Boßhardt Nachlaß (Nachweis 1887; vgl. Kat. Nr. 36).
AUSSTELLUNG:
Winterthur, 1887, Nr. 70 (uneingerahmt).

104 Studie: ‹Gothisches Fenster›
Standort unbekannt.
PROVENIENZ: Emil Zwingli, Boßhardt Nachlaß (Nachweis 1887; vgl. Kat. Nr. 36).
AUSSTELLUNG:
Winterthur, 1887, Nr. 72 (uneingerahmt).

105 Studie: ‹Küche›
Standort unbekannt.
PROVENIENZ: Emil Zwingli, Boßhardt Nachlaß (Nachweis 1887; vgl. Kat. Nr. 36).
AUSSTELLUNG:
Winterthur, 1887, Nr. 54 (eingerahmt).

106 Studie: ‹Küche›
Standort unbekannt.
PROVENIENZ: Emil Zwingli, Boßhardt Nachlaß (Nachweis 1887; vgl. Kat. Nr. 36).
AUSSTELLUNG:
Winterthur, 1887, Nr. 47 (eingerahmt).

107 Studie: ‹Schlossküche›
Standort unbekannt.
PROVENIENZ: Emil Zwingli, Boßhardt Nachlaß (Nachweis 1887; vgl. Kat. Nr. 36).
AUSSTELLUNG:
Winterthur, 1887, Nr. 46 (eingerahmt).

108 Studie: ‹Theil einer Küche›
Standort unbekannt.
PROVENIENZ: Emil Zwingli, Boßhardt Nachlaß (Nachweis 1887; vgl. Kat. Nr. 36).
AUSSTELLUNG:
Winterthur, 1887, Nr. 50 (eingerahmt).

109 Studie: ‹Buffert› [sic!]
Standort unbekannt.
PROVENIENZ: Emil Zwingli, Boßhardt Nachlaß (Nachweis 1887; vgl. Kat. Nr. 36).
AUSSTELLUNG:
Winterthur, 1887, Nr. 41 (eingerahmt).

Ausstellungsverzeichnis

Die alten Ausstellungskataloge, welche in der Regel nicht mehr enthalten als eine Liste der ausgestellten Werke, sind nirgends an einem Ort zentral überliefert (vgl. Jaccard, Turnus.). Weil den Katalogen eher Dokument- als Literaturcharakter anhaftet, wird ihr Standort angegeben. Zum Teil sind sie nicht katalogisiert, weshalb auf eine Signatur verzichtet werden muß.

1848 Mai 2 – Juni 10
‹Bürgermeister Waldmanns Abschied von seinen Mitgefangenen› (Kat. Nr. 7):
Turnusausstellung des Schweizerischen Kunstvereins, Zürich; danach in: Basel (6.–27. Aug. 1848); St. Gallen (6.–20. Sept. 1848); Schaffhausen (18. Okt.–3. Nov. 1848).
NACHWEIS: Archiv des SKV im SIK: S.K.V. Turnus 1842–1865.

1851 Mai 18
‹Ulrich von Hutten auf der Insel Ufenau› (Kat. Nr. 13):
Ausstellung der Zürcher Künstlergesellschaft, Zürich.
NACHWEIS: Kunsthaus Zürich.

1854 Mai
‹Tod des Franz von Sickingen› (Kat. Nr. 16):
Ausstellung im Schulhaus, Winterthur.
NACHWEIS: Greuter Ag, 3. Mai 1854; (Dok. 6).
Allgemeine Deutsche Kunstausstellung, München.
NACHWEIS: Suter, S. 20; Boetticher, S. 122; vgl. auch Dok. 6, 18. Juli 1854.

1856 März 15 – April 1
‹Gefangennahme des Chorherrn Felix Hemmerlin› (Kat. Nr. 17):
Turnusausstellung des Schweizerischen Kunstvereins, Winterthur; St. Gallen (6.–24. April 1856).
NACHWEIS: Archiv SKV im SIK: S.K.V. Turnus 1842–1865.

1859
‹Thomas Morus' Abschied von seiner Tochter› (Kat. Nr. 19), ‹Ulrich von Hutten auf der Insel Ufenau› (Kat. Nr. 13):
Privat-Kunstausstellung zur Feier der Versammlung des Schweizerischen Kunstvereins, Winterthur.
NACHWEIS: Kunsthaus Zürich, a 3 Sch 92.

1860
‹Schultheiß Niklaus Wengi› (Kat. Nr. 23):
Ausstellung in München.
NACHWEIS: Vischer (Dok. 10); Pecht (Dok. 12).
Ausstellung in Solothurn.
NACHWEIS: Dok. 11.

1863
‹Niklaus von der Flüh auf der Tagsatzung zu Stans› (Kat. Nr. 26):
Ausstellung in Winterthur.
NACHWEIS: Prot. KVW., 2, 7. Sept. 1863.

um Juni 21
‹Niklaus von der Flüh auf der Tagsatzung zu Stans› (Kat. Nr. 26):
Ausstellung im Kunstverein München.
NACHWEIS: Pecht (Dok. 12).

1865
‹Niklaus von der Flüh auf der Tagsatzung zu Stans› (Kat. Nr. 26):
Ausstellung zur Feier der Versammlung des Schweizerischen Kunstvereins, Solothurn.
NACHWEIS: Kunsthaus Zürich, a 3 Sch 92.

1868
‹Hans von Hallwyl und die schweizerische Vorhut vor der Schlacht bei Murten› (Kat. Nr. 33):
Winterthur; Zürich.
NACHWEIS: alte Inventarkarte des Kunstmuseums Basel.

1870 Mai 15
‹Ulrich von Hutten auf der Insel Ufenau› (Kat. Nr. 13), ‹Shakespeare als Wilddieb› (Kat. Nr. 18), ‹Schultheiß Niklaus Wengi› (Kat. Nr. 23): Ausstellung der Zürcher Künstlergesellschaft in der Tonhalle, Zürich.
NACHWEIS: Kunsthaus Zürich.

1870 Juli 3 – 19
Bildnis ‹Herr Stadtpräsident Steiner› (Kat. Nr. 82), ‹Tod des Franz von Sickingen› (Kat. Nr. 16), ‹Ulrich von Hutten auf der Insel Ufenau› (Kat. Nr. 13), ‹Christoph Kolumbus vor der Königin Isabella und ihren geistlichen Räten seine Pläne entwickelnd› (Kat. Nr. 14), ‹Thomas Morus' Abschied von seiner Tochter› (Kat. Nr. 19):
Ausstellung von Ölgemälden im Privatbesitz in der Kunsthalle, Winterthur.
NACHWEIS: Kunsthaus Zürich, a 3 Sch 92.

1871 Mai 21 – Juni 11
‹Aus dem literarischen Leben des 18. Jahrhunderts› (Kat. Nr. 35), ‹Die mutige Bündnerin im Schwabenkrieg› (Kat. Nr. 34):
Turnusausstellung des Schweizerischen Kunstvereins, Zürich; St. Gallen (18. Juni – 9. Juli 1871).
NACHWEIS: Archiv SKV im SIK: S.K.V. Turnus 1867–1880.

1872 September 4
‹Gefangennahme des Chorherrn Felix Hemmerlin› (Kat. Nr. 17):
Ausstellung der Zürcher Künstlergesellschaft von Gemälden aus Privatbesitz in der Tonhalle, Zürich.
NACHWEIS: Kunsthaus Zürich.

1873
‹Der Liebling› (Kat. Nr. 49):
Lokalausstellung der Münchener Künstler.
NACHWEIS: Kunst-Chronik, 24. Okt. 1973, S. 47.

1875
‹Der Liebling› (Kat. Nr. 49):
Turnusausstellung des Schweizerischen Kunstvereins in der Kunsthalle, Basel.
NACHWEIS: Archiv SKV im SIK: S.K.V. Turnus 1867–1880.

1876
‹Politiker im Kloster› (Kat. Nr. 51):
Ausstellung im Kunstverein München.
NACHWEIS: Boetticher, S. 122; Dok. 17.

1877
‹Beim Alchimisten› (Kat. Nr. 55):
Turnusausstellung des Schweizerischen Kunstvereins.
NACHWEIS: Boetticher, S. 122.

1878
‹Politiker im Kloster› (Kat. Nr. 51):
Pariser Weltausstellung.
NACHWEIS: Boetticher, S. 122.

1879
‹Politiker im Kloster› (Kat. Nr. 51):
Internationale Kunstausstellung, München.
NACHWEIS: Boetticher, S. 122.
‹Luthers Begegnung mit den St. Galler Studenten in Jena› (Kat. Nr. 63):
Turnusausstellung des Schweizerischen Kunstvereins.
NACHWEIS: Inventarblatt des Kunstmuseums St. Gallen.

Ausstellung in Winterthur.
NACHWEIS: Prot. KVW, 4, 3. März 1879.

1880
‹Politiker im Kloster› (Kat. Nr. 51):
«ak.» Kunstausstellung in Dresden.
NACHWEIS: Boetticher, S. 122.

1883
‹Schultheiß Niklaus Wengi› (Kat. Nr. 23):
Schweizerische Landesausstellung, Zürich.
NACHWEIS: Offizieller Katalog der Schweizerischen Landesausstellung Zürich 1883.

1884
‹Die mutige Bündnerin im Schwabenkrieg› (Kat. Nr. 34):
Ausstellung Schweizer Künstler, Basel.
NACHWEIS: Boetticher, S. 122.

1886
‹Zwingli und Kardinal Schiner in Einsiedeln› (Kat. Nr. 72):
Künstlergut Zürich.
NACHWEIS: NZZ, 15. Okt. 1886 (Dok. 20).

1887 April 19–Mai 1
Ausstellung von nachgelassenen verkäuflichen Gemälden und Studien Boßhardts:
Zürcher Künstlergesellschaft.
NACHWEIS: Berichterstattung der Künstlergesellschaft in Zürich über das Jahr 1887, S. 10, 13.

Juni 26–Juli 10
Ausstellung von Ölgemälden des in München verstorbenen Hrn. Caspar Boßhard von Pfäffikon, gewesenes Ehrenmitglied des Kunstvereins, zu seinem Andenken veranstaltet vom Kunstverein Winterthur.
NACHWEIS: Kunstmuseum Winterthur.

Oktober 27–November 13
‹Bürgermeister Waldmanns Abschied von seinen Mitgefangenen› (Kat. Nr. 7):
Gemäldeausstellung zur Feier des hundertjährigen Jubiläums der Zürcher Künstlergesellschaft.
NACHWEIS: Kunsthaus Zürich.

1888 Januar 2ff.
Ausstellung von Gemälden Boßhardts aus Zürcher Privatbesitz:
Künstlergut Zürich.
NACHWEIS: Berichterstattung der Künstlergesellschaft über das Jahr 1888, S. 6.

1892 September 18–Oktober 2
‹Männliches Porträt, Herr R.D.› (Kat. Nr. 77), ‹Inneres einer Küche› (Kat. Nr. 76), ‹Tod des Franz von Sickingen› (Kat. Nr. 16), ‹Ulrich von Hutten auf der Insel Ufenau› (Kat. Nr. 13), ‹Christoph Kolumbus vor der Königin Isabella und ihren geistlichen Räten seine Pläne entwickelnd› (Kat. Nr. 14):
Ausstellung von Gemälden neuerer Meister aus Winterthurer Privatbesitz im Stadthaus, Winterthur.
NACHWEIS: Stadtbibliothek Winterthur.

1968 Oktober 6–November 24
‹Politiker im Kloster› (Kat. Nr. 51):
Le salon imaginaire, Bilder aus den großen Kunstausstellungen der zweiten Hälfte des 19. Jahrhunderts, Berlin.
NACHWEIS: Katalog zur Ausstellung.

Boßhardt-Bibliographie

Die nachstehende Liste umfaßt Publikationen, die Johann Caspar Boßhardt betreffen oder ihm Erwähnung schenken. Vollständigkeit ist angestrebt, aber namentlich für knappe Boßhardt-Hinweise nicht zu erbringen. Die abgekürzten Titel lassen sich über das Literaturverzeichnis auflösen. Ausstellungskataloge sind nur dann aufgenommen, wenn ein substantieller Bildkommentar enthalten ist; Kataloge, die dagegen nur den Objektnachweis enthalten, finden sich im Ausstellungsverzeichnis.

Die relativ umfangreiche Liste nachstehender Titel darf nicht zur Annahme verleiten, daß eine breite und kritische Auseinandersetzung mit Boßhardt stattgefunden habe. Die meisten der Publikationen enthalten nichts weiter als Lebensdaten und einige Werknachweise.

Unter die substantiellen Beiträge, von denen eine eingehendere Auseinandersetzung mit Boßhardt auszugehen hat, fallen folgende Arbeiten:

Eduard Suters ‹Lebensgeschichte› (1888) ist Grundlage jeglicher Boßhardt-Forschung. Die enthaltenen Angaben sind (soweit heute noch überprüfbar) sorgfältig recherchiert. Allerdings verfaßte Suter seine Schrift zu einer Zeit, in der Boßhardts Stil überholt war. Suter verhält sich daher apologetisch und spricht Konflikte wie das ‹Hallwyl›-Debakel zwar an, vermeidet es aber, die Tragweite offen darzulegen. Der Wert von Suters Lebensgeschichte liegt in erster Linie in den Exzerpten zahlreicher Briefe, die bis heute nicht wieder aufgefunden worden sind.

Aus Boßhardts Zeit enthalten die monographischen Bildbesprechungen von Gottfried Keller (1848), Friedrich Theodor Vischer (1860), Friedrich Pecht (1863) und E[duard] S[uter] wertvolle Angaben; ebenso die umfangreichen Nekrologe.

Von den neueren Arbeiten ist an erster Stelle Franz Zelgers ‹Heldenstreit› zu nennen (1973), das Kompendium zur schweizerischen Historienmalerei schlechthin. Adolf Reinle hat 1962 einen für die damalige Zeit erstaunlich weitgefaßten Überblick nicht nur über die innovative, sondern auch über die offizielle und später vergessene Kunst des 19. Jahrhunderts verfaßt. Zu nennen bleiben schließlich die Arbeiten von Hans Martin Gubler, welche für die vorliegende Publikation den Anstoß gegeben haben.

1848 Keller, Waldmanns Abschied (Dok. 4).
1853 Geilfus, Helvetia, S. 232.
1858 Die Schenkungen (‹Waldmann› und ‹Hemmerlin›), in: Njbl. K.Z. 18 (1858), S. 8f.
1860 Vischer, Eine Reise (Dok. 10).
1861 Der Schultheiß Wenge, in: [Leipziger] Illustrirte Zeitung 37 (1861), S. 464f.
1863 Pecht, Münchener Kunstbericht (Dok. 12).
1868 Förster, Das Baseler Museum.
Museum (Nachdruck von Förster, Das Baseler Museum) in: BN, 18. Jan. 1868, S. 108.
Die Schlacht von Murten, in: BN, 22. Jan. 1868, S. 135f.
Museum (Entgegnung auf ‹Die Schlacht von Murten›), in: BN, 25. Jan. 1868, S. 158.
Der Schweizer Historienmaler C. Boßhardt, in: Kunst-Chronik, 31. Jan. 1868.
1869 Verzeichnis der Gemälde-Sammlung, S. 16.
1870 Seubert, Die Künstler aller Zeiten, Bd. 4, S. 50.
1871 Die Schweizer Geschichte in Bildern.
1873 Lokalausstellung der Münchener Künstler, in: Kunst-Chronik, 24. Okt. 1873, S. 26f.
1876 Münchener Kunstverein, in: Kunst-Chronik, 12. Juni 1876, Sp. 661.
1879 Wegweiser durch die Kunsthalle in Winterthur, S. 4.
1882 Seubert, Allgemeines Künstler-Lexikon, Bd. 1, S. 156f.
Müller, Biographisches Lexikon, S. 68.
1883 Salvisberg, Illustrierter Katalog.
1886 E. S., Kunstausstellung.
1887 E. S.,[Nachruf auf C. Boßhardt].
Caspar Boßhardt (Nekrolog), in: Volkszeitung für das zürcherische Oberland, 19. Febr. 1887.
Nekrologe Münchener Künstler, in: Beilage der Allg. Ztg., 3. Juli 1887 (Dok. 21).
1888 Nekrolog des Kunstvereins München, München 1888 (Dok. 22).
Suter, Lebensgeschichte.
1889 Tscharner, Die bildenden Künste, S. 23, 61 und 80.
1891 Brun, Verzeichniss, S. 9f.
1895 Boetticher, Malerwerke, Bd. 1, S. 122.
Müller/Singer, Allgemeines Künstler Lexikon, Bd. 1, S. 159.
1898 Hablützel, Festschrift, S. 40.
1900 Brun, Die Schweiz im 19. Jahrhundert.
1903 Holland, in: ADB 47, S. 138f.
1904 Katalog der Erwerbungen, S. 14, Nr. 19.
1905 Hiestand, in SKL, Bd. 1, S. 183.
1906 Heer, S. 67f.
1910 Vollmer, in: Thieme/Becker, Bd. 4, S. 404.

1914 Pupikofer, Die Entwicklung der Kunst, S. 445–449.
1923 Fink, Annalen, S. 8, 12, 14 und 18.
1936 Strickler, Verdienstvolle Männer, S. 18f.
1943 Stucki, Die Geschichte, S. 275.
1955 Bénézit, Bd. 2, S. 35.
1958 Kunstverein Winterthur, Katalog, Nr. 86–89.
1962 Reinle, Die Kunst des 19. Jahrhunderts, S. 229, 283.
Heimatbuch der Gemeinde Pfäffikon, Bd. 1, S. 394.
1973 Zelger, Heldenstreit, S. 17, 92–95, 201f., 204, 207.
1976 Hauser, Johann Caspar Boßhard.
1978 Gubler, Kdm ZH III, S. 17, 55, 421 und 422.
1979 Gubler, Ein unbekannter Oberländer.
1980 Gubler, Ein vergessener Schweizer Historienmaler.
1982 Gubler, Architektur als staatspolitische Manifestation.
1983 Gubler, Katalog Kunstmuseum Olten.
1985 Stückelberger, Die künstlerische Ausstattung, S. 188.
1987 Berichterstattung über die Schenkung des ‹Kolumbus› an die Antiquarische Gesellschaft Pfäffikon, am 10. Februar 1987 in: Tages-Anzeiger; ZO; Der Landbote; Anzeiger von Uster; Uster Nachrichten; am 16. Februar 1987 in: NZZ.

Stammbaum von Johann Caspar Boßhardt
(Auszug)

Bernhard A. Gubler

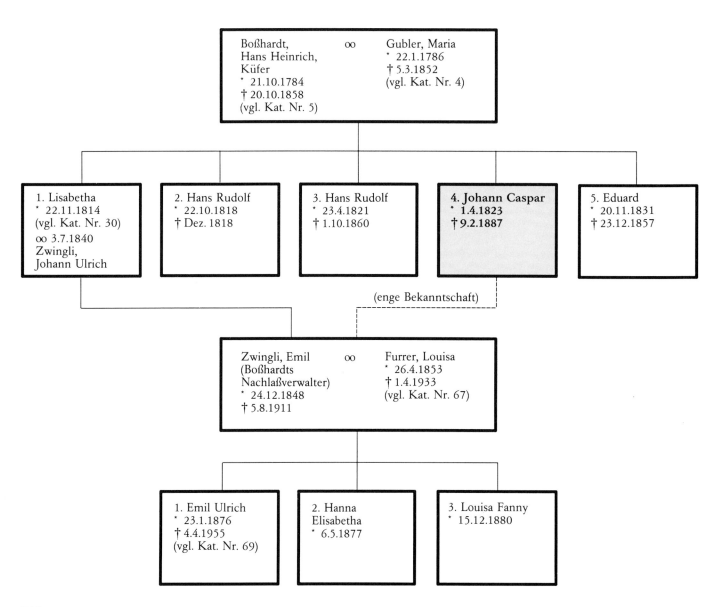

Verzeichnis der im Text edierten Quellen

Dok. 1 1841 Dez. 12 S. 25
Aufnahme in die Düsseldorfer Akademie – Boßhardt bedankt sich bei Ludwig Vogel für dessen Hilfe.

Dok. 2 1842 April 1 S. 28
Boßhardt macht Fortschritte in Düsseldorf – Brief an einen Freund.

Dok. 3 1842 Dez. 24 S. 29
Große Pläne – Weihnachtsbrief Boßhardts an seine Eltern.

Dok. 4 1848 Feb. 11/12 S. 32
Gottfried Keller: Bildbesprechung von Boßhardts ‹Waldmann›.

Dok. 5 1848 Feb. 24 S. 37
Beschluß der Zürcher Kantonsregierung zum Ankauf von Boßhardts ‹Waldmann›.

Dok. 6 1852 bis 1856 S. 57
Mäzenatentum eines Industriellen – Ludwig Greuters Kontakt mit Boßhardt.

Dok. 7 1854 Mai 15 S. 58
Günstige Verkaufsbedingungen für Boßhardts ‹Sickingen›.

Dok. 8 1855 Mai 14 S. 59
Ein Blick ins Privatleben – Der Brief von Catharina Werdmüller-von Escher an Boßhardt in München.

Dok. 9 um 1860 S. 70
«...den Magern fand ich auf dem Holzmarkt, den Fetten in einer obscuren Schnapskneipe...» – Boßhardt über die Entstehung seines ‹Wengi› an einen unbekannten Adressaten.

Dok. 10 1860 S. 71
Das Urteil des großen Ästhetikers – Friedrich Theodor Vischer hält Boßhardts ‹Wengi› für ein beispielhaftes koloristisches Historienbild.

Dok. 11 1860 Dez. 12 S. 74
Historistischer Lorbeer für ‹Wengi› – Boßhardt wird Ehrenmitglied der Lucasbruderschaft von Solothurn.

Dok. 12 1863 Juni 21 S. 79
«Boshardt steckt mitten im allermodernsten Realismus» – Friedrich Pecht über ‹Niklaus von Flüh›.

Dok. 13 1864 Dez. 25 S. 85
Boßhardt möchte das Bundesrathaus ausmalen.

Dok. 14 1865 S. 90
Die große Enttäuschung – Kein Auftrag vom Bundesrat.

Dok. 15 1868 Jan. 22 S. 96
Niederschmetternde Kritik – Boßhardts ‹Hans von Hallwyl› als melodramatische Stellprobe verhöhnt.

Dok. 16 1870 Juni 19 S. 101
Boßhardt hat genug von der Historienmalerei – Bekenntnis zum Genre in einem Brief an Karl Alfred Ernst.

Dok. 17 1876 Mai 15 S. 111
Boßhardt will seine ‹Politik im Kloster› verkaufen – Briefliche Bitte an Friedrich Imhoof-Blumer.

Dok. 18 1876 Mai 31 S. 113
Der Jesuit ist zu schön gemalt – Boßhardt rechtfertigt sich in einem Brief an Albert Hafner.

Dok. 19 1883–1886 S. 127
«Ein geschichtliches Bild glücklich zu lösen ist schwer, und es werden deßhalb auch wenige gemacht» – Boßhardt arbeitet an seinem letzten Werk.

Dok. 20 1886 Oktober 15 S. 128
Eine letzte umfangreiche Bildbesprechung – ‹Zwingli und Kardinal Schiner›.

Dok. 21 1887 Juli 3 S. 142
«Über den Verbleib seiner schönen Studien und Skizzen ist hier nichts verlautet» – Nachruf auf Boßhardt in München.

Dok. 22 1888 S. 143
«...als Künstler und Mensch eine durchaus edle Natur.» Der Nekrolog des Münchner Kunstvereins.

Abkürzungen

Die Maßangaben der Objekte entsprechen der Abfolge: Höhe, Breite, Tiefe.

* bei einer Datierung bedeutet, daß das Werk in diesem Jahr erstmals ausgestellt wurde und kurz davor vollendet worden sein dürfte.

ADB
Allgemeine Deutsche Biographie, hg. durch die Historische Commission bei der Bayerischen Akademie der Wissenschaften, 56 Bde., Leipzig 1875–1912.

Allg. Ztg.
Allgemeine Zeitung, München.

Blst.
Bleistift.

BN
Basler Nachrichten.

Dt. Geschlb.
Deutsches Geschlechterbuch (Genealogisches Handbuch Bürgerlicher Familien), hg. von Bernhard Koerner, Charlottenburg / Görlitz / Limburg a.d.L. 1889ff.

Dok.
Dokument, das im vorliegenden Band ediert ist (vgl. das ‹Verzeichnis der im Text edierten Dokumente›).

Eidg. Absch.
Amtliche Sammlung der ältern Eidgenössischen Abschiede, Serie 1245–1798, verschiedene Erscheinungsorte 1839–1890.

ETHZ
Eidgenössische Technische Hochschule, Zürich.

Graph. Slg.
Graphische Sammlung.

Greuter Ag
Agenda von Ludwig Greuter (1774–1857) 1852/53, 1854/55/56, Autograph in der Stiftung Greuterhof Islikon, Thurgau.

Greuter Q
Quittungen und Ausgabenbelege von Zahlungen Ludwig Greuters an Johann Caspar Boßhardt, Privatbesitz Pfaffhausen.

HBLS
Historisch-Biographisches Lexikon der Schweiz, 8 Bde., Neuenburg 1921–34.

HSG
Handbuch der Schweizer Geschichte, 2 Bde., 2. Aufl., Zürich 1980.

Kat. Nr.
Katalog-Nummer (wenn nicht anders vermerkt, bezieht sich die Kat. Nr. auf den Werkkatalog im vorliegenden Band).

Kdm
Die Kunstdenkmäler der Schweiz, Basel 1927ff.

Kunstakademie Düsseldorf Schülerverzeichnis
Verzeichnis der Schüler der Königlichen Kunstakademie zu Düsseldorf, Hauptstaatsarchiv Düsseldorf: Reg. D'dorf Präs 1569.

Kunst-Chronik
Beiblatt zur Zeitschrift für bildende Kunst, Leipzig.

KVM
Kunstverein München.

LMM
Bruckmanns Lexikon der Münchner Kunst, Münchner Maler im 19. Jahrhundert, 4 Bde., München 1981–1983.

NDB
Neue Deutsche Biographie, Hg.: Historische Komission bei der Bayerischen Akademie der Wissenschaften, Berlin 1953ff.

Njbl. K.Z.
Neujahrsblatt der Künstlergesellschaft in Zürich, NF. Zürich 1841ff.

NF.
Neue Folge.

NZZ
Neue Zürcher Zeitung.

o.J.
ohne Jahr.

Öl/Lw.
Ölmalerei auf Leinwand.

Pol. Reg. München
Polizeikartenregister der Stadt München, Serie IV, Nr. 55, 158 und 7038, Staatsarchiv München.

Prot. KVW.
Protokolle des Kunstvereins Winterthur, Kunstmuseum Winterthur.

Prot. V. KVW.
Protokolle des Vorstandes des Kunstvereins Winterthur, Kunstmuseum Winterthur.

s. siehe.

S. Seite.

Schw. KA.
Schweizerische Kunstausstellung (Turnus).

SIK
Schweizerisches Institut für Kunstwissenschaft, Zürich.

SKL
Schweizerisches Künstler-Lexikon, hg. von Carl Brun, 4 Bde., Frauenfeld 1905–1917.

SKV
Schweizerischer Kunstverein.

SLM
Schweizerisches Landesmuseum.

StAZ
Staatsarchiv Zürich.

Thieme/Becker
Ulrich Thieme / Felix Becker, Allgemeines Lexikon der bildenden Künstler von der Antike bis zur Gegenwart, 37 Bde., Leipzig 1907–1950.

UKdm
Unsere Kunstdenkmäler, Mitteilungsblatt für die Mitglieder der Gesellschaft für Schweizerische Kunstgeschichte, Bern 1950ff.

WJbfKG
Wiener Jahrbuch für Kunstgeschichte, Wien 1921/22ff.

ZAK
Zeitschrift für Schweizerische Archäologie und Kunstgeschichte, hg. vom SLM, Basel 1939–1968, Zürich 1969ff.

ZBZ
Zentralbibliothek Zürich.

zit.
zitiert.

ZO
Der Zürcher Oberländer, Wetzikon.

Ztschr.dt.V.f.KW.
Zeitschrift des deutschen Vereins für Kunstwissenschaft, Berlin 1963ff.

Literatur

Alltag zur Sempacherzeit, Innerschweizer Lebensformen und Sachkultur des Spätmittelalters, Katalog zur Ausstellung im Historischen Museum Luzern, 24. Mai bis 12. Oktober 1986.

Bénézit, E., Dictionnaire des peintres, sculpteurs, dessinateurs et graveurs, nouvelle édition, 8 Bde. 1948–1955.

Bluntschli, Johann Caspar, Staats- und Rechtsgeschichte der Stadt und Landschaft Zürich, Erster Theil, Die Zeit des Mittelalters, Zürich 1838.

Boetticher, Friedrich von, Malerwerke des neunzehnten Jahrhunderts, 2 Bde., Dresden 1895/98.

Brun, Carl, Verzeichniss der bedeutenderen Kunstwerke im Künstlergut zu Zürich mit biographischen Notizen, Zürich 1891.

Brun, Carl, Der Entwicklungsgang der bildenden Künste in der Schweiz, Eine Skizze, Zürich 1894.

Brun, Carl, Die bildende Kunst in der deutschen Schweiz, in: Die Schweiz im 19. Jahrhundert, hg. von schweizerischen Schriftstellern unter Leitung von Paul Seippel, 3 Bde., Bern / Lausanne 1899/1900, S. 517–567.

Caspar Boßhardt (Nekrolog), in: Volkszeitung für das zürcherische Oberland, 19. Febr. 1887.

Chapeaurouge, Donat de, Die deutsche Geschichtsmalerei von 1800–1850, in: Ztschr. dt. V.f.KW. 31 (1977) 115–136.

Davatz, Jürg, Severin Benz 1834–1898, Ein Schweizer Kunstmaler in München, Näfels 1985.

Der Schweizer Historienmaler C. Boßhardt, in: Kunst-Chronik, 31. Jan. 1868.

Der Schultheiss Wenge von Solothurn (Gemälde von Boßhardt), in: [Leipziger] Illustrirte Zeitung 37 (1861), S. 464f.

Die Düsseldorfer Malerschule, Ausstellungskatalog, Düsseldorf / Darmstadt 1979.

Die industrielle Revolution im Zürcher Oberland, Von der industriellen Erschließung zum Industrielehrpfad, Wetzikon 1985.

Die Schenkungen an die Sammlungen der [Zürcher] Künstlergesellschaft von 1848 bis 1857, in: Njbl.K.Z. 18 (1858), S. 8ff.

Die Schlacht von Murten, Ein dramatischer Traum nach dem Bild von C. Boßhardt, in: BN, 22. Jan. 1868.

Die Schweizergeschichte in Bildern, Bern 1871.

Diem, Ulrich, Hundert Jahre Kunstpflege in St. Gallen, Denkschrift zum 100jährigen Bestand des Kunstvereins, St. Gallen 1927.

Erinnerungen aus dem Lebensabende des Herrn Heinrich Bodmer-Stockar [1796–1875], Der Familie und den Freunden des sel. Verstorbenen achtungsvoll gewidmet von G.H., ó.O.u.J.

E. S. [Eduard Suter?], Kunstausstellung im Künstlergut in Zürich, in: Beilage zur NZZ, 15. Okt. 1886.

E. S. [Eduard Suter?] (Nachruf auf C. Boßhardt), in: NZZ, 13. Febr. 1887.

Eschenburg, Barbara, Spätromantik und Realismus (= Bayerische Staatsgemäldesammlungen, Neue Pinakothek, Gemäldekataloge Bd. 5), München 1984.

Fink, Paul, Kunstverein Winterthur, Zur Feier des 75jährigen Bestehens, 1848–1923, Annalen, den Protokollen entnommen, Winterthur 1923.

[Förster Ernst], Das Baseler Museum, in: Beilage zur Allg. Ztg., 9. Jan. 1868, S. 131.

Frenzel, Elisabeth, Stoffe der Weltliteratur, Ein Lexikon dichtungsgeschichtlicher Längsschnitte, 6. Aufl., Stuttgart 1983.

Fröhlich, Emanuel Abraham, Ulrich von Hutten, Achtzehn Gesänge (= A.E. Fröhlichs gesammelte Schriften 4), Frauenfeld 1853.

Füeßli, Johann Heinrich, Joh. Waldmann, Ritter, Burgermeister der Stadt Zürich, Ein Versuch, die Sitten der Alten aus den Quellen zu erfahren, Zürich: Orell, Geßner, Füeßli, 1780.

Gagliardi, Ernst (Hg.), Dokumente zur Geschichte des Bürgermeisters Hans Waldmann, 2 Bde. (= Quellen zur Schweizer Geschichte NF. 1 und 2), Basel 1911 und 1913.

Geilfus, G., Helvetia, Vaterländische Sage und Geschichte, Ein Festgeschenk für die Jugend, 2 Bde., Winterthur o.J. [1853/54].

Gessler, E. A., Die Harschhörner der Innerschweizer, in: Anzeiger für schweizerische Altertumskunde NF. 27 (1925) 27–40, 83–94, 168–181, 228–250.

Gonzenbach, Carl von, Personalien von Caspar Heinrich Merz aus St. Gallen, in: Njbl. K.Z. NF. 37 (1877) 1–6.

Gubler, Hans Martin, Die Kunstdenkmäler des Kantons Zürich, Bd. 3, Die Bezirke Pfäffikon und Uster, Bern 1978.

Gubler, Hans Martin, Ein unbekannter Oberländer: Der Historienmaler Caspar Boßhardt, in: Turicum (1979), S. 63f.

Gubler, Hans Martin, Caspar Boßhardt aus Pfäffikon, Ein vergessener Schweizer Historienmaler, in: Heimatspiegel, Illustrierte Beilage zum ‹Zürcher Oberländer› (1980) 49–53.

Gubler, Hans Martin, Architektur als staatspolitische Manifestation, Das erste schweizerische Bundesrathaus in Bern 1851–1866, in: Architektur und Sprache, Gedenkschrift für Richard Zürcher, hg. von Carl Peter Braegger, München 1982, S. 96–126.

Gubler, Hans Martin, Caspar Boßhardt, Niklaus Wengi vor der Kanone, in: Kunstmuseum Olten, Sammlungskatalog, hg. vom SIK in Zusammenarbeit mit dem Kunstmuseum Olten, Zürich 1983, S. 78 f.

Hablützel, A., Festschrift bei Anlass des fünfzigjährigen Jubiläums des Kunstvereins Winterthur, Winterthur 1898.

Haefliger Hans, Solothurn in der Reformation, Diss. Bern 1940.

Handbuch der Schweizer Geschichte, 2 Bde., 2. Aufl. Zürich 1980.

Hauser, Arnold, Sozialgeschichte der Kunst und Literatur, Zürich 1978.

Hauser, Jakob, Johann Caspar Bosshard (1823–1887) Pfäffikon, Ein Oberländer Kunstmaler und die Schlacht von Murten, in: ZO, 21. Juni 1976.

Heimatbuch der Gemeinde Pfäffikon im Kanton Zürich, 2 Bde., Pfäffikon 1962 und 1983.

Heer, J. Heinr., Die schweizerische Malerei des 19. Jahrhunderts, Vorträge gehalten im Kunstverein Glarus (= Neujahrsblatt des Kunstvereins Glarus), Schwanden 1906.

Herwegh, Georg, Gedichte eines Lebendigen, Mit einer Dedikation an einen Verstorbenen, Zürich und Winterthur 1841.

Hilber, Paul / Schmid, Alfred, Niklaus von Flüe im Bild der Jahrhunderte, Zürich 1943.

Hinderer, Walter (Hg.), Sickingen-Debatte, Ein Beitrag zur materialistischen Literaturtheorie, Darmstadt und Neuwied 1974.

Hiestand, J., ‹Boßhardt›, Joh. Caspar, in: SKL, Bd. 1 (1905), S. 183 (mit redaktionellem Supplement in Bd. 4 (1917), S. 53).

Hofmann, Werner, Das Irdische Paradies, Motive und Ideen des 19. Jahrhunderts, München 1960.

Holland, ‹Boßhardt›, in: ADB, Bd. 47 (1903), S. 138f.

Hottinger, Johann Jakob, Geschichte der Eidgenossen während der Zeiten der Kirchentrennung, Zweyte Abtheilung (= Johann's von Müller und Robert Glutz Bloßheims Geschichte Schweizerischer Eidgenossenschaft, fortgesetzt von J. J. Hottinger Bd. 7), Zürich 1829.

Hütt, Wolfgang, Die Düsseldorfer Malerschule 1819–1869, Leipzig 1984.

Immel, Ute, Die deutsche Genremalerei im neunzehnten Jahrhundert, Diss. Heidelberg 1967.

Irving, Washington, The Live and Voyages of Christopher Columbus, ed. by John Harmon Mc.Elroy (= The Complete Works of Washington Irving 11), Boston 1981.

Irving, Washington, Die Geschichte des Lebens und Reisen Christoph's Columbus, 12 Bde., Frankfurt a. M. 1828/29.

Jaccard, Paul-André, Turnus, Expositions nationales suisses des beaux-arts, SPSAS, SSFPSD, Expositions Nationales Suisses, lietes des expositions et des catalogues, in: ZAK 43 (1986) 436–459.

Jäger, Reto / Lemmenmeier, Max / Rohr, August / Wiher, Peter, Baumwollgarn als Schicksalsfaden, Wirtschaftliche und gesellschaftliche Entwicklung in einem ländlichen Industriegebiet (Zürcher Oberland) 1750–1920, Zürich 1986.

Katalog der Erwerbungen der Gottfried-Keller-Stiftung von 1891–1904 mit biographischen Notizen von Carl Brun, Zürich 1904.

Keller, Gottfried, Waldmanns Abschied von seinen Freunden, ehe er zur Richtstätte geführt wird, gemalt von C. Boßhard von Pfäffikon, in: NZZ, 11. und 12. Februar 1848, S. 178f. und 182f., ediert in: Gottfried Keller, Sämtliche Werke, hg. von J. Fränkel und C. Helbing, Bd. 22, Bern 1948, S. 255–260 (= Dok. 4).

Keller, Heinrich, Hans Waldmann, Trauerspiel in fünf Handlungen, in: Vaterländische Schauspiele von H. K., Bürger von Zürich, Bildhauer in Rom, Zweyter Band, Zürich 1814.

Kessler, Johannes, Sabbata, Mit kleineren Schriften und Briefen, hg. von Emil Egli und Rudolf Schoch, St. Gallen 1902.

Koerner, Bernhard (Hg.), Deutsches Geschlechterbuch, Genealogisches Handbuch Bürgerlicher Familien, Charlottenburg / Görlitz / Limburg a.d.L., 1889ff.

Koller, Traugott, Heinrich Grunholzer, Lebensbild eines Republikaners im Rahmen der Zeitgeschichte, 2 Bde., Zürich 1876.

Kunstmuseum St. Gallen, Katalog, bearbeitet von Rudolf Hanhart, hg. vom Kunstverein St. Gallen zum 150. Jahr seines Bestehens im August 1977, St. Gallen 1977.

Kunstverein Winterthur, Katalog der Gemälde und Plastiken, Winterthur 1958.

Lankheit, Klaus, Karl von Piloty, Thusnelda im Triumphzug des Germanicus (= Bayerische Staatsgemäldesammlungen, Künstler und Werke 8), München 1984.

Le salon imaginaire, Bilder aus den großen Ausstellungen der zweiten Hälfte des 19. Jahrhunderts (Ausstellungskatalog), Berlin 1968.

Lechner, A., Die Wengi-Tat-Tradition, in: Sonntagsblatt der Solothurner Zeitung Nr. 3, 16. Jan. 1921.

Lechner, A., Die dichterische Bearbeitung der Wengi-Tat-Überlieferung, Solothurn 1933.

Lechner, A., Die Ikonographie der Wengi-Tat-Überlieferung (1933), Manuskript, Zentralbibliothek Solothurn, Sign. S. II 120.

Leitness, Lucien / Nosseda, Irma / Wiebel, Bernhard, Martin Disteli, …und fluchend steht das Volk vor seinen Bildern, Olten 1977.

Lokalausstellung der Münchener Künstler, in: Kunst-Chronik, 24. Okt. 1873, S. 26f.

Ludwig, Horst, Malerei der Gründerzeit (= Bayerische Staatsgemäldesammlungen, Neue Pinakothek, Gemäldekataloge Bd. 6), München 1977.

Luzerner Schilling, Kommentar = Die Schweizer Bilderchronik des Luzerners Diebold Schilling, 1513, Sonderausgabe des Kommentarbandes zum Faksimile der Handschrift S. 23 fol. in der Zentralbibliothek Luzern, hg. von Alfred A. Schmid, Luzern 1981.

Marfurt-Elmiger, Lisbeth, Die schweizerischen Kunstvereine 1806–1981, Ein Beitrag zur schweizerischen Kulturgeschichte, Bern 1981.

Müller, Hermann A., Biographisches Künstler-Lexikon der Gegenwart, Die bekanntesten Zeitgenossen auf dem Gesamtgebiet der bildenden Künste aller Länder mit Angabe ihrer Werke, Leipzig 1882.

Müller, Hermann A. / Singer, Hans W., Allgemeines Künstler-Lexicon, Leben und

Werke der berühmtesten bildenden Künstler, 3. Aufl., Bd. 1, Frankfurt a.M. 1895.

Münch, Ernst, Franz von Sickingens Thaten, Plane, Freunde und Ausgang, 2 Bde., Stuttgart und Tübingen 1827.

Münchener Kunstverein, in: Kunst-Chronik, 12. Juni 1876, Sp. 660–662.

Museum (Nachdruck von Förster, Das Baseler Museum), in: BN, 18. Jan. 1868, S. 108.

Museum (Entgegnung auf ‹Die Schlacht von Murten› in den BN vom 22. Jan. 1868), in: BN, 25. Jan. 1868, S. 158.

Nekrolog des Kunstvereins München, München 1888 (Dok. 22).

Nekrologe Münchener Künstler [...] Kaspar Boßhardt, in: Beilage der Allg. Ztg., 3. Juli 1887, S. 2675 (Dok. 21).

Pate, Patricia, Index to Artistic Biography, Metuchen 1973.

Pecht, Friedrich, Münchener Kunstbericht, in: Unterhaltungs-Blatt der Neuesten Nachrichten, München 1863, Nr. 49, S. 586f. (= Dok. 12).

Pecht, Friedrich, Geschichte der Münchener Kunst im 19. Jahrhundert, München 1888.

Press, Volker, Ulrich von Hutten, Reichsritter und Humanist, 1488–1523, in: Nassauische Annalen 85 (1974) 71–86.

Pupikofer u.a. (Hg.), Die Entwicklung der Kunst in der Schweiz, Im Auftrag der Gesellschaft Schweizerischer Zeichenlehrer, St. Gallen 1914.

Ragaz, Jakob, Die dramatischen Bearbeitungen der Geschichte Hans Waldmanns, Diss. Bern 1898.

Reber, Franz von, Geschichte der Neueren deutschen Kunst, Nebst Excursen über die parallele Kunstentwicklung der übrigen Länder germanischen und romanischen Stammes, 2. Aufl., Bd. 3, Leipzig 1884.

Reinle, Adolf, Die Kunst des 19. Jahrhunderts, Architektur/Malerei/Plastik (= Joseph Gantner / Adolf Reinle, Kunstgeschichte der Schweiz, Bd. 4), Frauenfeld 1962.

Salvisberg, Paul = Schweizerische Landesausstellung Zürich 1883, Illustrierter Katalog der Kunstausstellung mit Originalzeichnungen der ausstellenden Künstler und einer ästhetisch-kritischen Studie von P. S., Zürich 1883.

Schilling, Diebold, s. Luzerner Schilling, Kommentar.

Schoch, Rainer, Die belgischen Bilder, Ein Beitrag zum Deutschen Geschichtsbild des Vormärz, in: Städel-Jahrbuch NF. 7 (1979) 171–186.

Seubert, A. (Hg.), Die Künstler aller Zeiten und Völker oder Leben und Werke der berühmtesten Baumeister, Bildhauer, Maler, Kupferstecher, Formschneider, Lithographen etc. von den frühesten Kunstepochen bis zur Gegenwart, Bd. 4, Nachträge seit 1857, Stuttgart 1870.

Seubert, A., Allgemeines Künstler-Lexicon oder Leben und Werke der berühmtesten bildenden Künstler, 2. Aufl., Bd. 1, Frankfurt a.M. 1882.

Steck, R., Schultheiß Wengis Tat, in: Zwingliana Bd. 2, Nr. 4 (1906) 107–110.

Strickler, Gustav, Verdienstvolle Männer vom Zürcher Oberland, Wetzikon, 1936.

Stucki, Fritz, Die Geschichte der Familie Bodmer von Zürich 1543–1943, Zürich 1943.

Stückelberger, Johannes, Die Künstlerische Ausstattung des Bundeshauses in Bern, in: ZAK 42 (1985) 185–234.

Stutz, Jakob, Siebenmal sieben Jahre aus meinem Leben, Als Beitrag zur näheren Kenntnis des Volkes, Mit einem Nachwort und einer Bibliographie von Walter Haas und Anmerkungen von August Steiger, Frauenfeld 1883.

Suter, Eduard H., Lebensgeschichte des schweizerischen Malers C. Bosshardt, geboren den 1. April 1823, gestorben den 9. Februar 1887 (= Njbl. K.Z. 48), Zürich 1888.

Thommen, Heinrich, Gedanken zur Ikonographie im Werk des Zürcher Malers Ludwig Vogel (1788–1879), in: UKdm 32 (1981) 406–421.

Tscharner, B. von, Die bildenden Künste in der Schweiz in den Jahren 1886–1888 (= Jahresbericht 1888 des Berner-Kantonal-Kunstvereins), Bern 1889.

Vancsa, Eckart, Überlegungen zur politischen Rolle der Historienmalerei des 19. Jahrhunderts, in: WJbfKG 28 (1975) 145–158.

Verzeichnis der Gemälde-Sammlung der Künstlergesellschaft in Zürich, Zürich 1869.

Vischer, Friedrich Theodor, Eine Reise, in: Kritische Gänge (Neue Reihe, 1. Heft, Stuttgart 1860) 2. Aufl., München 1922.

Vögelin, Salomon, Das Leben Ludwig Vogels, Kunstmaler von Zürich, in: Njbl. K.Z. NF. 41 und 42 (1881/82).

Vollmer, ‹Boßhardt›, in: Thieme-Becker, Bd. 4 (1910), S. 404.

Wappenschmidt, Heinz Toni, Allegorie, Symbol und Historienbild im späten 19. Jahrhundert, Zum Problem von Schein und Sein, München 1984.

Wegweiser durch die Kunsthalle in Winterthur und Verzeichniss der Kunstgegenstände im Städtischen Museum, Winterthur 1879.

Wichmann, Hans (Hg.), Bibliographie der Kunst in Bayern, Bd. 4, Wiesbaden 1973.

Zelger, Franz, Der Historienmaler Ernst Stückelberg 1831 bis 1903, Zürich 1971.

Zelger, Franz, Heldenstreit und Heldentod, Schweizerische Historienmalerei im 19. Jahrhundert, Zürich und Freiburg i.B. 1973.

Zelger, Franz, Ludwig Vogel – ein Maler aus dem Kreis der Nazarener, in: NZZ Nr. 173, 28./29. Juli 1979, S. 41f.

Zürcher Kunst nach der Reformation, Hans Asper und seine Zeit, Katalog zur Ausstellung im Helmhaus, Zürich, 9. Mai bis 28. Juni 1981, Zürich 1981.